ハンナ・アレント

川崎　修

講談社学術文庫

まえがき

本書は、ハンナ・アレントという思想家の思想についての概説書である。

ところで、そもそも思想の概説書、あるいは入門書とは何のためにあるのだろうか。

ある思想家の思想について知りたいのなら、まずその思想家自身が書いた作品を読みなさい――よく言われることだが、これは全く正論である。それならば、入門書や概説書の任務は、なによりも、この当の思想家の作品を読もうという気にさせるということになろう。

しかし、読もうという気になってはみても、時間は無限にあるわけではない。「読みたい」、「読まなければ」と思う本のすべてを読めるわけではない。そして、ここに概説書のもう一つの任務が生まれる。すなわち、実際に原典にあたらなくても、一応の情報が得られる、つまり読んだことにさせてくれるという役割である。

それでは、実際にその思想家の作品を読んだことがある人、読もうとしている人には、概説書は何の意味もないのだろうか。実はそうではない。というのも、本というものは読めばわかるとは限らないからだ。そこで、難解な思想書の複雑な仕掛けのたね明かしをしてくれる、読み方の方向づけをしてくれる概説書は、やはり必要なものである。

その思想家の作品を、読む気にさせる、読まずに済ませてくれる、そして読むときに助けになる、思うにこれがいわゆる概説書に求められる三つの任務であろう。しかし、この三つの任務を一冊の本で十分にこなすということは、そうたやすくはない。ちょうど、旅行ガイドブックの場合にも、その街へ行きたくなる本と、行く前にプランを立てるのに役立つ本と、行ったあとに当地で便利な本とはそれぞれ少しずつ違うのと同じように、入門書や概説書にもいろいろなタイプがある。

本書は、著者の意図としては、第二と第三の任務をなるべく両立させようとした。つまり、アレントの著作を一度も読んだことがない人には、その作品やそこにあらわれたアレントの思想のおおまかなイメージを持ってもらうことができるように、そして彼女の著作をある程度読んだことがある人には、より踏み込んだ理解の助けとなるように、と願って書いたつもりである。そして、もし、この本が、第一の任務をもはたせれば、すなわち、実際にアレントの著作を読んでみよう、あるいは改めて読みなおしてみようという気持ちを読者のみなさんにおこしてもらうことができたならば、著者としてはそれ以上の喜びはない。

川崎　修

本書第四章の一部分には、川崎修「ハンナ・アレントの政治思想――哲学・人間学・政治理論――(一)(二)(三)」、『国家学会雑誌』第九七巻九・一〇号、第九八巻三・四号、第九九巻三・四号（一九八四―八六年）の一部分が、加筆修正のうえ、充《あ》てられている。なお、この論文は川崎修『ハンナ・アレントの政治理論――アレント論集Ⅰ』（岩波書店、二〇一〇年）に若干の修正のうえ収録されている。

目次

凡例

1　本書では、アレントの主要著作を、以下に掲げるように略記する。本書中にそのテクストを引用する際は、略号と頁数を記し、邦訳のあるものについてはその頁数も併記した。例えば、(BPF112 一三五）とあるのは、*Between Past and Future*, p.112 邦訳『過去と未来の間』の一三五頁であることを示す。

2　引用箇所等の訳文については、これらの邦訳を参考にさせていただき、また適宜使用させていただいたが、字句や表現を改めさせていただいた箇所もある。従って訳文の責任が著者にあることは言うまでもない。なお、アレント以外の著者の作品からの引用においても、これと同様である。

3　本書中の引用文における強調箇所を示す傍点については、とくに明示のない場合は引用文の著者自身によるものである。

4　本書中の引用文におけるアレントもしくは著者および邦訳訳者等による補足・注記は〔　〕で示した。

5　アレントが他の著者の文献を引用している箇所を本書で引用する場合、その箇所の翻訳は、原則としてアレントの引用文から行っている。従って、例えば、アレントの英語の著作でカントの文献が引用されている場合、その箇所の翻訳はアレントの著作からの重訳となる。ただし、その際も可能な限り原典を確認するようにした。

AHB『アーレント＝ハイデガー往復書簡　1925-1975』大島かおり・木田元訳、みすず書房、二〇

○二年
(*Hannah Arendt / Martin Heidegger BRIEFE 1925 bis 1975 und andere Zeugnisse aus den Nachlässen*, hrsg. von Ursula Ludz, Frankfurt am Main, 1998)

BPF 『過去と未来の間』 引田隆也・齋藤純一訳、みすず書房、一九九四年
(*Between Past and Future*, New York, Rev. ed. 1968)

BW 『アーレント＝ヤスパース往復書簡 1926-1969 1・2・3』大島かおり訳、みすず書房、二〇〇四年（漢数字の前のローマ数字Ⅰ、Ⅱ、Ⅲはそれぞれ邦訳の1、2、3巻を表す）
(*Hannah Arendt / Karl Jaspers Briefwechsel 1926-1969*, hrsg. von Lotte Köhler und Hans Saner, München, 1985)

CR 『共和国の危機』邦題『暴力について』山田正行訳、みすず書房、二〇〇〇年
(*Crises of the Republic*, New York, 1972)

ET 『全体主義の起原1・2・3』大久保和郎、大島通義、大島かおり訳、みすず書房、一九七二—一九七四年（1はⅠ、2はⅡ、3はⅢと表記）
(*Elemente und Ursprünge totaler Herrschaft*, Frankfurt am Main, 1955〔1962〕)（OTのドイツ語版）

EU 『アーレント政治思想集成1・2』齋藤純一・山田正行・矢野久美子訳、みすず書房、二〇〇二年（1はⅠ、2はⅡと表記）
(*Essays in Understanding 1930-1954*, edited by Jerome Kohn, New York, 1994)

HC 『人間の条件』志水速雄訳、ちくま学芸文庫（筑摩書房）、一九九四年

(*The Human Condition*, Chicago, 1958)

JW　『反ユダヤ主義――ユダヤ論集1』山田正行・大島かおり・佐藤紀子・矢野久美子訳、みすず書房、二〇一三年

『アイヒマン論争――ユダヤ論集2』齋藤純一・山田正行・金慧・矢野久美子・大島かおり訳、みすず書房、二〇一三年

（『反ユダヤ主義』はⅠ、『アイヒマン論争』はⅡと表記）

(*The Jewish Writings*, edited by Jerome Kohn and Ron Feldman, New York,2007)

KPP　『カント政治哲学の講義』R・ベイナー編、浜田義文監訳、法政大学出版局、一九八七年

〔『完訳　カント政治哲学講義録』仲正昌樹訳、明月堂書店、二〇〇九年〕（〔　〕内の頁数は仲正訳のもの）

(*Lectures on Kant's Political Philosophy*, edited by Ronald Beiner, Chicago, 1982)

MDT　『暗い時代の人々』阿部齊訳、ちくま学芸文庫（筑摩書房）、二〇〇五年

(*Men in Dark Times*, New York, 1968)

OR　『革命について』志水速雄訳、ちくま学芸文庫（筑摩書房）、一九九五年

(*On Revolution*, New York, Rev. ed. 1965)

OT　*The Origins of Totalitarianism*, New York, 2004（1st ed. 1951）（ETの英語版）

RJ　『責任と判断』中山元訳、筑摩書房、二〇〇七年

(*Responsibility and Judgment*, edited by Jerome Kohn, New York, 2003)

ハンナ・アレント

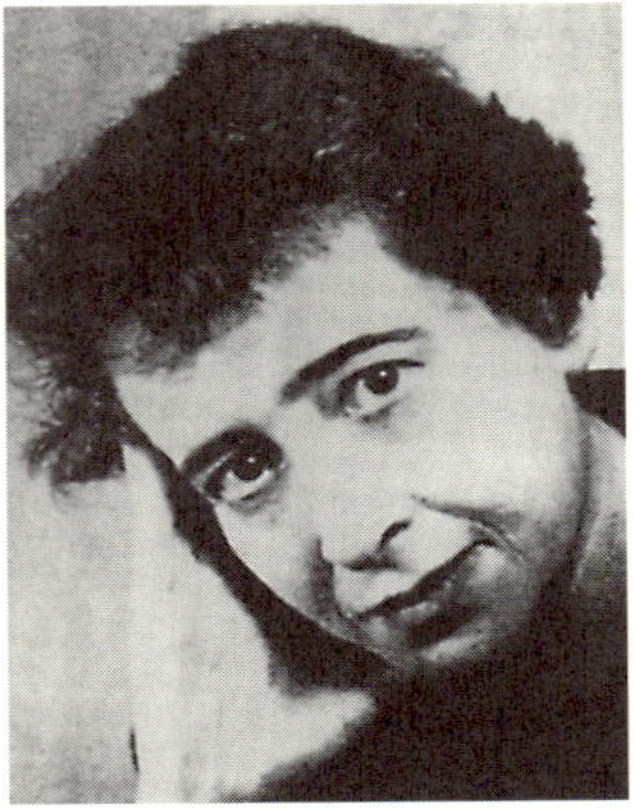

ハンナ・アレント

プロローグ

1 ア・ウーマン・オブ・ディス・センチュリー

二十世紀思想の十字路

ハンナ・アレント（Hannah Arendt〔1906-1975〕）は、ドイツで生まれて、教育を受け、ユダヤ系であったがゆえにヒトラーの政権掌握とともに亡命を余儀なくされ、最終的にアメリカに亡命し、第二次世界大戦後のアメリカで活躍した、女性の政治理論家である。

近年、ハンナ・アレントの思想への関心は、内外を問わず大変高まっている。一九八〇年代からまず北米で、少し遅れてドイツやフランスでも、すさまじい数の研究書や論文が発表され、その量と速度は今も衰えることがない。また、日本でもすでにかなり高水準の研究がなされている。

では、アレントという思想家は、なぜ人々の関心を集めているのだろうか。かつて、高名な社会学者のピーター・バーガーが『ニューヨークタイムズ・ブックレヴュー』に書いたアレントについてのエッセイに、「ア・ウーマン・オブ・ディス・センチュリー」というタイトルが付けられていた（*The New York Times Book Review*, April 25, 1982）。つまり「マン・オブ・ジ・イヤー」と同様の意味で、二十世紀を代表する女性の一人だというわけである。おそらく彼女が政治思想や哲学の領域においては、その有力候補の一人であるということに異議を唱える人は、バーガーならずとも今日では少ないのではあるまいか。そして実は、今日のアレントへの高い関心の最大の理由は、まさに彼女がさまざまな意味において、二十世紀を象徴する代表性を持っているからではないだろうか。

だがそのことは、彼女の残した作品が二十世紀の最高の知的達成であったということでは必ずしもない。むしろ、彼女がかかわった問題こそが、二十世紀にとって重要な、象徴的かつ普遍的な意味を持つ問題であった、あるいは少なくともそれに深くかかわっていたということである。彼女の思想が二十世紀にたいして代表性を持っているのは、まさにその問題やトピックの代表性によってなのだ。バーガーは次のように述べている。

> アレントの時代認識は不完全なものかもしれない。しかし、彼女が時代そのものと苦闘し、また勇気と誠実さをもって、この苦闘を洞察へと変容させようとしたことは確かである。この意味において、少なくとも、ハンナ・アレントは範例的な人物である。

アレントは、思想的にもその実人生そのものにおいても、身をもって二十世紀の現場、出来事と思想の十字路に身をおいた人であった。そして、まさにそのことによって彼女自身が、二十世紀のさまざまな思想が通過しぶつかりあう十字路となったのである。それは後に紹介する彼女の経歴からだけでも推測できよう。まさに彼女は、この世紀のデーモンと格闘しつづけた思想家なのである。

では、彼女が闘った二十世紀のデーモンとは何か。彼女にとって二十世紀とはいかなる時代だったのか。もちろんこの問いは、これからこの本を一冊使って答えていくべき問いである。しかし、とりあえず予告編的に先回りをしていうならば、それはなによりもナチズムとスターリニズム、すなわち「全体主義」であった。アレントにかぎらず他の多くの知識人にとっても、二十世紀はまずもっては全体主義の時代であった。ホブズボーム著『二十世紀の歴史――極端の時代』の表現を借りれば、一九一四年からの「短い二十世紀」は、「破局の時代」をもって始まるのであり、その時代の象徴がまさに全体主義だったのである。そしてアレントの政治理論家としてのキャリアの本格的なスタートも『全体主義の起原』であった。

ナチズムとスターリニズムは、たしかに一九四〇年代、五〇年代には終焉《しゅうえん》を迎える。しかし、それを生み出した歴史、そしてそれが生み出した現実はなお過ぎ去ってはいない。アレントは、この全体主義という現象を、ヨーロッパの十九世紀以来の長い時間的パースペクティヴと、政治、文化、社会にわたる広がりの中で、一つの文明の崩壊の壮大な歴史として描き出す。そして、そこに含まれた極めて多岐にわたる論点は、たんに狭義のナチズム論、スターリニズム論をこえた意義を今なお持っている。国民国家の動揺、大衆社会の問題、代議制民主主義の機能不全、帝国主義と人種主義、反ユダヤ主義、民族問題や難民問題、国外追放と収容所による「民族浄化」の政治、イデオロギー的思考停止、どれ一つとして、昔話にはなっていない。その意味で、全体主義は過去の出来事ではないのである。

ところで、二十世紀の前半を象徴するのが「全体主義」であるとするならば、その後半、再びホブズボームの表現を借りれば「黄金時代」を象徴するものは、アメリカの繁栄とアメリカ的秩序であったといえよう。一九五〇年代以降、アレントにとっても、アメリカは重要な関心の対象となった。しかし、アレントがアメリカに見た夢は、アメリカの繁栄ではなく、ヨーロッパでは失われた共和政の伝統の復活であった。そしてそこに、もはや無効を宣告された国民国家を超える政治秩序の可能性を夢見たのである。

だが、アレントがアメリカに見いだしたのは、共和主義の夢だけではなかった。彼女は、同時にそこに、大衆消費社会の画一主義、核戦争の恐怖と裏表の冷戦、全体主義顔負けの政治的な嘘の氾濫《はんらん》といった悪夢をも見いだす。そしてこれらはアメリカにとどまらず、「黄金時代」の世界につきまとう悪夢でもあったのである。アメリカに新しい時代のための、西洋文明そして全世界に妥当するような教訓を見いだそうと、十九世紀のトクヴィルのように、アメリカのヨーロッパ人は、アメリカ共和国に二十世紀の夢と悪夢を読み込んでいった。

アレントは、このように二十世紀政治の現場につねに居あわせる宿命を持っていた。しかし彼女はまた、二十世紀思想の現場にも少なからず立ち会っている。先にも述べたように、彼女の政治思想は、二十世紀思想のさまざまなトピックが流れ込みぶつかりあう二十世紀思想の十字路というべき性格を持っている。

「ねじれ」が生み出した思想

アレントの知的背景として最も重要なものの一つは、実存哲学、現象学という二十世紀初期のドイツ哲学の最前線であった。もちろん、彼女はハイデガーとヤスパースの学生として、彼らからそうした思想を学んだわけであるが、しかし、大学入学以前からキルケゴールやヤスパースに親しんでいたことからもうかがえるように、それは彼女自身の問題でもあった。

政治的には、時代が促したユダヤ人としての否応ない自覚と、それへの対応としてのシオニズムがアレントの政治や社会への関心の原点であった。しかし、やや遅れてマルクス主義の認識枠組みも重要な影響を持つことになる。アレントはみずからの政治思想を、マルクス主義との対決の中で、すなわちそれを一つの座標軸として鍛えていったということも、ある程度まではいえるだろう。

実存主義とマルクス主義は、疑いもなく二十世紀前半を代表する思想潮流であり、それらは、アレントの言葉を借りれば、哲学による哲学への反逆という精神を体現していた。そしてアレントも、基本的にはこの反逆を支持していたといえよう。形而上学的な全体概念への批判、そしてそのことと密接に関係する集団実在論的な社会観への批判（裏を返せば個体主義）は、まさにこの反逆を徹底させる企てである。しかしアレントは、フランス実存主義のような主意主義的な「行動主義」には厳しく批判的であり、またマルクス主義の彼女への影響はあくまでもその批判を通じての影響であった。

他方でアレントは、解釈学的な思想史の方法、いいかえれば概念のもつ超歴史的な拘束力と連続性に注目して、思想史を現実社会の変化の反映ではなく思想と概念の内在的な展開として描く方法を、みずからのものとしている。こうした方法によってのみ、過去の思想は生命を終えた骨董品《こっとうひん》ではなく、現在に生きるものとなるというのである。こうした考え方は、一九六〇―七〇年代、西ドイツでの「実践哲学の復権」とよばれるアリストテレス主義の復活ともつながるものがあるが、アレントの「共和主義」もこうした方法と無関係ではない。

また、ある青写真に従って社会が統御・改良できるというモデル、ハイエク流にいえば「構成主義」への批判も、二十世紀思想史の中でアレントを見る場合には重要な意義を持っている。哲学や科学による理性の専制から政治を解放すること、それはアレントにとっても本質的なテーマであった。

アレントの政治理論は、こうした二十世紀思想のさまざまな方法やトピックが、渦を巻きつつ作りあげた特異な思想である。それは、ドイツ哲学によって知的に形成されたユダヤ人女性が、亡命先のアメリカで政治的考察にその知性と情熱を捧げることになったという、二十世紀という時代が彼女に課した悲劇的な運命が生み出した「ねじれ」を、アレント自身がエネルギーに換えて紡《つむ》ぎ出した思考の成果なのである。

以下、第一章および第二章では『全体主義の起原』にそって、アレントの十九世紀秩序解体論、および全体主義論について論じる。ついで第三章では『革命について』と『共和国の危機（暴力について）』を中心に、アレントのアメリカ理解を論じる。そして第四章では、『人間の条件』、『革命について』、『過去と未来の間』、『カント政治哲学講義録』などに示されたアレント自身の政治理論、政治哲学の構想を分析する。これら各章の分析を通じてアレントの思想のドラマが多少なりとも再現できれば、著者としてこれにすぎる希望はない。

2 ハンナ・アレントの生涯

ハンナ・アレントの著作と思想の分析に立ち入る前に、それに先だって、彼女の経歴の概略を紹介しておきたい。なお、この叙述にあたっては、ハンナ・アレントに関する決定版的な伝記である、エリザベス・ヤング゠ブルーエル著『ハンナ・アーレント伝』(Young-Bruehl, E., *Hannah Arendt : For Love of the World*, 1982 荒川幾男・原一子・本間直子・宮内寿子訳、晶文社、一九九九年)に主として依拠し、また寺島俊穂著『生と思想の政治学』(芦書房、一九九〇年)をはじめとするいくつかの伝記的研究を参考にしていることを、あらかじめお断りしておきたい。

母はローザ・ルクセンブルク崇拝者

ハンナ・アレントは、一九〇六年十月十四日、ドイツのハノーファー郊外のリンデンで、ユダヤ系中産階級の家庭の一人娘として生まれた。父パウルは技師で母マルタとともに社会民主主義者であり、すでに世俗化された家庭であったが、両親は、祖父マックスにハンナをシナゴーグ(ユダヤ教教会)に連れて行かせていた。祖父のところには、後年、彼女をシオニズムに導くことになるクルト・ブルーメンフェルトらもたびたび訪れていたと伝えられている。

ハンナがまだ幼いころにパウルは梅毒を再発し、仕事を辞めることを余儀なくされる。家族はケーニヒスベルクに移り住むが、父の病気は回復せず、一九一三年についに没することとなる。したがって、幼年期と少女時代のハンナは母親の手で育てられることになった。母親はハンナに、反ユダヤ主義にたいする毅然たる態度を教えていた。たとえば、教師から反ユダヤ主義的なことをいわれたら、ただちに席を立ち教室を出て、家に帰るようにハンナはいわれていた。そうした場合には、母親が学校に抗議の手紙を書いたというのである。

また、ハンナ自身が、人物評伝集『暗い時代の人々』の一章を捧げることとなるローザ・ルクセンブルクをマルタは崇拝しており、一九一九年のスパルタクス団の蜂起をも支持していた。「これは歴史的瞬間よ」彼女はそうハンナに語ったという。もっともその母も、ハンナが後年、アメリカのカリフォルニア州立大学バークレー校のキャンパスで、学生たちにローザその人に擬せられることになろうとは、思いもしなかったであろうが。

ハイデガーとヤスパース

少女時代からカントやキルケゴールにも親しんでいたハンナは、一九二四年から一九二八年にかけて、マールブルク、フライブルク、ハイデルベルクの各大学で哲学と神学を学ぶ。当時のこれらの大学で彼女は、神学のブルトマン、哲学のフッサールなどの人々ともめぐり逢っているが、なによりも決定的であったのは、マールブルクでのマルティン・ハイデガー、ハイデルベルクでのカール・ヤスパースとの出会いであった。そして、ワイマール期のドイツ哲学なかんずくこの二人の哲学者の思考様式や基本的概念は、形を変えつつもアレントの思想を終生規定していくことになる。

〔ハイデガーについての〕風評は、……とても簡明にこう語っていた。思考は再び息を吹き返した。死んだものと思われていた過去の教養の財宝も、語り始めるようになった。……一人の教師がいる。おそらく思考を学ぶことができるであろう、と。

ハイデガー生誕八十周年記念の論文（Martin Heidegger ist achtzig Jahre alt, *Merkur*, vol.10, 1969, S.893-902　右の引用箇所はS.895, AHB182　一四九〔補注川崎〕）の中でアレントは、ハイデガーの名声が『存在と時間』を発表する以前の一九二〇年代初頭の時点で、すでにいかに高かったかを、こう回顧している。この「思考の国」の「隠れた王者」は当時の若い哲学学生の間に絶大な影響力をすでに有していた。そしてハンナ・アレントも、一九二四年、マールブルク大学でハイデガーの教えを受けることとなる。

そこで、二人はほどなく、たんに教師と学生という関係をこえて、「恋人」同士になったという。このいきさつは、今日ではヤング゠ブルーエルの伝記を通して、さらに近年ではエルジビェータ・エティンガーの『アーレントとハイデガー』といういささか芸能ゴシップめいた伝記によって、広く知られるようになっている。

しかしこの二人の関係は、妻子あるハイデガーの生活を変えることなく一九二五年には終わることとなり、アレントは間もなくヤスパースのいるハイデルベルク大学へと赴《おもむ》くことになる。アレントは後年、ヤスパースが彼女に与えた影響について、あるインタビューの中で次のように述べている。

ヤスパースが現れ話し出すと、すべてが明確になるのですよ。ヤスパースには、他の誰にも見られないほどの率直さ、信頼性、語り合いにおける制約のなさというようなものがあるのです。私はとても若かった頃から、こうした資質に感銘を受けていました。それに加え、ヤスパースは、ハイデルベルクに来た当時の私にはまったく未知のものであった自由の概念を理性と結び合わせていたのです。私はカントを読んでいたにもかかわらず、そんなふうに考えてみたことはありませんでした。ヤスパースというひとにあっては、この理性がいわば実践されていたのです。そして、私には父がいませんでしたから、そうした理性を見ることによって、いわば育てられた

マルティン・ハイデガー

といってもよいかと思います。もちろん、ヤスパースにいまの自分のありようの責任をとらせようなど、そのようなめっそうもないことは思っておりませんが、私を理性へと導いた人間がいるとすれば、それはヤスパースをおいて他にはありません。ヤスパースとの対話は、今日ではもちろんまったく別の意味をもっています。それは本当に私にとって最も強烈な戦後体験でした。このような対話がありうるとは！　このように話し合うことができるとは！　と感激したものです（「何が残った？　母語が残った」EU22　I三二―三三）。

あるいは、アレントは、ヤスパースの中に幼くして死別した父の姿を見ていたのかもしれない。

『アウグスティヌスの愛の概念』

かくして、一九二九年に出版されるアレントの学位論文『アウグスティヌスの愛の概念』は、新しい師ヤスパースへの深い信頼と、かつての恋人であり「思考の国」の「隠れた王者」（『存在と時間』刊行後はもはや「隠れ」てはいなかったが）たるハイデガーのあらがいがたい磁場とを背景に書かれることとなった。しかし、その当時は、この二人の巨人はまだ友好的な関係を保っていた。アレント自身、後年、この二人の生涯におよぶ対立の和解のために胸を痛めることになろうとは、当時は思ってもいなかったであろう。

『アウグスティヌスの愛の概念』を書いた当時、アレントの主たる関心は哲学や神学であり、政治や政治理論への関心はいまだ目覚めていなかった。とはいえ、後知恵で見るならば、この学位論文の主題は、後年の彼女の政治思想の姿を暗示していたとも見える。

というのも、アウグスティヌスは古典古代の異教的教養とキリスト教信仰の境界にあって、前者を後者に媒介した思想家であり、それは同時に古典古代においては世俗的、ある意味で政治的な観念であった「愛」が、キリスト教的な彼岸的、超越的な観念へと転換される転機でもあったからである。後年、古典古代、異教的な「世界への愛（amor mundi）」（ちなみにこれは『人間の条件』のために考えられたもう一つの題名だった）の復権として政治の復権を語ることになる彼女は、いわばアウグスティヌスが踏み越えた道を逆にたどったのだともいえよう。

カール・ヤスパース

このように一九二〇年代のアレントは、ハイデガー、ヤスパースという二人の哲学者の圧倒的な影響下で、思想家としての自己形成を本格的に開始することになった。そしてこの両者との関係はたんに思想的な影響にとどまらず、生涯にわたって個人的な次元でも保たれることとなる。だが、すでに示唆したように、その関係のあり方はいささか趣を異にしている。ヤスパースとの関係は、『アーレント＝ヤスパース往復書簡 1926-1969』にも現れているように、ときおりの重大な意見の不一致はともないつつも、人間的な信頼感にあふれた率直なものでありつづけた。対照的にハイデガーとの関係は、その後も紆余曲折《うよきょくせつ》にとんだ複雑なものでありつづけたのである。

ユダヤ人としてのアイデンティティ

ところで、ワイマール期における、ハンナ・アレントの青春時代の思想形成のうえで、見逃しえないもう一つの重要な出来事が、当時のドイツのシオニスト連盟の代表であったクルト・ブルーメンフェルトとの出会いであった。一九二六年の彼との出会いは、すぐにはアレントをシオニズムに引き込むことはなかったが、その交遊関係は、彼の死の直前、『イェルサレムのアイヒマン』をめぐって二人が絶縁状態となるまで続くこととなった。アレントは彼を通じて、ユダヤ人としてのアイデンティティへ、そして社会や政治へのかかわりへと、次第に導かれていくことになるのである。

学位取得後、アレントはドイツ・ロマン主義時代のあるユダヤ人女性の伝記である『ラーエル・ファルンハーゲン』の著述にしばし没頭する。これはドイツ・ロマン主義の研究としてもともと着手されたが、その対象をラーエル伝へと絞り込む形でできあがったものである。この著作は、一九三三年のアレントのドイツからの亡命以前にほぼ完成していたが、亡命下のパリで政治的結論ともいうべき最後の二章が追加され、一九五八年にようやく出版されている。そしてこの著作には、亡命下で書かれた二つの章を別としても、十九世紀のユダヤ人の同化の困難さへの関心という形で、アレントのユダヤ人としてのアイデンティティへの意識が、おぼろげながら現れているといえよう。

ドイツ哲学の最前線での知的訓練とユダヤ人アイデンティティの自覚、後年のアレントを形成する二本の支柱は、こうしてワイマール期の青春時代にその礎を置かれたのであった。

とはいえ、アレントを哲学の世界から切り離し、ユダヤ人としてのアイデンティティに、そしてそれを通じて政治や社会の問題に否応なく全面的に直面させたのは、ナチズムの台頭と一九三三年のヒトラーの政権掌握であった。そしてそれとともに、当時ベルリンにいた彼女は、ブルーメンフェルトに協力して反ユダヤ主義関係の資料収集をしたり、ドイツから出国する亡命者を援助する活動にコミットし、一度は逮捕されるという危険も経たのち、三三年夏に母マルタをともなって出国、チェコやスイスをへて、みずからも秋にはパリに亡命することになる。後年のアレント自身の回顧によれば、パリ時代は彼女がもっとも「活動的」な時期であった。彼女はパリで、ユダヤ人の青少年のパレスチナ移住を支援する組織など、シオニスト関係の組織の仕事に従事することとなった。

二度の結婚とパリでの交遊

ところで、アレントはベルリン時代の一九二九年に、ギュンター・シュテルンと結婚している。しかし、この結婚は必ずしも成功したとはいえず、ドイツからの亡命以前にすでに崩壊を始める。パリでは生活の便宜上しばらく同居はしていたものの、もはや夫婦と呼べる関係ではなかったようである。

アレントは、一九三六年パリで、生涯の伴侶となるハインリッヒ・ブリュッヒャーと出会うこととなる。ブリュッヒャーは、一九一八年、彼が十九歳のときベルリンの兵士レーテ（評議会）に参加し、翌年のスパルタクス団の蜂起にも加わった後、ドイツ共産党員となり、その後ブランドラーら右派グループによる「ドイツ共産党（反対派）」のメンバーとなるという経歴を持った生粋の活動家であった（もっとも、スペイン内戦やモスクワ裁判などを機に、ブリュッヒャーは共産主義へのコミットメントを失っていったという）。先の夫ギュンターがユダヤ系知識人の子弟で、高度な教育を受けたインテリであったのにたいして、ハインリッヒはユダヤ系ではなく、また独学で高い教養を身につけていたとはいえ正規の高等教育を受けた知識人ではないなど、さまざまな意味で対照的な人物であった。

アレントは、この「すぐれて政治的動物」である男性から、政治的実践の現実世界への感覚と、彼女の教養の空白部分であったマルクス主義の理論についてのイントロダクションを学ぶこととなる。その意味で、ハインリッヒとの出会いは、後年の政治理論家ハンナ・アレントの誕生に重大な影響を与えているといえよう。一九四〇年、アレントとブリュッヒャーは結婚している。

パリでは、第二次世界大戦後に活躍するフランスの知識人たち、アレクサンドル・コジェーヴ、レイモン・アロン、ジャン＝ポール・サルトル、アルベール・カミュといった人々とも、アレントは接触している。とりわけ彼女は、カミュの才能と人柄を大変高く評価している（第二次世界大戦後、彼女はカミュを「今のフランスで最良の人物」と評している）。こうしたパリでの知識人との交遊の中で、彼女にとって最も重要なのは、ヴァルター・ベンヤミンとの出会いであった。ベンヤミンはギュンターの遠い従兄弟であり、アレントは彼と彼の能力・才能を愛し、崇拝していたようである。周知のようにベンヤミンはフランス降伏後、再亡命の途上で自殺するが、その際、彼は遺稿となった「歴史哲学テーゼ」などの原稿を、アレントに託していたという。後年、アレントはベンヤミンの英語版著作集を編纂し、そこに彼の追憶を見事に昇華した序文をよせている（『暗い時代の人々』に収録）。

アメリカ亡命

第二次世界大戦の勃発は、アレントたちを再び運命の激変に巻き込むこととなる。フランスがドイツと戦争状態に入っていた一九四〇年五月、パリに在住するドイツ人は、敵国人として男女それぞれ別の収容所に収容されることになった。アレントたちももちろん例外ではない。ところが、六月のパリ陥落とともに、その混乱に乗じて、うまい具合に、移送されていたピレネー山麓のギュルスの収容所から解放され、アレントは友人のいる南フランスのモントーバンに逃れる。そこで彼女は、奇跡的にブリュッヒャーとの再会を果たすことができた。

しかし、危機はなお迫っていた。アレントたちもフランスからの脱出を決意し、アメリカへの再亡命のために奔走する。さいわい、すでにアメリカに亡命していたアレントの前夫ギュンターの尽力などもあって、アメリカの緊急ビザを手に入れ、一九四一年一月にフランスを出国、リスボンを経由して五月、ようやくニューヨークの地にたどり着くことに成功、一ヵ月後には母マルタも合流することができた。

アメリカ亡命の後、早速アレントは、アメリカのユダヤ人やドイツからのユダヤ系亡命者たちのための新聞や雑誌で、時事評論などの文筆活動をおこなうことになる。アレントのアメリカ亡命当初の主張は、ほとんどがシオニスト政治の文脈におけるものであった。一九三三年以来、シオニズムがユダヤ人に可能な唯一の政治的関与の道だと彼女は考えていたのである。

彼女はまず、ヒトラーと闘うためのユダヤ軍創設の必要性を主張した。しかし、その過程で彼女はシオニストの正統派、修正主義派双方にたいして批判的になっていく。さらに彼女は、当時の在米のシオニストにとっての最重要争点であるパレスチナにおけるユダヤ人国家建設をめぐって、右翼過激派といえる修正主義派にたいして、とりわけ厳しい批判を加えるようになる。第二次世界大戦中においてすでに、アレントはパレスチナにおけるユダヤ・アラブ両民族の共存の必要とその困難さを予見していたのである。

このような経緯を経て、アレントは徐々にシオニズム運動から離れていくことになる。そして、シオニズムからの彼女の決定的な離反は、一九四五年に発表された「シオニズム再考」（JW343-374　II一四八—一九一）によって明らかにされた。

第二次世界大戦後、アレントは、ジューダ・マグネスによって主張されていたユダヤ・アラブ両民族が共存する連邦制国家建設という計画を支持して、実際に国連への働きかけなどの活動をしている。しかし、彼女たちの努力は結局実を結ばず、一九四七年十一月にはパレスチナ分割案が国連総会で採択され、一九四八年五月には、ユダヤ人の民族国家としてのイスラエルの建国が一方的に宣言されることとなった。しかし、それはアラブ諸国との今日まで続く戦争と対立の始まりだったのである。

アレントは一貫して、パレスチナにおけるユダヤ人とアラブ諸民族の協調関係の確立のみがユダヤ人の故国を確実なものとすること、また、パレスチナのごく小さな単位への分割はせいぜい紛争の固定化にしかならないということを見据えたうえで、ユダヤ人の民族国家としてのイスラエルに固執することは、かえってこの地域でのユダヤ人の故国の発展を阻害すると主張していた。

アレントは、現存するイスラエル国家には、おおむね批判的であった。しかし一方では、一九六七年の「六日戦争」の勝利の際には熱狂的に喜んだとも伝えられている。また、一九七三年の第四次中東戦争においてはイスラエルの敗北を心配し、イスラエルへの強い支持を表明していたという。そこには、ユダヤ人の故国をなんとしても守りたいという、理屈を超えた感情がうかがえる。

ところでアレントは、第二次世界大戦終戦前から「ヨーロッパ・ユダヤ文化再興委員会」の仕事に従事するようになり、また戦後はショッケン出版の編集者としても働くようになる。そしてこれらの仕事を通じて、ニューヨークのユダヤ人を中心とした知的世界との交遊をも持つようになる。その中には、詩人のランダル・ジャレル、W・H・オーデン、ヘルマン・ブロッホ、批評家のアルフレッド・ケイジン、そして生涯の親友となる作家のメアリー・マッカーシーといった人々がいた。

また、このころから、『パーティザン・レヴュー』や『コメンタリー』など、ニューヨークのユダヤ系を主とした知識人たちの中心的な雑誌に、しばしば寄稿するようになっている。ケイジンが伝えているように、彼女の輝かしい知的背景とそしてなによりもその強靱な思考力は、瞬《また》く間に人々の注目するところとなったようである。

ハイデガーとの再会

一九四九年から約半年間、彼女は第二次大戦後最初のヨーロッパ訪問をおこなっている。その間にはヤスパース夫妻との感動的な再会や、ハイデガーとの再会もなされている。周知のように、ハイデガーはヒトラーが権力を掌握してほどなく、フライブルク大学総長に就任し、NSDAP（ナチ党）にも入党している。このことにたいしてヤスパースは、戦後、ハイデガーの謝罪と自己批判を待ち続けたが、ついにそれを聞くことはなく、終生彼を許すことはなかった。アレントもまた、一九四六年の「実存哲学とは何か」（EU　I に収録）ではハイデガーを厳しく批判し、さらに同年に書かれたヤスパース宛ての私信の中では、フライブルク大学総長時代のハイデガーがフッサールにたいしてとった処遇に触れて、彼をフッサールの「潜在的な殺人者」とまで呼んでいる（BW84　Ⅰ五五）。

しかし一九五〇年、アレントはついにフライブルクにハイデガーを訪問する。ホテルに着いた彼女が、ホテルの便箋に「私はここにいます」とだけ書いた無署名の手紙を届けさせたところ、ハイデガーはただちに現れたという。彼は翌日も再び訪れ、多くの手紙や草稿を彼女に贈った。さらに彼は、夫人に、ハンナ・アレントは「彼の人生の情熱」であり、彼の作品のインスピレーションであったと告げたという。

この絵に描いたような再会劇の後は、アレントのハイデガーにたいする態度は表だっては極めて好意的なものへと変わっていく。この和解の理由については推測するほかはないが、ただ、その後も二人の関係は必ずしも安定した率直なものではなく、アレントはハイデガーが目にする可能性のある著作や言動については大変気を遣っていたようである。その意味で、彼女の率直かつ本格的なハイデガー論は、高齢のハイデガーの目にもはや触れることはないとアレントが考えた『精神の生活』を待たねばならなかったのである。

アレントは一九五一年にアメリカの市民権を獲得している。ドイツからの亡命者たちにとって、ドイツに帰るかアメリカに留まるかは重大な決断であった。一方で、ナチズムは敗れたとはいえ、ホロコーストの恐怖の記憶をわずか数年のうちに忘れ去ることなどできるはずもない。しかし他方では、とりわけ文学者や哲学者にとっては、母語としてのドイツ語はかけがえのないものであり、そう簡単に捨てることはできない。結局、トーマス・マンやアドルノ、カール・レーヴィットといった人々はドイツに戻ることになる。

アレントが留まった理由は推測するほかないが、後年あるインタビューで彼女が語っているところによれば、ドイツを亡命するときすでにドイツの知識人の世界と決定的に訣別しようと決意していたという。その決意が戦後まで続いていたのかは定かではないが、一九四九—五〇年の訪欧によって彼女はナチズムの復活の恐怖を払拭していたようである。さらに、アメリカの政治文化への信頼と、彼女がみずから切り開いた新しい環境への適応も、アメリカに留まった理由の一つであろう。

学問的名声

著作家としてのアレントの名声を決定的に高めたのは、いうまでもなく『全体主義の起原』である。「反ユダヤ主義」、「帝国主義」、「全体主義」の三部から構成されている本書の詳しい内容については第一章と第二章で論じることとするが、この本を構成する極めて多岐にわたる諸論点については、すでに四〇年代前半から個別に発表されていたことを付言しておきたい。

本書の成功は、アレントを第一級の知識人として広く学界や知識人の世界に認知させることとなった。後に『コメンタリー』の編集長を務めるノーマン・ポドレッツは、自伝の中で、ハンナ・アレントのパーティに招かれたことを、その当時みずからの「成功」の証《あかし》として感じていたと記している。ニューヨーク知識人の中での彼女のステータスを物語る証言といえよう。またこれ以降、彼女はカリフォルニア州立大バークレー校、プリンストン大、コロンビア大といった諸大学に相次いで客員教授として招聘され、シカゴ大では教授として迎えられた。さらに、このころから、アレントは現代アメリカの政治・社会問題についても積極的に発言するようになる。その点については、第三章で詳しく論じたい。

『全体主義の起原』出版後の十数年間は、アレントのもっとも生産的な時期だといえるだろう。この時代に、当初、『全体主義の起原』の続編的性格を持つものとして意図されたマルクス主義についての批判的研究の計画は、より広範な内容を持つ新しい政治学の構想へと展開していったという。この構想自体は結局実現しなかったが、その研究の成果が、『人間の条件』、『過去と未来の間』、『革命について』といった彼女自身の政治思想を積極的に表現した一連の著作として、相次いで世に出された。これらの著作の内容については、第三章および第四章において論じることになるが、同時代的には「参加民主主義」の理論的古典としてのアレントの、および彼女の死後今日にいたるまで関心を引き続けている政治理論家としてのアレントの声価は、これらの著作によって決定づけられたといってよかろう。

『イェルサレムのアイヒマン』の波紋

一九六〇年代のアレントにとって、見落とすことができないのは、『イェルサレムのアイヒマン』をめぐる大論争である。一九六〇年、アルゼンチンで元SS将校でナチのユダヤ人大虐殺に重要な役割を果たしたとされるアドルフ・アイヒマンがイスラエル特務機関によって逮捕・拉致《らち》され、イェルサレムでイスラエルの法廷によって裁判にかけられることとなった。アレントは、みずから『ニューヨーカー』の特派員を志願し、この裁判の傍聴記を書くこととなる。しかし、この傍聴記が発表されるや、全世界の多くの人々を巻き込んで、大論争が引き起こされることになった。

この著作におけるアレントの主要な論点は以下のようなものである。第一の論点は、この本の副題となっている「悪の陳腐さ」というテーゼである。アレントはこの本の中で、アイヒマンを生来の残虐性やユダヤ人への人種差別感情に凝り固まった怪物的な悪の化身としては描かず、実定法や権力者の命令に忠実なだけの真面目な小市民、平凡な小役人として描いている。むしろ問題は、恐るべき残虐行為を前にしてもそのような権力への服従になんの疑問も持ちえなかった、彼の「良心」の欠如、思考能力の欠如、自律的な判断力の不在にあるというのである。アレントは、後年、このアイヒマン裁判の経験にも触発されて、思考や良心についての彼女独自の観念を展開していくことになる。

第二の論点は、裁判がイスラエル一国の手によってなされ、国際法廷が開かれなかったために、アイヒマンの罪状の本質である「人類にたいする罪」という性格が裁判によって充分に示されなかったことへの批判である。

第三の論点は、ナチ支配下のドイツ国内におけるドイツ人による「抵抗」や「国内亡命」にたいして、いくつかの例外を除き、総体としてアレントが低い評価を下しているということである。

そして第四の論点は、ユダヤ人大量虐殺にたいしてユダヤ人自身の側が、とりわけ特定の

法廷のアイヒマン

ユダヤ人長老評議会が、その整然たる執行に「協力」したとアレントが論じた——あるいはそう論じていると人々に解釈された——ことであった。

アレントにたいする非難・批判の中で、なによりも苛烈な怒りと論争を呼んだのは、この第四の論点であった。各国のユダヤ人組織が激しく反応したのもこの点であったし、有名なショーレムの批判も主としてこの点に向けられていた。彼によれば、アレントには「ユダヤ人への愛」がほとんど見られないというのである。

ここでは、こうした論点の委細や評価について論じることはできないが、この論争によって彼女の名がさらに広く知られるようになったことは確かである。

六〇年代、アレントは、公民権運動やベトナム反戦運動などの学生運動にたいして、一定の共感を示すようになる。詳しくは第三章で論じるが、『共和国の危機』(邦訳『暴力について』)はこの当時の彼女の時事評論を集めたものである。

一九六八年、アレントはニューヨークのニュースクール・フォア・ソーシャルリサーチの教授となる。しかしこのころから、彼女の人生は別れの季節を迎える。一九六九年にヤスパースが死に、翌七〇年にはハインリッヒ・ブリュッヒャーを失う。ハインリッヒの死後、彼女はW・H・オーデン、ハンス・モーゲンソーという長年来の友人から相次いで求婚されているが、彼らと再婚することはなかった。

『精神の生活』

晩年のアレントは再び哲学的な思索へと回帰することになる。スコットランドのアバディーン大学のギフォード・レクチャーへの招請を機に、彼女は、未完のまま死後に『精神の生活』として出版されることになる原稿を書き始める。『精神の生活』では、彼女は、「思考」、「意志」、「判断力」という三つの「精神の活動《アクティヴィティ》」について考察を加えるはずであった。しかし彼女が書き残すことができたのは「思考」と「意志」の二つの巻のみで、政治理論との関連が最も強いと思われる「判断力」は、残念ながら書かれることはなかった。一九七五年十二月四日の彼女の突然の死が、それを永遠に不可能にしてしまったのである。

該博な学識に裏打ちされた哲学的大著である『精神の生活』をこのような場で要約することは全く不可能であるが、無理を承知であえて要約するならば、おおかた、以下のようになるだろう。

「思考」の巻は、基本的には世界内存在の現象学の方法を用いて、「思考」という精神の活動《アクティヴィティ》をたんなる知識の獲得と区別する形で解き明かす試みといえよう。その際、注目すべきは、「思考」を一種の世界からの退却の能力、いわば現象学的還元の能力として捉え、そこに独特の実践的・政治的意味を、すなわち良心のありかを求めているということである。

「意志」の巻は、意志概念の変遷を西洋思想史上にあとづける試みといえる。アレントによれば、意志の観念は古典古代のギリシア思想ではなくキリスト教とりわけパウロに由来する。そしてキリスト教神学の展開の中で、新しいことをはじめる能力、人間の個体性・個体化の原理としての意志の観念が成立したのだという。しかし、ニーチェやハイデガーにいたるまで、西洋哲学は意志の持つこうした偶然性をもたらすという要素を嫌って、その偶然性を必然性の様相のもとに回収するために、意志の主体を経験的な個人としての人間ではなくさまざまな普遍概念、つまり形而上学的実体へと変えてしまったとアレントは批判する。

それにたいして、アレントは、もう一度、意志の担い手を経験的な個人に引き戻して、複数性、すなわち他者とのかかわりの相のもとに据えようとする。しかしこのことは、実は、独我論的な意志の自由という観念をモデルとして自由を捉えることへの限界づけ、批判でもある。かくしてアレントは人間の自由の能力の主座を、意志から活動へと、移動させることを示唆しているといえるだろう。

「判断力」は、ある意味で精神の活動《アクティヴィティ》と、世界における「活動的生活」とを媒介する能力である。しかし先にも述べたように、『精神の生活』の「判断力」論はついに書かれることはなかった。けれどもその一端は、ニュースクール・フォア・ソーシャルリサーチでの講義録をもとに、死後に編集・出版された『カント政治哲学講義録』からうかがうことができる。そして、第四章でも触れるように、その中でアレントは、カントの『判断力批判』における美的判断力の理論、とりわけ「共通感覚」の観念を政治哲学に適用するという考え方を示していることが注目を集めている。

ハンナ・アレントの葬儀は、一九七五年十二月八日、ハインリッヒの葬儀同様、ニューヨークのリバーサイド・メモリアル教会で「友人たちによる追想の儀式」としてとりおこなわれた。ハンス・ヨナス、メアリー・マッカーシー、ジェローム・コーン（ニュースクールでのアレントの最後の助手）、ウイリアム・ジャヴァノヴィッチ（アレントのいくつかの著書の出版人）らがその友人たちの代表であった。その葬儀では、親族・友人たちが議論した末、旧約聖書の「詩篇」がまずヘブライ語で、ついで英語で読みあげられたという。

第一章　十九世紀秩序の解体

『全体主義の起原』を読む（前編）

1 『全体主義の起原』の謎

意外な構成

『全体主義の起原』は、ナチズム、あるいはナチズムとスターリニズムに関する研究の古典として、歴史的評価のある大著である。しかしながら、今日、この本を手にした読者は、この本の今日における価値は何なのか、この本をどう読んだらいいのかという、ある種の戸惑いを感じるのではないだろうか。

そもそも、一九四九年ごろにはほぼ完成しており、一九五一年に初版が出版されたこの本に、ナチズム論やスターリニズム論としての意義が、学説史上の意義の他には、今日においていったいどれだけあるのだろうか。ナチズム崩壊後わずか数年、スターリンはまだ権力の座にあった時点で書かれた本書には、今日の目からみれば当然ながら、資料上の制約・偏《かたよ》りが少なからず存在する。また、その叙述の根拠づけも、実証的な歴史学が求める基準を満たすものとはとうてい言えない。その意味で、ナチズムやスターリニズムの歴史書としての役割は、より実証的なさまざまな優れた研究が存在する今、その使命を終えたともいえよう。

また、本書に示されたナチズムやスターリニズムの総体的なイメージ自体も、今日では疑問にさらされている。たとえばナチズムについていえば、この本に示された全体像からは、ヒトラーを中心とした指導者たちの自覚的で計画的なプログラムの実行としてのナチズムの展開というイメージが浮かび上がる。つまり、彼の演説や『わが闘争』等で書いていることを彼は本当に実行したのだ、そして同時代の他国の政治指導者たちはそれを真に受けなかったがゆえにナチズムの本質を見誤ったのだ、というわけである。けれども、こうしたナチズム・イメージは、ナチ体制内の「多元性」や状況の偶然的符合を重視する今日の政治学や歴史学のナチズム・イメージとは相当に開きがある。

さらに、後述するように、ナチズムとスターリニズムを一括して捉える「全体主義」というスキーム自体が、一九六〇年代以降には、一種の冷戦的思考だとして批判されてもきた。もっとも、ナチズムとソ連を（さらにはイタリア・ファシズムを）総括する「全体主義」という観念それ自体は一九三〇年代には生まれており、冷戦期の産物ではない。しかし、冷戦の文脈でこの概念がある政治的役割を背負わされたことも否めない。

こうして見ていくと、『全体主義の起原』は、歴史的な役割を果たし終えた本だと思えるかもしれない。だが、本当にそうだろうか。

この本の目次を見ると、タイトルから予想されるのに反して、ナチズムやスターリニズムそのものを直接論じている部分はそう多くないことに気がつくのではあるまいか。『全体主義の起原』は三部構成からなるが、第一部、第二部、そして第三部の前半三分の一ぐらいまでは、十九世紀に関する叙述が続くことになる。要するに、ナチズムやスターリニズムそのものを扱うのは、第三部の後半三分の二ぐらいだけなのである。さらに、おかしなことには、第一部、第二部には、ロシアの話はわずかしか出てこないし、ドイツの話も三分の一ぐらいである。たとえば、第一部「反ユダヤ主義」では、ドイツとイギリスとフランスに、だいたい各章の一節ずつが割り当てられ、最後のドレフュス事件についての章は、全節がフランスの話である。第二部「帝国主義」では、汎ゲルマン主義や汎スラヴ主義についての叙述もあるとはいえ、主役はイギリスである。たしかに、「起原」を扱うのだから、前史的な話が多く出てくることはある意味では当然だが、全体主義的な運動が存在しなかったイギリスやフランスが、なぜ「起原」を論じる中でかくも大きな位置を占めるのかは、考えてみれば不思議なことである。

ヨーロッパ文明解体史

本書ドイツ語版（『全体主義的支配の要素と起原』）のまえがきのなかで、アレントは、本書の構成を以下のように説明している。

この書は、我々が第三帝国とボルシェヴィズム体制のなかで、私の信ずるところでは新しい「政体（Staatsform）」としてはじめて見た全体主義的支配のさまざまの起原と要素とを扱っている。これらの起原は、国民国家の没落と崩壊、および現代大衆社会のアナーキスティックな登場のうちにある。この崩壊過程のなかで解き放たれた諸要素は、第一部および第二部においてその歴史的起原にさかのぼって追究され、第三部ではその全体主義的な結晶形態において分析される。第一部第二部の歴史的な叙述は勿論、反ユダヤ主義の歴史（これはまだ書かれていない）もしくは新しい帝国主義史を提供することを意図するものではない。この叙述は、決定的なものだったことが最後になってわかったこと、しかも第三部の分析にとってどうしても必要なことを事態の発展の過程において浮彫りにしているにすぎない（ET Vorwort　I xvii）。

カール・ヤスパースは、この本の初版に寄せた序文の中で、読者にたいして、まず第三部から読み出すべしというアドバイスを書いている。たしかにこの本をタイトルの通り「全体主義の起原」として読むとすれば、まず「全体主義」そのものについてのアレントの理解を先に知っておいたほうがいい、そうでないと第一部・第二部の広大な博識の森の中にさまよい込んでしまうだろうというのはもっともな懸念である。そして実際のところ、「全体主義論」の文脈では、この本の中心部分は第三部だということになる。

けれども、注意しなければならないのは、M・カノヴァンも指摘しているように、アレントにとって「全体主義」とは、たんにナチズムとスターリニズムを一括して論じるための便宜的な道具として案出された概念ではないということである。いいかえれば、「全体主義」とは、一九三〇年代のドイツやソ連にのみ現れた特殊な問題ではなく、現代文明、少なくとも二十世紀ヨーロッパ文明そのものにとっての問題、「我らの時代の重荷」（『全体主義の起原』初版イギリス版のタイトル）であり、そこで問われているのはドイツやソ連の政治史なのではなく、二十世紀文明において普遍的な「全体主義の時代経験」（藤田省三）なのだ。

そして、ドイツやロシア・ソ連以外の叙述がたくさんあったり、直接ナチズムやスターリニズムに関連を持たないような話が延々と続いたりという本書の構成上の不思議さは、このことから理解できるのではなかろうか。

その意味で『全体主義の起原』はナチズム・スターリニズム論としてではなく、二十世紀の政治・社会・思想に関する文明論的な考察、二十世紀秩序論として読まれるべき書物である。しかし、実は、それと同時に、この本は十九世紀秩序論、より正確には十九世紀秩序解体論なのである。先に引用したように、彼女自身、この本の第一部と第二部は、十九世紀的な国家と社会の解体の歴史であると述べている。たしかに、先の引用箇所にもあるように、この本での十九世紀に関する叙述は、「全体主義」の「起原」という文脈のものではある。けれども、「全体主義」自体が二十世紀文明全体に及ぶ広がりを持つ以上、その「起原」としての十九世紀論も、きわめてスケールの大きなものとなるのは当然である。

第一部のエピグラフには、ロジェ・マルタン・デュ・ガールの次の言葉が引用されている。

大革命をもって始まり、ドレフュス事件をもって終わる世紀、これは大した世紀である。おそらく後世、この世紀は、がらくたの世紀と呼ばれるだろう。

この言葉は、解体史としての十九世紀というイメージを彼女が明確に持っていたことを雄弁に物語っている。十九世紀秩序の解体の帰結として、二十世紀初頭の秩序の空白がうまれる。十九世紀秩序の解体が露《あら》わにされるのが第一次世界大戦であり、その廃墟に最初に姿を現す二十世紀の「秩序」こそ、全体主義なのだ。

今日からふり返ってみるならば、二十世紀は、必ずしも「全体主義」の時代だけとは限らない多様な様相を持っている。しかし、この本が出版された時期を考えれば、二十世紀はまさに戦争と革命に明け暮れた挙げ句、未曾有《みぞう》の政治体制を生みだした時代以外の何ものでもないと映ったとしても、不思議ではない。その意味で、本書はまさに十九世紀と二十世紀を貫いたヨーロッパ文明解体史なのである。古き秩序は解体し、新しきものはいまだ見えない、そもそもあるのかどうかさえわからない、その緊迫感の中から生まれた作品なのである。

背景としてのマルクス主義

『全体主義の起原』が読者を悩ませるもう一つの問題が、叙述と説明の方法の多様性・雑多性である。この本の中には、国民国家、植民地統治、政党制、人権等についての政治学的さらには法学的な分析が見られるかと思えば、十九世紀ヨーロッパの思想やとりわけ文学作品を題材とした思想史ないし精神史的な考察も大きな役割を果たしている。そして、そのそれぞれはきわめて興味深いものが多いとはいえ、全体として見たとき、とりわけ第一部・第二部はいささか叙述の仕方に一貫性を欠くという感も否めない。

たしかに、この本を構成する各章・各節の中には独立の論文として先に発表されていた部分も多く、それぞれの独立性が比較的高いといえる。また、序文の中でヤスパースも指摘しているように（かつアレント自身もE・フェーゲリンとの論争の中で述べているように）、アレント本人が必然的な因果関係を想起させるような歴史の説明を意識的に排除したことも、こうした緩《ゆる》い論理連関・構成をもたらした大きな要因であろう。けれども、その主たる理由は、考察対象自体の広がりの大きさにあるということ、この本はたんにナチズムとスターリニズムの政治史を論じているのではないということにあるということは、これまで述べてきたことからも明らかである。

さらに、もう一つ見落としてはならないのは、底流に隠されたシナリオとしてのマルクス主義の存在である。このことは、あるいは意外に思われるかもしれない。というのも、この本の叙述はいかなる意味でも基底還元論的ではなく、むしろ歴史を経済的要因から因果論的に説明することには多くの面で批判的であるからだ。また、他の論文（「帝国主義について」『パーリアとしてのユダヤ人』に所収）の中でも、帝国主義についてのマルクス主義的説明を明示的に批判している。けれども、資本主義の論理的帰結として帝国主義を把握する見方はマルクス主義的な見方と共通性があるし、ある意味では、後述するように、アレントの帝国主義論は、マルクス主義的帝国主義論に政治的、文化的要因を独立変数として加えたものと見ることも可能である。もちろん、こうしたマルクス主義との濃厚な関係は第一部やとりわけ第三部ではより希薄だが、これから述べるように、アレントの十九世紀史における帝国主義やまさにそこに具現されるブルジョワ的なるものが持つ意味の大きさを考えれば、このことは軽視できない。『人間の条件』や『革命について』といったアレントの作品は、マルクス主義批判として、強くマルクス主義に影響されたものだが、同様の批判的な親近性とでもいうべきものが『全体主義の起原』にも存在しているのである。

「国民国家」と「社会」

では、アレントにとって十九世紀秩序とは、具体的には何だったのか。それは、「国民国家」（ならびに国民国家体系としての国際関係、といっても正確にはヨーロッパ国際関係）と「社会」である。後述するように国民国家とは、絶対王政の時代に発展・成立した領域的な主権国家を、「ネーション」の原理によって再構成した政治体制をさす。他方、アレントによれば、「社会」とは、十九世紀においてはあくまでも階級社会、すなわち貴族、ブルジョワ、小ブルジョワ・旧中間層といった階級とその利害によって区別され、組織化された社会をさす。したがって、それはこうした階級とそれによる組織化が解体した結果としての「大衆社会」――二十世紀の条件――に対置される。けれども、注意しなければならないのは、しばしば大衆社会批判の文脈において理想化されて措定《そてい》されるような、いわゆる「市民社会」が、十九世紀の現実として想定されているわけでは全くないということである。

この「国民国家」と「社会」についてのアレントの議論については後に詳しく論じるが、この両者が、十九世紀の政治・社会秩序を安定化させる中心的な要因だと考えられていることは強調しておきたい。もっとも、こうした十九世紀イメージ自体は、きわめて常識的なものだともいえる。しかし、アレントの議論の特徴的なところは、この秩序が内在的な不安定さを持っていたことを重視していることである。「国民国家」と「社会」は、特殊な条件のもとに、あるいは伝統社会の遺産に依存して、かろうじて秩序を維持していたにすぎないということが、『全体主義の起原』全体を通じて明らかにされていくのである。

しかし、十九世紀の政治・社会秩序は、安定化要因に内在する不安定さだけによって解体したとアレントは考えているのではない。そこには、新しい、外的な不安定化の要因が作用している。それは、帝国主義であり、また帝国主義を生み出した資本主義の展開である。そこで、以下ではアレントの描く十九世紀秩序の解体史を、二つの側面から、つまり、秩序化の要因――「国民国家」と「社会」――の解体と、不安定化の要因――帝国主義――の展開という二つの側面から、見ていくことにしたい。

2　十九世紀政治秩序

ネーションとは何か

十九世紀政治秩序は、具体的には、国民国家体系と、政党を中心に編成された代議制によって構成されていた。アレントの描くこうした十九世紀政治秩序像自体は、とりたてて特徴的なものではない。けれども、彼女によれば、国民国家と代議制・政党政治という秩序の安定化要因それ自体の中に、内在的な脆弱《ぜいじゃく》さがあったという。そこでこの節では、彼女の描く国民国家と代議制・政党政治像およびその脆弱さについて、見ていくことにしたい。

ところで、「国民（nation）」や「国民国家（nation state）」という言葉は、きわめて厄介な言葉である。

peoples / Völker が自分自身を、彼らのものと定められた特定の定住地域に根を下ろした、歴史的・文化的統一体として自覚し始めたところではどこでも、nations / Nationen と nation / Nation の解放運動が登場する。なぜならその定住地域には、歴史が誰の目にも明らかな足跡を残しており、従って大地自体がそれを耕作し田園につくり変えてきた祖先の共同の労働を示すと同時に、この土地に結びつけられた子孫の運命をも指示しているからである（ET347, OT295　Ⅱ一七四）。

今あえて people / Volk と nation / Nation を翻訳しなかった。おそらく、訳すならば、前者を「民族」とし後者を「国民」とするのが通例だろう（現行の邦訳もそうなっている）。しかし、ただちに、次のような疑問が出てくる。たとえば、「民族」とは「歴史的・文化的統一体」としての自覚以前に、客観的に存在しているものなのだろうか。また、「国民」とは一国の市民権を持つ者のことではないのか、いいかえれば、「国民」たる要件を決めるのは歴史や文化ではなくて、法ではないのか。現に「多民族国家」ならば「歴史的・文化的統一体」の一員でなくても「国民」ではないか。だがそうだとすれば「国民」はすでに国家を前提していることになりはしないか。しかし他方では、nation / Nation は「民族」とも訳されうるのではないか。「ナショナリズム」は普通、「国民主義」ではなくて「民族主義」と訳されるではないか。ならば people / Volk と nation / Nation との区別はいったい何なのか、といった疑問がである。

実のところ、この文章をどう訳すかということそれ自体が「ネーション」とは何かという難問に直接かかわってしまうのである。したがって、先に引用した文章における people / Volk や nation / Nation をどう訳すべきかは、アレント自身のネーション論を詳しく見てみないと答えられないことなのである。

ただし、その前に、people / Volk については、あらかじめことわっておきたい。アレントは、『全体主義の起原』の英語版とドイツ語版のなかでは、それぞれ英語の people とドイツ語の Volk をほとんど同じ意味で使っているが、これらは「国民」、「人民」、「民族」、「民衆」等のかなり多様な意味を持った言葉である。その意味で、これらは nation / Nation ともかなりの程度重なる。しかし、先の引用箇所のように、明らかに区別して使われている場合には、people / Volk は、ナショナルな自覚に論理的に先行するなんらかの形で存在している人間集団をさすことになる。その単位は、具体的なあり方としては、言語、宗教などの共有やたまたま同じ王国や帝国の住民であることなど、さまざまでありえる。したがって、本書でもいちおう people / Volk には、原則的に「民族」の訳語をあてるが、その意味については文脈に依存するので注意されたい。

そこで改めて、先の引用箇所からアレントのネーション観念の特色を考えてみたい。まず、第一に、彼女はネーションを「自覚」によって、すなわち「歴史的・文化的統一体」としての自己意識によって特色づけている。いいかえれば、たんなる客観的な性質を共有する人間集団の存在だけではネーションとはいえないということである。第二に、ネーションの本質を「歴史的・文化的」な統一体として捉えている。この点は、後述するように「人種」の観念と際立った対比がなされる。

第三に、これは第二の点と関連するが、ネーションは、過去の歴史の共有によってのみでなく、未来の運命の共有によっても特色づけられている。さらに、第四に、ネーションを、彼女は、領域的な定住と結びつけて特色づけていることが注目される。歴史的・文化的な統一体としてのネーションの原理が領域的主権国家と結びつく「ネーションステート（国民国家）」は、このネーション自体の領域性によって、つまりネーション自体が領域的であるかぎりにおいて、可能となるのである。

こうしたネーション観は、ネーション論としては、きわめて古典的かつオーソドックスなものだといえよう。たとえば、ここにあげたような特色は、過去と現在、そして未来の共有をネーションの本質とする有名なルナンの「国民とは何か」に示されたようなネーション像と近いものであるし、二十世紀においても、たとえばオルテガがルナンを援用しつつ『大衆の反逆』の中で示しているようなネーション観とも、かなりの程度、共通性を持っているといえよう。しかし、実はアレントのネーション論の特色は、後述するように、むしろこうした古典的類型が当てはまらないような形でのネーションの存在に注意をむけたことである。だが、このもう一つのネーション論に入る前に、アレントの国民国家《ネーションステート》論を見ておきたい。

国民国家の悲劇

国民国家の誕生は、「ネーションによる国家の征服」によってなされたとアレントは考える。ヨーロッパの諸民族のネーションとしての自覚が政治上の決定的要因となったのは「厳密には十九世紀になって初めて」であったのにたいして、「国民国家の国家構造は遥かに昔からの長い緩慢な発展の上に立っている」(ET348-349 Ⅱ一七五)。

国民国家の国家機構、すなわち、中央集権化され、住民の一人一人を直接把握するような、統治のための機構としての国家は、もともと、中世封建制の分権的な政治秩序から王権の強化を通じて絶対王政の成立へといたる長い歴史の中で、形作られてきたものである。そして、国民国家は、この国家の主権が絶対君主からネーションへととって替わられることによって成立したというわけである。その典型は大革命によって生まれたフランスであり、アレントもまた、それを「最初の国民国家の誕生」と呼んでいる。実際、ネーションという言葉が政治の語彙として重要なものになるのはフランス革命以降であり、それがヨーロッパでのナショナリズムの「流行」の先鞭をつけたことは疑いない。

(誤解のないようにつけ加えておきたいが、通例、そしてアレントもまた、国民主権を「国民国家」の——典型的ではあるにせよ——不可欠の属性だと考えているわけではない。それでは十九世紀のかなりの期間のフランスは国民国家ではなくなってしまうし、一八七一年以降のドイツや、十九世紀のイギリスさえも排除されてしまいかねない。むしろ、主権の所在に関係なく、その国家の領域支配の正統性の根拠が、王朝の財産であるということにではなく、支配される住民のなんらかの「一体性」に求められることが、「国民国家」の特色だとアレントは考えているというべきであろう。）

ナショナルな帰属と国家機構とが、相互に融合しナショナルな思考において一体化されることによって国民国家は成立した（ET347　Ⅱ一七四）。

しかし、アレントによれば、国民国家は、その誕生の時点から、「国家」の原理と「ネーション」の原理との間に矛盾を抱えていた。絶対主義以来の「国家」の原理からすれば「国家の最高機能は領土内の住民すべてを彼らのナショナルな帰属とは関りなく法的に保護することである」。ところが、アレントによると、「国民国家の悲劇は、諸民族（Volk）のナショナルな自覚がまさにこの国家の最高機能と衝突したことにあった」というのである（ET348　Ⅱ一七五）。

それは、ネーションの原理が、「本質的に同質であると仮定されたネーションの統一体に血統と生れによって属す者」のみが国家の完全な市民とされるべきだと要求したためであった。ここにおいて、国家という法的制度、その領域内においては普遍的な法の擁護者としての性格と、ネーションという特殊な「歴史的・文化的統一体」の主権的意志との間の、法の原理の普遍性とネーションの原理の特殊性の間の潜在的矛盾が、もともと存在していたというのである。そしてそこには、「国家がネーションの道具に堕し、市民が特定のネーションの一員と等しくなる」という危険があった（ET348-350　Ⅱ一七五―一七七）。

とはいえ、十九世紀においては、このことがまだ決定的な政治的悲劇を引き起こさなかったとアレントは考えている。すなわち、「ネーションによる国家の征服」が「一定限度を越えず、法治国家の廃止にまでは到らなかった」かぎり、国家が「国民国家の形であっても本質的には法的な制度であり続け」たかぎり、そして「ナショナリズムは法に従い、なかんずく法治国家によって保証された領土の限界を踏み越えることをしなかった」かぎり、国民国家という政治秩序に潜在する決定的問題が表面化することはなかったというのである（ET351　Ⅱ一七八）。いいかえれば、ネーションの領域的広がりと国家の領域が重なっているかぎり、この矛盾は顕在化はしないのである。

けれども、こうした一致はむしろ例外的な偶然であったことがやがて明らかになる。こうした特殊な歴史的条件がヨーロッパじゅうで崩れた二十世紀には、後述するように、その矛盾が噴出することになる。そして、そもそもが、この条件がはじめから存在していない地域もまたあるのである。

そうした地域におけるナショナリズムが、先に述べた典型的なネーション論とならぶ、アレントのもう一つのネーション像の素材となっている。すなわち、フランスを典型とする「西欧型」ナショナリズムにたいする、ハプスブルク帝国下の諸民族やバルカンの諸民族、そしてドイツとロシアにおけるナショナリズムである。ここでは、便宜的に「東中欧型」ナショナリズムと呼ぶことにする。

西欧型ナショナリズムと東中欧型ナショナリズム

領域国家との明確な結びつきを持っていた「西欧型」ナショナリズムにたいして、それに刺激され、それをモデルとして展開された「東中欧型」ナショナリズムには、「西欧型」ナショナリズムを特色づける、ネーションとしての性質と領土や「人々が参与する共同の世界」との結びつきは存在しなかった。それゆえそれらの地域の諸民族のネーションとしての意識は、「不明確なエスニック（㊩ volkhaft ㊮ ethnic）な共同帰属感」以上のものにはなっておらず（ET351 Ⅱ一七八）、したがって彼らのネーションとしての性質は、ある人々が共有するとされる属性によって決定される「属人主義」的なものとして考えられていた。

ところが、そうした諸民族が西欧の諸民族の「ナショナルな誇り」に対抗しようとしたとき、彼らは、自分たちには「ナショナルな誇り」の基盤となるような「共同で耕して住みついた土地や国家や歴史的業績」はなく、「誇り得るのは自分自身だけ——すなわちせいぜいのところが言語……悪くすればスラヴの、ゲルマンの、チェコの、あるいはその他もろもろの『魂』だけ——しかないことに気がついた」（ET352 Ⅱ一七八—一七九）。こうした、しばしば仮想的な共同の属性に根拠を求めるのが、アレントいうところの「種族的《フェルキッシュ》（独 völkisch 英 tribal）ナショナリズム」である。

「種族的ナショナリズム」の特色は、それが既存の国家の国境によって規定されないということである。というのも、そのエスニックな共同帰属意識の基底にあるなんらかの共同体——その根拠は言語であれ「血」であれ——は、いまだ政治単位としては現実化されていない以上、未来において実現されるべき目標以外のものではありえないのである。すなわち、既存の国家との関係についていえば、「西欧型」は国家と不即不離の関係にあり、むしろそれに依存しているのにたいして、「東中欧型」はしばしば現存している国家と敵対し、それを超越しようとする。

また、このことと密接に関係するが、その領域性において、「西欧型」は歴史的に確定的・安定的であり、ナショナリズムそれ自体が領土的膨張の動因にはなりにくいのにたいして、「東中欧型」は、既存の国境線と「ネーション」を構成すると想定される人間集団の居住地域が一致しないため、「ネーション」の一体性を「回復」し、離散状態を克服しようとする運動は、しばしば既存の国家の領域を流動化し、国家に領土的膨張の口実を与えることになるというのである。

後述するようにアレントは、帝国主義とナショナリズムとを原則として相対立するものとして捉えるが、このことは、「東中欧型」についてはいささか微妙になる。というのも、「西欧型」ナショナリズムが、主権国家システムと結びついた形で、一応は対等なヨーロッパ諸国民の家族という規制観念によって枠づけられていたのにたいして、「東中欧型」は複数の「ネーション」が混ざりあって住んでいる空間において、みずからのネーションの膨張を正当化するために、しばしば自ネーションを「選民」として、他のネーションにたいして優位に立つ権利があるものとして主張する。そして、そこに人種主義的な観念との結びつきがしばしば生じ、「汎民族運動（独 Panbewegung 英 pan-movement）」や「大陸帝国主義」へとつながる可能性が出てくることになる。

その意味では、人種主義や帝国主義とナショナリズムとを明確に対立的にとらえ、したがってナショナリズムと全体主義との連関を否定するアレントの議論は、こと「東中欧型」ナショナリズムに関しては、彼女自身あてはまらないと考えているといえよう。「東中欧型」ナショナリズムは、人種主義とも結びつきうるし、国民国家にむしろ敵対し、そして全体主義の一つの「起原」へと展開しえたというわけである。

要するに、先に引用したアレント自身によるネーションの定義があてはまるのは、実は「西欧型」の典型的な国民国家だけであると彼女自身考えているのである。たしかにそこでは、「国民」であること、すなわち政治的・法的な意味での市民権の範囲と、「民族」であること、すなわち歴史的・文化的一体性の意識とは、たまたま重なっている。そしてそれが「ネーション」の典型的な観念とされてきた。そして、この二つの側面が重なっているかぎり、ネーションの原理は政治的な安定化の要因として働くとアレントは考えている。

しかし、この二側面がずれるとき、ネーションの原理は国内外を問わず既存の政治秩序を不安定化する要因となる。そして「東中欧型」の場合には、このズレが初めから存在したのである。「ネーション」という語が、「国民」と「民族」という二つの訳語をもち、かつ、どちらの訳語によっても尽くしえないのは、この語がもともと持っているこうした両義性のためなのである。

アレントによれば、第一次世界大戦後には、全ヨーロッパ的にこのズレは不可避になる。その意味で、国民国家システムはなんら普遍的に妥当性をもつ政治体制ではなかった。実は民族離散状態こそが通例なのだ。そのことは、国民国家システムを全ヨーロッパに適用しようとした第一次世界大戦後に明白になるのである。

政党制——イギリス型と大陸型

政党の活動を中心として構成された代議制は、国民国家と共に、十九世紀の政治秩序を特色づける政治システムである。しかしアレントによれば、イギリスを例外としてヨーロッパ全体をみれば、政党と代議制は政治的統合力、正統性の不足に悩まされていた。その意味では、国民国家と同様に政党政治もまた、十九世紀においてすでに不安定さを内在させていたというのである。イギリスの成功こそがむしろ例外なのだ。

ヨーロッパ諸大国中イギリスだけが今日なお議会が軽蔑されず政党制が不信の目で見られていない唯一の国である（ET382　Ⅱ二一二）。

国民国家を論じた際と同様に、ここでもアレントは、典型と例外を逆転させることによって、一見安定していたと思われる十九世紀の秩序の中に、解体の兆《きざ》しを見いだす。

アレントによれば、政党制には二つのタイプがある。すなわち、第一がイギリスとアメリカの二大政党制であり、第二がヨーロッパ大陸型の多党制である。しかし、彼女が問題にしているのは、二大政党制と多党制という違いではない。重要なことは、「全政治体における政党の機能、権力との関係、国家における市民の地位に関わる」根本的な相違である(ET382-383　Ⅱ二二三)。二つの類型は、この相違にもとづいて、エドマンド・バーク(十八世紀イギリスの政治家・政治思想家)とブルンチュリ(十九世紀のスイスの国法学者)などの議論を参照しつつ、アレントが類型化した理念型である。ではこの両者の相違は何なのだろうか。そして、なぜイギリス型だけが成功しえたのだろうか。

まず第一に、政党の政治的機能について見てみよう。端的にいえば、イギリスの政党は、それ自体が政治的・公的な参加のための制度、すなわち「市民の政治的組織、つまりおよそ活動し得るためには協力しなければならない、公的・政治的資格のある人々の政治的組織」(ET386　Ⅱ二二六)である。いいかえれば、政党自身が特定の個人や社会集団の特殊利害の利害代表ではなく、国全体を代表すべきものと考えているということである。そしてそのことは、政党自身がその中での議論や論争を通じて、個別利害を濾過《ろか》し、個別利害を超えた公共性を準備するような政治的空間、公的なフォーラムであるということを意味している。

二大政党制とは、こうした二つの公共空間の間の競争なのだ。

それにたいして大陸型の政党においては、政党に参加することは公的な、政治的な参加、組織化を意味しない。政党は「まず第一に公的問題には全く無関心な私的な個人の集合体」(ET386 II二二六)であって、あくまでも私的な利害を国家にたいして代弁する機関なのである。それゆえ大陸型においては、その党内で、特殊利害を超えた公共性が形成されることはない。

第二に、政党と権力の関係についても決定的な相違がある。イギリス型は、政党が政治権力を創出するための機関であり、事実上の権力の担い手である。「イギリスの政党員は自分と自分の党を、権力と、そしてネーションの政治的運命への責任と同一視している」(ET386 II二二六)。

それにたいして大陸型においては、政党は権力の構成という重荷を担わない。権力の担い手はあくまでも「国家」なのである。「大陸の政党制は、各政党は自らを全体の一部と自覚的に規定し、全体は政党を超えた国家によって代表されるとする前提に立っている」(ET383 II二一四)。

こうした相違は、当然、政党と国家との関係にもあらわれる。イギリスの政党政治は、それぞれ自分自身が権力につこうと競争している二つのグループが、まるごと交代するシステムである。

二大政党制においては一方の政党はつねに政府と同じであり、その政党は権力を握り、事実、国を統治する。その政党はここでは一時的に国家となる。……両方の政党が交代に政権につくべく計画され組織されているのと同じく、行政府の全部門もこの徹底的な変化に対応できるような仕組みになっている（ET383　Ⅱ二一三）。

それにたいして大陸型においては、政党政治と国家とは疎遠であり続ける。ドイツでは、「政党の上に立つ」非党派的な官僚機構としての国家が権力の中心であって、政党と議会は諸々の利害の展示場にすぎなかった。「国家が政党を物笑いの種にしてしまった」。他方、第三共和制のフランスでは、連立政権のめまぐるしい政権交代が繰り返され、「政党制が政権を担いうるような制度に再組織されないままに、政党は国家をいわば破産させてしまった」（ET388　Ⅱ二一八―二一九）。

政党と階級社会

第三に、国家における市民の地位にはどのような相違があるのか。国家と政党との関係の相違は、議会や政党が国家と社会を媒介するものである以上、国家と社会、国家と市民との関係の相違でもあるはずである。

ところで十九世紀に形成された代議制、別の言い方をすれば代表民主政あるいは自由民主主義は、社会と市民についての両義的な認識を前提としていた。すなわち一方では、代議制は、古典古代のポリスにおける民主政とは異なって、社会を構成する市民たちが、そのまま直接にみずから公共性を担う政治の主体たりうるということを前提もしなければ要求・期待もしていない。いいかえれば、代議制においては完全な治者と被治者の同一性は想定されておらず、国家と社会の二元的な分離が前提とされている。そしてその場合の社会の基本イメージは、人々がみずからの私的利益を求めて行動するところの、市場に代表されるような「欲望の体系」としての市民社会だということになろう。

しかしながら他方では、代議制も、社会を構成する市民たち自身が、なんらかの媒介を通した限定的な形であれ、みずから公共性を担い政治に参加することを前提・期待していることも事実である。そして、そうした市民の政治参加と政治的組織化のチャンネルとなるのが政党の役割だったのである。

アレントによれば、代議制が政党に求めたこの政治的機能を本来の仕方で果たしえたのはイギリス型の政党制だけであった。大陸型では、市民と社会はあくまでも政治の客体ないし受益者としての地位にとどまり続け、政党はせいぜいのところ、そのクライアントの分け前を国家からなるべくたくさん引き出す以上の存在ではない。結局のところ、大陸型の政党は、政党に本来期待されている政治的な組織化にたいする能力の欠如を、私的な利害の共有にもとづく社会的な組織化に依存することによって、代位していたというのである。こうした利害を共有する集団の最も重要な存在形態は、十九世紀においては「階級」である。したがって、大陸型の政党制とは、政党参加の機関として政党と議会が持つべき政治的な統合力を、階級社会の持つ社会的な統合力によって代用する制度だったのである。

そうである以上、アレントにとっては、それが階級社会と運命を共にすることは、当然のなりゆきだった。階級と、その利害と、その代弁者たる政党との結びつきが崩れたとき、すなわち、後述するような大衆社会の到来によって、政党はまったく無力な存在になってしまい、それに替わって「運動」が政治の中心に姿を現すことになる。

このように、アレントにとって大陸型の政党制とは、階級社会によって政治の統合機能が代位され、それに政治が依存し、かくして政治が蒸発してしまった秩序であった。イギリス型の例外性は、政党が社会の政治的組織化に相対的に成功したことにあるのである。

3　破壊のモーターとしての帝国主義

帝国主義の三つの要素

アレントによれば、帝国主義とは、ヨーロッパ諸国が「膨張のための膨張」、「権力のための権力の無限追求」をめざして争った政治的現象であり、それは「国民国家体制と経済や工業の発展との不調和」（OT159　II iii）によって引き起こされたという。その時期を彼女は、ホブソンに従って、一八八四年のアフリカ分割に始まり、一九一四年の第一次世界大戦の勃発までの時期としている（もっとも、帝国主義の終焉の不可避性が明らかになったのは、インドの独立によってだとも述べている）。

帝国主義は「帝国主義という堂々たる名前」を名乗ってはいるものの、ローマ帝国のような古代の帝国とはなんの関係もなく、その実体は「資本輸出と人種妄想と官僚制的行政装置の奇妙な混合物」にほかならない（ET207-208　Ⅱ一七）。この余剰資本の輸出と、人種主義と、法律によらない支配という意味での官僚制支配との三位一体が、アレントの帝国主義概念の特色である。

余剰資本の輸出が帝国主義の動因となったという認識においては、彼女の帝国主義観は、ホブソンともレーニンやローザ・ルクセンブルクとも共通している。

帝国主義が成立したのは、ヨーロッパ資本主義諸国の工業化が自国の国境ぎりぎりまで拡大し、国境がそれ以上の膨張の障害になるばかりか、工業化過程全体にとって最も深刻な脅威となり得ることが明らかになった時だった（ET198　Ⅱ七）。

「工業生産の不断の成長に立脚する資本主義制度を存続させる」という経済自体の論理が、「経済に必要な膨張を国民国家の対外政策の基本とさせる」ことをブルジョワジーに、そしてついには国民国家に強いたというのである。

こうした議論は帝国主義論としては見慣れたものであろう。しかしながらアレントが注目するのは、こうした余剰資本という第一義的には経済的な現象が、ヨーロッパの政治と社会にたいしてどのような影響を与えたのかという問題であり、その意味で、彼女にとって、帝国主義とはなによりも政治的な問題なのである。

　帝国主義の純粋に経済的な誘因と原動力が早期に発見されたことは——これはイギリスのホブソンに負うものであり、ヒルファディンクとレーニンはその後を継いだに過ぎない——帝国主義の本来の政治的構造、すなわち、人類を支配人種と奴隷人種に、高級種族と低級種族に、黒人と白人に、市民と市民を守るための“force noire”〔フランスのアフリカ植民地の現地住民からなる部隊〕とに分けようとする試みを、解明するよりはむしろ隠《いん》蔽《ぺい》してしまった（ET196　Ⅱ五、補注川崎）。

　非ヨーロッパ世界への資本輸出としての膨張、さらにはそれにともなって、それを保護するための軍事力や警察力の動員としてなされた「権力輸出」のみではなく、そのために案出された独特の支配形式や、こうした支配を正当化するイデオロギー体系とがセットになって、はじめて帝国主義の全貌が説明できるというのである。『全体主義の起原』第二部では、やや性格を異にする第五章を除いて、帝国主義のこの三つの要素が検討されている。それは帝国主義による国民国家の破壊の物語である。アレントは帝国主義と国民国家がいかに相対立するものであるかをおりに触れて強調しているが、まさに帝国主義こそ国民国家の、そしてひいては十九世紀秩序の破壊のモーターなのである。

　ここで注意すべきは、すでに述べたように、帝国主義の経済的側面とは、資本主義そのものの論理的帰結だということである。「膨張」が資本主義に宿命づけられているとすれば、それは領域的な国民国家の秩序とぶつかることは不可避である。さらに、後述するように、資本主義は階級社会の解体や旧ヨーロッパ的な社会倫理の解体とも密接に関係している。とすれば、実は十九世紀秩序の破壊のモーターは、資本主義そのものだということにもなりはしないか。

論点先取りを承知で結論を述べるならば、アレントにとってその答えはイエスである。けれども、それはマルクス主義が考えるように、資本主義が経済システムとして自己崩壊するというのではない。資本主義が十九世紀秩序のさまざまな安定化要因を解体していくという意味においてなのである。つまりアレントの議論は、経済原理としての資本主義への批判ではなく、政治原理としての資本主義、政治原理となった資本主義、世界観としての資本主義への痛烈な批判なのである。ここにも先に言及したマルクス主義との微妙な関係がよく現れている。

帝国主義と国民国家

『全体主義の起原』第二部第一章には、「ブルジョワジーの政治的解放」という奇妙なタイトルがつけられている。

ヨーロッパ自体においては、ブルジョワジーの政治的解放が帝国主義時代の国内政治上の中心的出来事だった（ET194　Ⅱ二）。

それまではブルジョワジーは経済的には支配的地位にあり、「社会の支配階級」ではあったが、政治的に支配しようとしたことは一度もなかった。ところが、国民国家がもはや資本主義の発展を阻害していると彼らが感じたとき、「経済自体に強いられてブルジョワジーは政治化した」（ET198　Ⅱ七）。

では、なぜ帝国主義と国民国家は対立するというのだろうか。アレントによれば、そもそも「経済と生産の構造は絶えざる拡大を許すが、これに反して、政治の構造と諸制度はつねに限界を持っている」（ET199　Ⅱ八）のであり、したがって「膨張」はそもそも「政治的原理」ではありえない。加えて、国民国家は拡大にはもっとも不適当だというのである。というのも、国民国家には古代のローマ共和国の「法」のような、征服民、被征服民双方を統合しうる普遍性を持った統合原理が存在しないからだ。

国民国家は、そもそもの初めから同質的住民と政府に対する住民の積極的同意（ルナンのいう「毎日の人民投票」）とを前提としているからである。ネーションは、その政治的概念を、領土、人民（民族）、国家を歴史的に共有することに基く以上、帝国を建設することはできない（ET197　Ⅱ六）。

というのも、

国民国家の基礎となる政府に対する被治者の同意は被征服民族からはほとんど得られないからである（ET199　Ⅱ八）。

したがって、「国民国家は征服を行った場合には、異質な住民を同化して『同意』を強制するしかない」ことになり、「従って征服を行えばつねに暴政に陥る危険がある」（ET197　Ⅱ六）。

帝国主義は、結局のところ、古典的な帝国のような普遍的な統合原理を持ちえず、また国民の原理を植民地にまで拡大することもほとんどできないままに、植民地支配をおこなうことになる。そして、そのことが本国の国民国家における統合のあり方、ネーションのあり方や統治のあり方にも影響を与えていくことになるというのである。

ブルジョワジーと過程的思考

それでは、帝国主義に現れた「ブルジョワジーの政治的世界観」とはどのようなものだったというのだろうか。帝国主義的膨張は、「資本の過剰生産、つまり資本が一国の枠内ではもはや生産的に投資され得なくなったために、単にあり余った資金となったという危機」（ET211　Ⅱ二一）をきっかけにスタートした。そして、この資本輸出が、結局、国外での投資のリスクを制御するために、国家による権力的な介入、いわば「権力輸出」を国家に促すことになった。

ところが、この「権力輸出」は、「国民国家においてはつねに文民機関の下位にあって、文民の監視のもとに置かれていた国家暴力手段、すなわち警察と軍」を、投下資本の保護のために赴いた植民地諸国において、「全ネーションの代表者」の地位におしあげることになった。そして今度は、彼らが暴力を背景とした収奪の手先となる（ET214　II二一五）。

権力の無限の蓄積、すなわちいかなる法則《ゲゼッツ》・法律にも拘束されない暴力の無限の蓄積によって、無限の、あるいは少なくとも無限と見えた資本の蓄積が進行し得たのである（ET215　II二一五）。

ここに暴力と富とがリンクした膨張のための膨張の「不断の過程」が成立し、「その膨張の概念は、権力の蓄積と拡大が国民国家の政治において中心的役割を果たすようになることが明らかになったとき、初めて政治理論に登場し始めた」（ET215　II二一六）。

もっとも、

この帝国主義の政治的教義の新しさは、暴力に支配的地位を与えたことでも、権力がすべての政治の本質的実体のひとつだと洞察したことでもない。暴力は大昔から政治的行為のウルティマ・ラティオ（最後の手段）だったし、権力はつねに支配と統治の可視的表現だった。ただその違いは、暴力も権力もいまだかつて政治的行為の明確な最終目標だったことはない、という点である（ET215　Ⅱ二一六）。

後年、アレントは、「暴力」と「権力」の峻別を強調し、政治権力の本質を暴力や暴力による強制に見る政治観を厳しく批判することになるが、ここでは帝国主義的な権力崇拝にこうした政治観の表出を見いだし、それを植民地行政官たちの政治観や経験に結びつけていることは注目に値しよう。そしてここに、「自分自身以外にはなんの目的も目標ももたない恒久的と自称する過程なるもの」が政治の中心に出てくることになる。「無限の拡大のみが無限の資本蓄積を生み、権力の無目的の蓄積を実現するという膨張の概念」こそが、帝国主義の政治観の本質なのである（ET216　Ⅱ二一六―二一七）。

しかし、こうした拡大・膨張の無限の過程という政治観は、それまでのヨーロッパの政治観とは決定的に異なっている。『人間の条件』などで展開される後年のアレントの議論に従えば、まさに政治体の創設こそ伝統的には政治の最大の関心事の一つであった。ところが、帝国主義はまさにその新しい政治体の創設に関心を持たない。というのも、彼女によれば、いかなる政治体も「かならず固定化の力をおのずから発展させる」からである。ところが、帝国主義が求めるのは「つねに膨張する権力の過程の永遠の流れ」である以上、「いかなる政治体であろうと……いずれは克服されるべき一時的な障害物と映らざるをえない」というのである。したがって、帝国主義の政治では「相対的に確実な永続性」といった政治体にとってきわめて重要な基準が意味をなさないどころか、かえって邪魔だということになる(ET215-216　Ⅱ二六―二七)。

帝国主義の時代とは、こうした「過程的思考」が初めて政治の前景におどり出た」時代だと彼女はいう。しかし、この「過程的思考」は、たんに帝国主義的膨張に特有なのではなく、むしろ全体主義において、その破壊性が十全に発揮されると述べていることに注意されたい。その意味で、全体主義は帝国主義的膨張の「後継者」であり、それは、「徹底して過程の法則に屈伏し、政治的に確立された構造のすべてを手当たりしだいに、たとえ本国のであろうと破壊してしま」うことになるのである(ET216　Ⅱ二七)。

過程的思考をつきつめれば、現にあるものそれ自体には価値はない。その意味で、それはニヒリズムであり、もし、それがニヒリズムを逃れようとするならば、このすべてを過程の一段階へと変えてしまう「過程の法則」そのものを物神崇拝する以外に術はなくなってしまう。後述するように、それこそが全体主義の運動と支配の中で生じたことであった。

後年、アレントがおこなう「暴力」と「権力」の概念的峻別は、『全体主義の起原』においてはまだなされていないが、政治体の存在と結びついた政治的な権力と、軍事力のように本来の政治体から切断されて、「輸出」されうるような暴力としての権力との区別は、すでに存在している。そして「権力」という言葉は、ここでの文脈では、むしろ後者の意味で、後年の「暴力」や「強制力」に近い意味で使われていることに注意する必要がある。

では、この意味での「権力が政治の真の内容となり膨張が一切の政治の最終目標になった」こと、さらに「そこから生じた国民国家的制度の崩壊があれほど僅《わず》かな抵抗しか受けなかった」のはなぜか。アレントはその理由を、「過程的思考」がブルジョワジーの願望や確信に合致したからだと述べている。帝国主義は、「ブルジョワジーの政治支配の最初の（同時におそらくは最後の）段階である」（ET217　II二八）。

彼女によれば、ブルジョワジーは、帝国主義時代以前は公的問題に無関心であった。「彼らは国家を警察目的のための、必要やむをえない機関としてしか見ていなかった」。彼らは、「つねにまず第一に私人であり、私人として考え行為」していたのである。だが、このことは、彼らに「公的問題への関心を育てなかったばかりか、政治的なことにとっては有害でしかないある種の原則を教えこみさえしていた」とアレントはいう。

なぜなら、この階級が生きていた私人社会は競争者の社会であって、そこでは力は正義なりとか、成功こそあらゆる行為と労苦の唯一の尺度であるとか、強大なものが弱小なものをむさぼり食うことは必然なる故《ゆえ》に可能なかぎり強大になるべく努めるべし、といったことが実際に妥当していたからであった。そして、強大さというのは相対的概念であるから、このますます強大になろうとする過程は死にいたるまで終わることがない（ET217-218　II二八）。

ところが帝国主義時代には、このような「私的な、競争と結びついた行為のこの格率が徐々に公的問題の処理の原則の水準にまでのしあがって」いく「価値転換」、すなわち公的問題が私的な事柄の処理にのみふさわしい原則によって判断される価値転換が、おきたというのである（ET218　Ⅱ二一八―二一九）。

これまでの議論から、アレントがなにゆえに帝国主義、そして政治観となった資本主義を、国民国家的秩序、あるいはおよそ安定的な社会秩序全般にたいする破壊のモーターとして考えたのかの大筋は理解できるのではないか。帝国主義的膨張、すなわち権力と資本の際限のない増殖は、永続的秩序の破壊を意味する。そして、こうした無限の過程と政治体の永続性との鋭い対置、過程的思考が持つニヒリズム的含意やそれが政治にたいして有する否定的な意味の強調、さらには公的事柄と私的事柄、政治と経済の論理の峻別といった、後年『人間の条件』等で展開されるテーマがすでに現れていることにも注意をしておきたい。

ブルジョワジーの哲学としての『リヴァイアサン』

興味深いことにアレントは、『リヴァイアサン』におけるホッブズの議論を、ブルジョワジーの世界観のもっとも徹底して首尾一貫した定式化として、権力蓄積の無限過程のもっとも端的な表現として解釈している。彼こそ、「公益を私的利益から導き出そうと試み、私的利益のために、権力の蓄積を唯一の基本的目標とする一つの政治体を構想したただひとりの」思想家であり、「ブルジョワジーがより所として頼っていいはずの唯一の哲学者だっ

トマス・ホッブズ

た」(ET218 Ⅱ二一九)。ホッブズが描いたのは、

彼が予感したばかりか細部にいたるまで正確に見抜いていたところの、来《きた》るべき社会秩序の要求を満たしその中で行動するには、人間はいかにあるべきか、そしてキリスト教もしくは古典古代に起原をもつ西洋の伝統を捨ててどこに赴くべきか、ということである。この意味で彼の描いた人間像を凌《しの》ぐものはまだ出ていないし、古臭いと言うこともできない。『リヴァイアサン』はブルジョワ社会が当初から追い求めてきた国家であり、彼の哲学はブルジョワ社会が当初から追い求めてきた世界観なのである(ET219 Ⅱ二三〇)。

アレントは、ホッブズの「価値」論の徹底的に相対主義的な性格や、秩序構想のもっとも根源的な事実である、個人の基本的情熱としての「権力への意志」、そして権力追求の努力と能力における万人の根源的平等すなわち潜在的殺人者として平等への不安から国家の設立へいたるという、リヴァイアサンの有名な論理などを順次示している。そして、そこに提示された社会が、「一切の西洋的伝統との断絶」の提案であり、「このことによって彼はブルジョワジーの態度とその生みの子たるモッブ〔本章本節後半で説明する〕の態度を堂々と指示し、更には西洋の没落と普通理解されていることまでをも教えたのである」と総括している（ET223　Ⅱ三四、補注川崎）。

しかし、アレントのホッブズ理解の特徴的なところは、このリヴァイアサン型国家が生み出す対外政策について、独特な解釈をしているところである。彼女によれば、ホッブズは『リヴァイアサン』において、「もしこの社会が一旦国家機構とその権力手段を実際に手に入れたとしたら、その国家とその対外政策はどうなるか」ということもすでに示している。そして、その秘密は、ホッブズの権力概念にあるというのである（ET223　Ⅱ三四）。

ホッブズの権力概念――アレントはそれをブルジョワジーの権力概念と同視している――は「政治的行為の領域」においてではなく、「孤立した個人の共同生活での万人の万人に対するアナーキスティックな競争」において形成されたものだとされる。ところが、アレントによれば、「このような性格の権力に基づく共同体は、平穏な安定の中では滅びるほかはない」。なぜなら、「このような社会の上に築かれた国家は、権力を維持したければより多くの権力を得るように絶えず努めねばならない。絶えざる権力拡大、権力蓄積の過程の中にあってのみ、国家は安泰でいられる」からである。

富の蓄積と権力の蓄積

では、なぜ無限に進行する権力蓄積の過程なしには、国家は存続しえないというのか。アレントによれば、ホッブズがこのような認識にいたったのは「無限に進行する富の蓄積は『抵抗し得ない権力』に基づいてはじめて維持され得るという、理論的には争う余地のない洞察」にもとづいてであった。

資本蓄積の無限の過程は「無限の権力」の保証を、すなわち資本蓄積の時に応じての必要による以外は何ものにも拘束されてはならない権力蓄積の過程の保証を必要とする。ホッブズがしたように、国家は本質的には富の所有を保護するために存在するという前提から出発するならば、……その結果はリヴァイアサンでしかあり得ない（ET225　Ⅱ三六）。

ところが、このホッブズの洞察が実際に現実のものとなるためには、「国家もブルジョワジーも三百年を要した」。「西洋的伝統」がそのことを妨げたというのである。そして、ブルジョワジーは長い間「富の無限の増大は政治権力とは全く無関係であり、また純粋な経済的領域内には法則が存在し、それは自然法則と同じく資本の蓄積を確実にする働きをする」という観念を抱き続けることができた。しかし、アレントによればこうした「経済法則」なるものは、「人間がそれに合わせて経済的行為をしている間だけしか効力を持たない社会的な、人間の作ったルール」（ET225　Ⅱ三七）にすぎない。いいかえれば、政治権力と独立した経済法則というものの存在を彼女は強く否定しているのである。

しかしながら、ブルジョワジーもついに「蓄積の全過程が本来は権力の過程に基づいており、それによってのみ確保され得ること」を認める時がおとずれた。それは「資本蓄積がナショナルな領域および国家的に確保された領土の限界にまで達し、しかもブルジョワジーは資本主義的生産自体の内にひそむ拡大の過程を中断するわけにゆかず、中断する意志もなかった」そのときであった。「資本蓄積が限界に達しある程度停滞するようになったとき初めて、モーターに再び回転力を与え得るのは新しい権力蓄積の過程のみであることが」、理解されるようになったというのである（ET225-226　Ⅱ三七―三八）。

したがって、いわゆる古典的な自由主義は、アレントの目には帝国主義に具現される無限の権力蓄積過程の露骨な展開と、スタティックなヨーロッパの伝統的な政治秩序観との間のいわば幕間《まくあい》以外のものではないことになる。

しばしば言われるように、もし私的利益と公的利益が本当に一致するものなら、人間の共同生活は蟻塚と同じでしかない。私的利益と公益が一致するように見えるのは、実は私的利益を合計しさえすれば全体の利益という新たな質に転化すると勝手に決め込んでいるためである。自由主義の諸概念すなわち帝国主義以前のブルジョワジーの政治言語――例えば、不可思議な方法でおのずから均衡を生み出す無制限の競争とか、正しく理解された私的利益の正当な追求は政治的美徳なりとか、出来事の単なる連続のうちにもすでに自己を貫徹している無限の進歩とか――はすべて一つの共通性を持っている。それらは、私生活と個人的行動様式とを全部足し合わせてその総和を歴史的、経済的、あるいは政治的法則なりとしているのである。しかしながらこれらの自由主義的概念は、公的問題に対するブルジョワ階級のもともとの嫌悪と政治行為一般に対する彼らの生来の敵意との表現であるとともに、西洋の伝統の基準と、富の所有それ自体のダイナミックな、己れを餌としながら絶えず増殖を続ける原理への新しい信仰との間の、一時的な妥協にすぎない。これらの伝統的基準は、自動的に増大し続ける富が実際に政治行為にとって代るや否や、消滅してしまうのである（ET227-228　Ⅱ四〇）。

ここにはアレントの十九世紀観の一端がよく現れている。彼女にとって十九世紀は、十八世紀末の輝かしい二つの革命によってもたらされた、自由主義の「古典的」盛期なのではない。それはむしろ崩れゆく旧ヨーロッパ的秩序――古典古代へと遡《さかのぼ》る西洋の政治的伝統――の残滓《ざんし》と、新しいニヒリスティックなダイナミズムとの不安定な混合物なのである。とりわけ特徴的なのは、古典派経済学的な自生的秩序としての市場の観念の否定である。実のところ、マルクスにたいする批判も、彼が古典派経済学と社会観における多くの前提を共有しているという、まさにその点に向けられていることに注意すべきである。アレントにおいては、富の蓄積とは最終的には権力――その中身は暴力――にのみ依存する、基本的にゼロサム的な収奪なのである。

もっとも、絶えざる権力蓄積というプロセスは、新たな膨張先、いわば外部というものを必要とする。ところが、それはほどなく地球そのものの有限性に突き当たらざるをえない。そこで、セシル・ローズの言葉のように「星々を併合する」ことができないとすれば、結局、もう一度自分自身を破壊しなおしていくしかないとアレントはいう。そして、帝国主義の時代とブルジョワ階級は「権力と権力政治のこの最後の秘密」を実現しなかったけれども、そこにモッブが加わったときに、この秘密が現実のものとなっていくのである。

資本とモッブの同盟

それでは、帝国主義的な膨張は、具体的には、どういう形で起こったのだろうか。アレントによると「一八六〇年代末のイギリスに始まり七〇年代の全ヨーロッパ経済を規定することになった深刻な経済危機は、いろいろな面でヨーロッパ資本主義と近代政治との歴史における決定的転換点である」という。すなわち、

この危機において初めて明らかになったことは、経済自体の「鉄の法則」などには縛られない純然たる略奪によって蓄積過程をまず最初に可能にした、かの「資本の原始的蓄積」（カール・マルクス）は、蓄積のモーターをこれ以上回転させるには不充分だということだった。この「原罪」をもう一度繰り返さなければ、すなわち純粋な経済的法則性を政治的行為によって破らなければ、明らかに資本主義経済の崩壊は避けられなかったので

ある。このような崩壊は住民の全階層が工業化された生産過程に組み込まれた後にのみ起こり得るのだから、それはブルジョワジーの破滅ばかりかネーション全体の破滅を意味する（ET232　II四四、傍点川崎）。

帝国主義は、「この危機に対する緊急諸対策から生まれた」というのである。

アレントは、ローザ・ルクセンブルクの『資本蓄積論』に依拠しつつ、資本主義が成長を続けるためには、資本主義にいまだ組み込まれていない領域、「原料と商品市場と労働市場の資本主義化の過程を進め得る新しい領土」を絶えず必要とするという（ET231　II四四）。（先にも述べたように、アレントの資本主義観は独特のものがあるが、そこに大きな影響を与えたのが、ローザ・ルクセンブルクである。アレントは、「帝国主義に関する書物のうちでは、ローザ・ルクセンブルクの労作ほど卓越した歴史感覚に導かれたものはおそらく例がない」と賞賛している。興味深いのは、それが「政治とは全く無関係に自分自身の法則に従う資本主義的発展などというものは存在し得ないし、また、存在したこともないことを、証明している」とアレントが述べていることである〔ET231　II四五・註38〕。）

一八六〇年代、七〇年代のヨーロッパの経済危機は、まず、国民経済の枠内で有効な投資先を見いだせなくなった過剰資本の発生とその増加をもたらした。そしてそれらの余剰資本は、海外へと投資先を求めることになったのである。もっとも、アレントによれば、資本輸出や国外投資自体が、帝国主義的だというのではない。そうした海外での経済活動にたいして、政府が、国家の権力が保護に乗り出したとき、権力の輸出への道が始まることとなったというのである（ET233-234　Ⅱ四六）。

しかし、資本主義の発展は余剰な資本だけではなく、余剰な人間をも生み出していた。すなわち、資本主義は恐慌のたびごとに、「生産者の列から引き離され、永久的失業状態に陥《おとしい》れられてきた」人々、「人間の廃物」を生み出してきたというのである。彼らは、過剰資本の所有者と同じく、「社会にとって余計な存在」であった。そして帝国主義は、この人間の余剰を資本の余剰と、すなわち過剰となった労働力を過剰となった資本と結びつけて、その輸出先、はけ口を海外に求めたのである（ET234-235　Ⅱ四七）。

> 国家権力手段の輸出と、国民《ネーション》の労働力と国民《ネーション》の富が投下されている領土の併合という膨張政策は、資本と生産力の絶えず増大する損失を防ぎ、国民《ネーション》の中では余剰となった国民《ネーション》の諸力を、それでもなお維持し得る唯一の手段だと思われた（ET235　Ⅱ四七）。

余剰資本と余剰な人間、そしてその権益を保護するための権力、この三者の「輸出」こそが、帝国主義の始まりを告げるものであった。したがって、ヨーロッパの本国内では使い道のなくなった「余剰な資本」の所有者と過剰な労働力という「余計な存在」たちが帝国主義の典型的人間類型なのである。アレントは、帝国主義におけるこの二つの余計者の結合を、「資本とモッブの同盟」と呼んでいる。そして、後に見るように、南アフリカのダイヤモンド鉱山と金鉱が、この同盟の象徴的な進出先になったというのである。

モッブ

それでは、「モッブ」とは何なのか。「モッブ」はアレントの十九世紀論において、極めて重要な役割を果たす人間類型である。このことについて、詳しくは第二章第二節で改めて述べることとして、ここで本節の文脈において必要なかぎりで、この概念について論じることとする。

アレントは、モッブを「全階級、全階層からの脱落者の寄り集まり」として定義している。しかしこのことは、彼女をしてモッブが、階級対立を超えた「ナチ用語で言えば『民族共同体』であるかのような」外観を一見有するもの、「民族の歪んだ像、そのカリカチュア」だと言わしめている（ET241　Ⅱ五五）。いいかえればモッブとは、ネーション全体の一つの縮図であって、それを一義的に規定することは困難だというのである。

アレントが描くモッブの具体的イメージの一つは、十九世紀後期に帝国主義的膨張の先兵となった人々の一群である。彼女は、十九世紀に南アフリカにやってきた人々の典型を金鉱掘りと金融家だとしているが、さらに、もう少し具体的には、「冒険家や商人、犯罪者やばくち打ちなどあらゆる種類の敗残者」、「本職の金探掘者や投機家、酒場の主人、旧軍人、良家の末息子、要するにヨーロッパでは使いものにならないか、あるいはさまざまな理由から窮屈な生活に我慢できなくなった者」（ET303　Ⅱ一二四）として描いている。こうした人々こそ、アレントがいうところの「モッブ」の一つの典型、セシル・ローズやカール・ペータースを頂点とするような典型なのである。

彼らはブルジョワ社会が窮屈すぎると言って自分から飛び出したのではなく、ブルジョワ社会から吐き捨てられたのである。彼らはブルジョワ社会の文字通りの廃棄物だった。認められた限界を彼らに踏み越えさせたのは彼らの冒険心ではなく、彼らの存在と労働力の余剰性であって、彼らはその犠牲だった（ET291　Ⅱ一一二）。

南アフリカは、ヨーロッパ社会の内部では余計者となった夢想家、投機家、詐欺師たちによって救われたのだが、ヨーロッパ社会が余計な富と余計な人間を生み出し始めたという意味では、この人々は時代遅れとなっていた社会的・政治的体制の真の代表者だったのである（ET291　Ⅱ一一〇）。

アレントが、モッブを特色づける要素として注目するのは、その没倫理性ないし反倫理性である。彼女によれば、「彼らは何ものも信じず、それでいて騙《だま》され易く、人に言われれば何であろうとすぐに信じ込んだ」（ET292　Ⅱ一一二）。そして、「『ルーレット・ゲームから殺人に至るまでどんなことにでも手を出す用意のある』人間だった」（ET292　Ⅱ一一二）というのである。

アレントは、アフリカで急速におきたヨーロッパの伝統的な倫理観の解体や、裏社会との関連などに、モッブの本質を見いだしている。また、モッブは、ヨーロッパでは、反ユダヤ主義や人種主義に熱狂し、反ドレフュス派として暗躍し、汎民族運動を指導し、ついにはナチの指導者層を供給することにもなる。

けれども、モッブのこうした没・反倫理性は、モッブを吐き出したブルジョワ社会と無縁なのではないとアレントはいう。「モッブは社会の屑《くず》であるばかりでなく社会が直接生み出した産物であり、それ故に社会から決して完全には切り離せない」。すなわち、実は、モッブと「上流社会」――ブルジョワジーと政治的実質を喪失してブルジョワ化した旧貴族層――の間には、そもそも一種の親近性があったというのである（ET241-242　Ⅱ五四－五五）。彼女が、モッブを工業労働者や下層の民衆と同一視してはならないと述べていることには注意すべきである（ET241　Ⅱ五五）。

アレントによれば、世界観の次元においては、モッブとは、偽善をかなぐり捨てたブルジョワジーの姿にほかならない。

きわめて多くの同時代の帝国主義的イデオロギーから浮かび上るモッブの政治的世界観は、偽善を拭い去ったブルジョワ社会の政治的世界観と驚くべき類似を示している。ごく最近のモッブのニヒリスティックなイデオロギーがブルジョワ社会を知的にもあれほど惹きつけたのは、モッブ自身の誕生のはるか以前からブルジョワ社会自身が抱いていたニヒリズムのためである。帝国主義の成立を特徴づけている原因と結果の乖離《かいり》は、従って決して偶然ではない。きっかけ、すなわち安全な利潤の多い投資のためにモッブを必要とした余剰資本が、それまで良き伝統に覆い隠されながらもつねにブルジョワ社会の基本構造の中に存在していた一つの力を解き放つ梃子《てこ》となったのである。あらゆる原則とあらゆる偽善を拭い去った暴力政治は、あらゆる原則から自由になった大衆、国家の救済活動と救済能力を凌《しの》ぐほどの数に達した大衆を計算に入れることができるようになったとき、初めて実現可能となる。このような状態は世紀の変わり目には明白に現れていた。このモッブが帝国主義的政治家によるほかは組織され得ず、人種教義以外によっては鼓舞され得ないということは、彼らの生れがブルジョワ社会であることを明瞭に示している（ET243　Ⅱ五六―五七）。

アレントにとっては、モッブの世界観のニヒリズム、すなわち帝国主義のもつニヒリズムとは、ブルジョワジーの世界観に含まれていたニヒリズムが公然化したものにすぎない。たしかに、ブルジョワジーは、長らくこうしたニヒリズム、つまりホッブズ的な「リアリズム」を公然と受け入れることをためらってきた。しかし「帝国主義時代に先立つ経済的危機の十年」は、ブルジョワジーに「資本の原始的蓄積における『原罪』」は一度ではすまず、それを何度も繰り返さなければ資本蓄積のシステムは立ち往生してしまうという事実を認識させ、そのことがブルジョワジーをして、「西洋的伝統の煩《わずら》わしい束縛を断ち切り」、「モッブとその指導者《フューラー》の世界観に降伏する」決断をさせたというのである（ET242　Ⅱ五五―五六）。

このように、アレントがいうところの「モッブ」は、一方では「全階級からの脱落者」、つまり階級社会の解体の落とし子、その余計者である。しかし他方で、それはたんに周辺的な存在なのではなく、その本質において、十九世紀の階級社会すなわちブルジョワ社会の赤裸々な姿を体現するもの、ブルジョワジーから偽善の仮面をはぎ取った真の姿、ブルジョワジーの欲望の純粋形なのである。そしてその意味で、ブルジョワジーの政治的勝利は、モッブ的な政治・社会観への武装解除だったのである。

ナショナリズムと帝国主義

ところで先に述べたように、アレントにとってナショナリズム、ネーションの原理と帝国主義とは、本来、根本的に対立するものである。しかしながら、ナショナリズムと帝国主義とを隔てる理論上の深淵は、「実際には、人種的もしくは種族的《フエルキッシュ》傾向のナショナリズムによって幾度も橋をかけられている」という（ET238　Ⅱ五一）。

さらに、現実に、帝国主義政策にたいしては、「真に民衆的な反対が全然なかった」。アレントによればその理由は、帝国主義的膨張が階級対立によって分裂したネーションに「再び共通の関心を与え、いま一度統一をもたらすものとさえ思えた」ということである。それは、ネーション全体に共通の利益を提供するものだと思われたのだ。そしてこのことが、ヨーロッパのナショナリズムが簡単に帝国主義化した理由でもあったのである（ET237　II五〇）。

ところで、「ナショナリズム的形態をとった帝国主義に最大の人的資源を供給してナショナリズムと帝国主義との混同に特別に大きな責任を負うことになったのは、役人階級だった」。アレントによると、階級や政党を超越した「ネーション一般への奉仕者」としての役人階級は国民国家の産物であり、国民国家の政府の権威はこうした政治的に中立な役人たちの存在に依存していたという。

こうした役人階級の中立性・自律性は、十九世紀末になると揺らいでくる。しかし植民地勤務は、彼らに「ネーション一般への奉仕者」という職業的誇りを、社会的現実との衝突から守ることを容易にしたのである。「異国にあって異民族を支配していれば、ネーション全体に奉仕しているという意識を持ち続けることは遥かに容易だった」。後に見るように、イギリスの植民地官僚はこうした意識に支えられていたのである（ET239-240　II五二―五三）。

しかし、資本とモッブの同盟、さらにはナショナリズムの帝国主義化は、本国の国内政治に影響しなかったのか。アレントによれば、皮肉なことに最大の植民地帝国たるイギリスだけが、この影響を免れたという。「資本とモッブの同盟は徹底した帝国主義政策の開始期に必ず見られるものだが、イギリスだけは幸運にもこの同盟を海外領土に限ることができた」。イギリスは「植民地的方法と通常の政治との間の原則的区別を決して放棄せずに固持し得た」。そしてそれゆえに、「イギリスは、『帝国建設』のブーメラン効果によってネーションの政治構造が実際に破壊されるに至ることなく、この時代の終わりに帝国主義的属領を解消できた唯一の国になった」というのである（ET241 Ⅱ五四）。

しかし、「ドイツのように地球分割に大して与《あずか》れなかった国や、ましてオーストリアのように全く領土を得られなかった国では、資本とモッブの同盟は本国自体の中で成立し、国内政治に直接的影響を与えるようになった」（ET238 Ⅱ五一）。これらの国々の場合には、汎民族運動や帝国主義者たちがもくろんでいたものは、「実はネーションを帝国主義化し、外国領土の破壊的征服と異民族の絶滅的圧制のための道具にネーションを組織することだった」のである（ET241 Ⅱ五四）。そしてこのことが、後述するように、イギリスではなくドイツやオーストリアの「大陸帝国主義」において、帝国主義から全体主義への転化が生じてくるということを説明しているのである。

4　人種主義と官僚制

ナショナリズムと人種主義

アレントによれば、人種主義と官僚制こそ、帝国主義を特徴づける政治的支配の形態である。

帝国主義時代の膨張政策は、ヨーロッパの歴史において全く新しい二つの支配と組織の原理を使用した。第一に、それは、ヨーロッパでは従来はネーションとして理解されてきたところの諸民族（Volk）の、そして他の非ヨーロッパ諸民族（Volk）の場合には形成途上にあるネーションとみなされてきたところの諸民族（Volk）の、国内政治上の組織に、人種概念を導入した。第二に、それは、帝国主義時代以前の征服と略奪のための植民地支配を、われわれが官僚制と呼ぶところの、政令による統制のとれた抑圧に置き換えた（ET285　Ⅱ一〇四）。

先に詳しく見てきたように、帝国主義はその膨張のための膨張という側面においてブルジョワジーの世界観の政治的表明であり、ヨーロッパにおける余剰資本と余剰人口の存在という経済的なモメントがその基礎にあることはアレント自身も認めている。けれども、彼女の帝国主義論の特色はその経済的な側面よりも、むしろ政治的側面、すなわち人種主義と官僚制という支配のあり方に注目したことである。

ここで注意しなければならないのは、「官僚制」の特殊な用法である。アレントがここで用いる官僚制とは、「政治に代わって行政が、法律に代わって政令が、決定者の責任が問われ得る公的・法的決定に代わって役所の匿名の処分が登場する支配形態」であって、近代国家に不可欠な官僚機構とはほとんど関係がない（ET285　Ⅱ一〇四）。

また、アレントは、ネーションと人種、あるいはナショナリズムと人種主義とを、基本的に対立的なものとしてとらえている。アレントは、ゴビノーら十九世紀の人種主義の先駆的な理論家たちの議論に、ナショナリズムと人種主義との原理的な対立をすでに見いだしている。彼女によると、ネーションの観念は、ある共同体が自己を他者の集団と区別するとともに、自分たちの共同体の内部では、すべてのメンバーはネーションの成員として本質的に平等である、平等であらねばならないという考え方を内含していた。それにたいして人種の観念は、ネーションがもつこの共同体内の平等という観念に対抗するために、いいかえればネーション内部における本質的な格差、差別を改めて正当化するために、案出されたのである。その意味で、人種の観念はもともとネーションの観念に対立するものであったという。

したがって、十九世紀ヨーロッパの文脈においては、王や貴族の血統の優位性を弁証することによって彼らの支配を正当化することが、初期の「人種」観念の主たる政治的機能であった。しかし、人間を本質的に平等なものとして考えるのではなく、支配するものと支配されるものとに「生物学的」に階級化されていると考えることは、アレントによれば、ユダヤ教＝キリスト教的なヨーロッパの伝統的な人間観にたいする重大な挑戦であった。というのも、その考え方のもとでは、もはや人類はアダムとイヴという共通の祖をもつ子孫たちではなくなってしまうからである。世俗化された形であれヨーロッパ世界において生き延びてきた人類や人間についてのユダヤ教＝キリスト教的な理解は、ダーウィニズムの「適者生存」の観念によって武装された人種主義の出現によって、重大な危機を迎えることになるのである。

けれども、ネーションと人種、ナショナリズムと人種主義との原理的対立は、あらゆる場合にあてはまるわけではない。たとえば、ネーションとしての自己意識の基底にあるものが「血統」といったものに関係する場合には、こうした対立関係は成り立たない。そのような場合には、「血統」にもとづく擬似生物学的な形での支配服従関係の正当化としての人種主義が、他のネーションにたいするあるネーションの必然的な優越の主張という形で、ナショナリズムと結びつくことは十分可能である。いわば、ネーションの人種化がおこるのである。

アレント自身、先述のように、ネーション自体のあり方が、領域的な「歴史的・文化的」な一体性にもとづくのではなく、「血」以外に基底を持ちえないタイプのネーション像の存在をすでに指摘していた。こうした種族的《フェルキッシュ》ナショナリズムにおいては、ナショナリズムと人種主義の典型的区別はなくなる。近代ヨーロッパにおける反ユダヤ主義では、人種主義化されたナショナリズムが大きな役割を果たした。そして後述するように、二十世紀には領域的国家とネーションとの結びつきが崩れることによって、ネーションの人種化の危険はいっそう高まることになったと彼女は考えるのである。

しかし、アレントによれば、人種主義が政治的に重要な役割を演ずるようになるには、帝国主義の経験が決定的であったという。

アフリカの実験

帝国主義を特色づける人種主義と官僚制は、ナチの支配のような全体主義においては結びついて現れる。しかし、アレントによると、この二つの原理は、帝国主義時代には、それぞれ別個に発展してきたことを認識することが重要だという。帝国主義の時代においては、この二つの原理の結合がいかに大きな権力蓄積、破壊力蓄積の可能性を生むかは予見されていなかったというのである。

人種主義と官僚制は、帝国主義下のアフリカで同時に、しかし独立して実験されることになった。すなわち、官僚制はイギリスの植民地官僚の手でエジプト支配において発見され、人種主義――アレントの言葉を使えば「人種社会すなわち、もっぱら人種概念にのみ基づいた政治体」――は、南アフリカに赴いた金採掘者や投機家たちが当地のブーア人の中に発見したものであった。そして、この二つの支配原理を象徴する人物が、アレントの帝国主義論のふたりの「ヒーロー」、大英帝国の統治理性の体現者たるロード・クローマー（加えてアラビアのロレンス）と、「資本とモッブの同盟」の象徴たるセシル・ローズである。

注目すべきは、この二つの支配原理はともに、もともと「非常手段」として生まれたということである。では、この両者を生みだした非常事態とは何だったのだろうか。

政治的組織原理としての人種

人種主義を生み出した非常事態とは、ヨーロッパ人のアフリカ先住民との出会いそのものであったとアレントはいう。

アフリカに根を下ろしていた人種思想は、ヨーロッパ人が理解することはおろか自分たちと同じ人間と認める用意さえできていなかった種族の人間に対して対応するための、非常手段だった（ET286　Ⅱ一〇五）。

これはブーア人の人種主義をさしているが、それはアフリカの先住民にたいする「恐怖」に根ざしているというのである。では、その「恐怖」は何なのか。アレントは、コンラッドの『闇の奥』等の文学作品を使いながら、この「恐怖」や「驚愕」を、いわば追体験するような形で分析している。

アレントの言葉によれば、ブーア人たちの経験した本源的な恐怖とは、次のようなものであった。

ブーア人の人種思想は、はっきりと見て取れる文化的もしくは政治的実体を全く持たずに暗黒大陸に群がり住んでいた、人間とも動物ともつかぬ存在に対する恐怖から出たものである。このような存在でも人間であり得るという驚愕からは、同一種の生物として彼らと絶対一緒にされたくないという決心が生まれた。黒人との共同生活を余儀なくされたここアフリカで、西洋のキリスト教的＝ユダヤ教的伝統が教える人類の理念と人類同一起原の理念は、初めてその有無を言わせぬ説得力を失ってしまった（ET286　Ⅱ一〇五―一〇六）。

しかし、彼女によれば、この「恐怖」や「決心」は、皮肉にも彼らを「白人種」へと転落させてしまった。すなわち、ブーア人たちは、アフリカの黒人の奴隷労働への寄生を通じて、結局、黒人の部族の生活様式に同化し、「ヨーロッパ民族から未開民族の族長へ」（ET298　Ⅱ一一八）と変わってしまい、もはや彼らには「自分自身によって共に創造し、たえず共に変革し続けてきた世界に生きるヨーロッパ人の基本的エトス」（ET297　Ⅱ一一七）を理解しえなくなっていたというのである。

その結果、ブーア人たちには、アフリカの先住民とみずからを区別するものは皮膚の色だけしか残らないことになってしまった。そして、いっそう彼らはその自然的所与にのみ、つまり人種的特質にのみ、みずからの「優越性」の根拠を求めることになる。そしてここには、「郷土（patria）に対する無理解、実際の根無し草的性格、労働と実行から生まれる価値一切に対する蔑視、それに対するに、生れによって決められた自然的・肉体的所与の唯一絶対視」（ET300　Ⅱ一二〇）といった、後年の人種主義の特色が出そろっていたのである。

人　種

アレントによると、政治的な組織原理としての「人種」という観念は、ネーションあるいは政治共同体というものの基本的な手がかりである歴史の記憶や、記憶に価する事蹟というものを持たず、生物学的特徴だけを共同体の基礎とするところに、生じてくるという。

人種という言葉は、似而非《えせ》科学的諸理論の霧の中から拾い出されて、独自の歴史の記憶も、記憶に価する事蹟も持たない種族を指す言葉として使われるようになるや否や、明確な意味を持つようになる。それとともに人種は、特定の政治的組織形態を指すところの、本質的に政治的な概念となる（ET301　Ⅱ一一二）。

ブーア人にしても、「人種」への没落の決め手となる契機は、「世界」をつくる存在としての人間というあり方からの離脱である。すなわち、定住する場所への根ざし、そこに世代を超えて蓄積された人間の営為、そうした過去の記憶や歴史、いいかえれば、典型的な意味での「ネーション」の基礎となる諸契機の喪失である。ブーア人たちは、こうした「世界」性を失って、みずからの自然的所与——肌の色——だけにアイデンティティを求めた。そして、この「自然」にもとづく「組織形態」、いいかえれば共同性のあり方が「人種」なのである。

人種社会の政治的勝利

ケープ植民地でのこうした出来事は、長らくヨーロッパとは無関係であった。ところが、その地でのダイヤモンド鉱山と金鉱の発見によって事態は一変する。ケープ植民地は、「金鉱掘り、一攫千金を夢見る人々、金融家たち」といった、いわばヨーロッパの余剰人口を招き寄せることによって、再びヨーロッパ史との連関を取り戻したのである。

当初、ブーア人と新参者たちは無関係であったが、しだいに「金鉱掘り、一攫千金を夢見る人々、金融家たち」は、この地の人種主義的社会構成を受け入れるようになる。なぜなら、鉱山業は黒人労働力の暴力的搾取《さくしゅ》に依存したからである。そして、ブーア戦争においてブーア人は軍事的には敗北したにもかかわらず、イギリス政府に南アフリカの人種社会を黙認させることに成功するという形で、政治的勝利を収めたのだとアレントは述べている。

注目すべきは、帝国主義時代の南アフリカ植民地における人種主義が、ヨーロッパに、とりわけ全体主義運動にある影響を与えたとアレントが述べていることである。南アフリカでの経験は、「民族を人種的部族に退化させるのは可能であるということ」、さらに「自民族を支配人種の地位に祭り上げるのは比較的簡単だ」ということを教えた。そして、モッブ指導者たちは、「自分のネーションを人種集団に変えることによって他の『人種』を支配し得るのなら」、ブーア人のように、一種の文明的な退化を喜んで受けいれようと考えるようになったのである（ET313-314　Ⅱ一三五―一三六）。

官僚制

アレントによると、人種主義が「十九世紀の末以来ヨーロッパ諸民族の最悪分子を惹き寄せ魅了してきた」のとは対照的に、「政令による匿名の支配である官僚制」は「イギリス植民地行政府の最良分子のお蔭で成立した」という（ET314　Ⅱ一三六）。そしてその代表が、ロード・クローマーとアラビアのロレンスであった。

彼らがこうした植民地特有の支配を編み出すにいたった背景には、彼ら独特の強い責任感、「白人の責務」の意識があった。すなわち、「相手とする諸民族は自分たちより劣る民族であるから、一面では彼らを保護することが或る意味で義務であり、他面では自分たち支配者が代表する民族と同じ法律を彼らに適用することはできない」という確信にもとづいていたというのである（ET314　Ⅱ一三六）。

彼らのそのような意識を知るうえで、アレントが注目するのは、「帝国主義伝説の創作者」と彼女が呼ぶところのラディヤード・キプリングの小説である。アレントによれば、帝国主義の時代には「最良の人々には伝説もしくは疑似伝説」が、「多数の平均的人間にはイデオロギー」が、そして「モッブには地下の世界陰謀団の暗躍物語」がそれぞれ意味づけを提供してきた（ET316　Ⅱ一三八）。そして、イギリスの植民地官僚となった人々は、「帝国主義伝説」によって生み出された「少年の理想」から、植民地に赴くことになったというのである。

しかし、植民地統治の現実は、彼らにヨーロッパの本国と同様の方法では統治がおこなえないということを知らしめた。彼らは、植民地にはそこにふさわしい統治方法が必要だと感じながらも、それが本国政府の法律によってはおこなえず、本国の政府や議会はそれを理解してくれないという現実に直面していた。そこから彼らは、本国の監視を逃れ、本国の法律の制約を受けない支配を確立しなければならないという結論にいたった。それが政令による支配としての官僚制だったのである。

官僚制もしくは行政による支配の技術上の特徴は、合法性、つまり普遍的妥当性をもつ法律の永続性が放棄され、その代わりにその時限りの適用を目的として次々に乱発される政令が登場するという点にある（ET326　Ⅱ一四九）。

この新しい帝国主義統治の方法は恣意的な専制とは異なり、規律されたものであって、被支配者にたいする「無関心と隔絶」を特色とする。しかしながら、それは被支配者を「純然たる管理対象」として扱うがゆえに、本質的には専制以上に「非人間的な」統治形式であるとアレントは述べている。

「無限の過程」の運動のために

クローマーは、こうした統治をエジプト植民地において発明した。しかし、この「新しい帝国主義的行政様式」による異民族にたいする支配は、「もはや明確に認識し把握し得る利害に結びつき決定されるものではなく、もっと大規模な利害、もっと高次の目的とされるものに奉仕するようになった」（ET321　Ⅱ一四四）。

そして、この「高次の目的」として異民族支配を正当化したのが、クローマーにとってもセシル・ローズ同様、「膨張のための膨張という新しい政治原理」（ET325　Ⅱ一四八）の発見だったのである。そして、植民地官僚は「膨張のための膨張」という「無限の過程」を遂行するエイジェントとして自分自身のことを考えるようになったというのである。

膨張のための膨張は無限の過程であり、その渦中に入った者は自分のままであり続けることは決して許されない。この潮流に一旦身を任せた者は、この過程の法則に服従し、その運動を持続させるための匿名の諸力と自らを一体化し、自分自身を単なる一機能とみなし、その機能に徹することこそそのダイナミックな潮流の方向の体現であると認め、それが人間の果たし得る最高の業績であると考えることしかできない。こうなったとき人は自分が「過ちを犯すことはあり得ず」自分のすることはすべて正しいと実際に妄想するようになる（ET326　Ⅱ一四八―一四九）。

そして「膨張のこの秘密で匿名のエイジェントが人間の作った法律に服す義務はないと感じ、法律を俗物的道徳規範として蔑視さえしたことは当然である」（ET326　Ⅱ一四九）というわけである。

こうしたエイジェントに必要とされるものは、「舞台裏の権力を愛し匿名性への情熱を持つ」ことであり、彼らに要求されるのは「公開性そのものとその光の中で動くものすべてに対する蔑視」である（ET323 Ⅱ一四六）。また、ロード・クローマーもセシル・ローズ同様に、秘密主義、「秘密結社による支配」という、アレントによれば帝国主義支配一般に不可欠な要素とされる観念を抱いていたという。そしてロード・クローマーこそは、「歴史の糸を操る舞台裏の人間」という官僚の政治的理想像の完全な化身であった（ET326-327 Ⅱ一五〇）。

帝国主義官僚にとって政令による支配が好都合なのは、「法律や条約が常に永続的共同体と政治体を築こうという傾向を持っている」のにたいして、政令は一切の安定したものを退け、「膨張の掟」に従うことができるからだというのである（ET327 Ⅱ一五〇）。ところで、「無限の過程を前提とする支配形式の中心人物」は、官僚もしくは行政官だけではない。もう一つの主役、それが「秘密機関員もしくはスパイ」であり、その代表として論じられるのがアラビアのロレンスである。アレントによれば、彼を特色づけるのは無限の運動一般、歴史の永遠の流れ、超人間的な力、歴史の必然といったものとの一体化への渇望であるという。

ロレンスは彼の時代の諸運動やイデオロギーのどれにも関心を払ったことがなかった。……しかしこれらの運動がその具体的内容とは関係なく近代人を惹きつけたその魅力には彼も抗し切れなかった。なぜなら、結局のところこれらの運動の魅力の源泉は人種とか階級とかいうそのプロパガンダの迷信的内容ではなく、「永遠の流れ」そのものとその無限の運動の観念だったからである。いずれにせよこの観念に表明されているのは、人間の業績と責任一般の可能性に対する絶望という紛れもない真理内容である（ET334　Ⅱ一五八―一五九）。

彼もまた、「無限の過程」の運動の匿名のエイジェントたらんと欲した。そして、栄光たるはずのものが秘匿されねばならないという宿命を持つ秘密機関員としての彼の活躍は、まさにこうした動機に支えられたものだったというのである。すなわち、「彼にできる唯一のことは『正しい方向に突き進む』こと、つまりどっちみち起きる出来事の速度をはやめるだけのことである」（ET335　Ⅱ一五九）という認識が、彼の行動主義の背景にあったというのである。

南アフリカとエジプトでの人種主義と官僚制の発見は、イギリス帝国主義において全体主義の重要な要素がすでに相当程度出そろったことを示している。政治的組織原理としての人種の発見、法律によらない政令による統治としての官僚制、そしてそれを正当化する無限の過程としての膨張のための膨張、その「無限の過程」と結びついた「運動」という観念、さらにその「歴史的必然」との一体化にたいする渇望などは、後に見るように、全体主義につながっていくわけである。

しかしながら、イギリスでは、こうした諸要素が全体主義へと結実することはなかった。すなわち、植民地での政治的経験が国内政治へ逆流しなかったのであり、そしてそのことが国民国家の崩壊からイギリスを救ったとアレントは評価している。ここでも、イギリスは例外であった。

では、人種主義プラス官僚制という支配形式が、ヨーロッパの本国の政治に適用されようとしたときに何が起きるのか。その先駆的実験が、ロシアを含む東中欧の汎民族運動において現れたとアレントは考えるのである。

大陸帝国主義と汎民族運動

イギリスやフランスなどの帝国主義は、アフリカやアジアなどの海外の植民地に膨張先を求めたが、帝国主義に遅れて参加したドイツやロシアなどは、植民地をヨーロッパ大陸内の本国領土と直接に隣接した国々に求めざるをえなかった。アレントはこうした形での帝国主義的膨張の企てを「大陸帝国主義」と呼び、イギリスやフランスなどの「海外帝国主義」と区別している。

汎ゲルマン主義、汎スラヴ主義といった「汎民族運動」は、こうした大陸帝国主義と結びついたイデオロギーであり、またその運動であった。たしかに、アレントによれば、「汎民族運動は帝国主義より早く成立し、より複雑な歴史を持っている」。しかし、それが「政治的害毒を流し始めたのは一八八〇年代の半ば、西欧の帝国主義的膨張が地球再分割に大成功を収め、東欧及び中欧はそこから締め出しを喰わされたときである」という（ET337 Ⅱ一六二）。そして、アレント自身、「大陸帝国主義」と「汎民族運動」は、概念的には別のものであるとはいえ、現実には分かちがたく結びついた現象として論じているといっていいだろう。

すでに見てきたように、アレントによれば、ナショナリズムと帝国主義は本来は対立するものであった。けれどもそのことは、ナショナリズムが明確な領域を持つ国家と結びついている場合にのみ当てはまる。そして、これから見るように、ドイツやとりわけオーストリア＝ハンガリー、ロシアなどにおいては、この対立が必ずしも明確に当てはまらないのである。そもそも国民国家の国境を越えた「民族共同体」をめざす汎民族運動においては、この対立はほとんど意味をなさない。というのも、大陸帝国主義・汎民族運動は、膨張先の地域に住む自民族にたいしては離散した「民族共同体」の再建をめざすナショナリズムであり、同時にその地に住む他民族にたいしては、植民地の住民同様に「劣等民族」として支配することをめざす帝国主義だからである。

アレントは、大陸帝国主義・汎民族運動は経済的動機で起きた運動ではないという。大陸帝国主義には、経済的な意義は全くないと彼女は考えていた。というのも、彼女によると、過剰な富と過剰な労働力を輸出することができる場所はヨーロッパ内にはなかったからである。

大陸帝国主義・汎民族運動は、海外帝国主義のように資本の主導でモッブがそれに同盟したというのではなく、当初から知識人によって指導されたモッブの運動だった。事実、汎民族運動の指導者や団体構成員は、自由業者、教師、役人といった人々が中心で、実業家はほとんどいなかったという（ET340　Ⅱ一六六）。

しかし、その政治的意義、ヨーロッパ政治への衝撃度においては、大陸帝国主義は極めて重大であるとアレントはいう。彼女によると、海外帝国主義は領土的膨張には成功したものの、「本国の国民国家の法的・政治的構造」を変えることはなかったのにたいして、大陸帝国主義は領土的膨張には成果をあげなかったものの、「あらゆる帝国主義に内在する国家敵視を中欧諸民族に直接に伝播させ、その広汎な層を反政党的、超政党的運動に組織」することに成功した（ET336　Ⅱ一六一）。大陸帝国主義の場合には、本国と植民地とが離れていないため、「帝国主義の方法と支配観念の諸結果がブーメラン効果を俟《ま》つまでもなく直接ヨーロッパ自体の中で感じられるようになった」（ET338　Ⅱ一六三―一六四）というのである。そして、汎民族運動はその意図からいっても政治的発言のスタイルからいっても「革命運動」とみなされるべきであるとさえ述べている（ET340　Ⅱ一六六）。

つまり、海外帝国主義と違って、汎民族運動は、イデオロギーと「運動」のほかには何も提供できるものがなかったが、実はそこに非常に大きな意味があったというのである。「当時のように、多くの人々が『世界史への鍵』だけで満足し政治行動を将来に延期したがっていた時代、そして歴史へのイデオロギー的鍵が一つの運動に表現され、そこに所属することによってアトム化と崩壊の進む社会秩序の中で何らかの帰属感を再び得ることができた時代」（ET340-341　Ⅱ一六六、傍点川崎）には大いに意味があったのだというわけである。

したがって、汎民族運動を統合させたものは、具体的な目標ではなく「一種の政治的気分」、「メンタリティ」だった。つまりそれは抽象的な「世界観」の問題であり、いわばある種のメシア的な使命感の問題であった。そしてそれゆえに、それはたんに政治的な問題ではなく、いわば人間の問題の「全体」にかかわることになったというのである（ET341-342 Ⅱ一六七）。

さらに、アレントは、汎民族運動と全体主義との連関を極めて重視している。

ナチはオーストリア版の全ドイツ運動――これをドイツ帝国内の全ドイツ運動と区別するために以下では汎ゲルマン主義という通常使われる名前で呼ぶことにする――から、他のいかなるイデオロギーもしくは運動からよりも多くの決定的な影響を受けている。またスターリン流のボルシェヴィズムが汎スラヴ主義に負うところはきわめて大きい（ET336 Ⅱ一六一）。

全体主義運動は、汎民族運動から「超政治的な神聖さのアウラ」（ET342　Ⅱ一六八）を譲り受けたというのである。

種族的ナショナリズム

ところで、大陸帝国主義においては、これまで見てきたような帝国主義の非経済的諸要素、すなわち、人種主義や官僚制はどのような形で現れるのか。

アレントによれば、大陸帝国主義は、海外帝国主義のように海外植民地の経験を経ることなしに、最初から人種主義的だった。

人種イデオロギーを直接政治に転化し、「ドイツの将来は血にかかっている」ことを疑問の余地のないこととして主張する役割を初めて担ったのは、大陸帝国主義だった（ET339　Ⅱ一六四）。

しかし、彼らの人種主義は、未知の大陸での見知らぬ人々との出会いにともなう恐怖や驚愕から生まれたのではない。実は、彼らのネーション観、ナショナリズムそのものに、そうした要素が含まれていたのである。すなわち、「拡大された種族意識（erweitertes Stammesbewußtsein, enlarged tribal consciousness）」にもとづく「種族的《フェルキッシュ》ナショナリズム」である。「『国家』とネーション意識に対立するものとして、歴史、言語、居住地とは関りなく同一民族の血をひくすべての人間を包括すべき『拡大された種族意識』を持ち出した」のは、まさに全ドイツ主義者たちだったというのである（ET339　Ⅱ一六四）。

では、「種族的《フェルキッシュ》ナショナリズム」とは何であるか。すでに本章第二節において見たように、アレントは、「西欧型」のいわゆる典型的なナショナリズムと、「東中欧型」のナショナリズムとを類型的に対比している。その場合、後者の特色とされたのは、それが領域性を持った国家との具体的な結合を欠くということである。その結果、後者においては、ネーションを構成する人間集団を画定するものは、特定の領域国家への参与ではなく、「不明確なエスニックな共同帰属感」しかないというのである。

そこで、「東中欧型」ナショナリズムにおいては、その拠りどころとして、その集団の人間たち自身が共有すると想定される、「魂」や「血」といった、しばしば想像上の、属性が案出される。そしてそこに生まれるのが「拡大された種族意識」であり、それに根拠を求めるのが「種族的ナショナリズム」だというのである。

アレントによれば、「種族的ナショナリズムは国民《ナショナルな》解放に完全に失敗したか半ばしか成功しなかったヨーロッパの諸民族すべてに広まっていった」（ET344　Ⅱ一七〇）。すなわち、オーストリア＝ハンガリーやロシアといった東中欧のナショナリズムは、種族的ナショナリズムに非常に強く規定されてきたというのである。

「西欧型」のナショナリズムが「世界とその把握可能な現実、あらゆる分野においてネーションが実際に為し遂げた業績」、いわば過去の業績にみずからの拠りどころを求めるのにたいして、種族的なナショナリズムは、人間の「内部」、つまり「種族の特性」の「具現」としての「人間の魂」に、そしてついには、「魂と肉体の逢い引きの場となるべき『血』」に拠りどころを求める（ET343　Ⅱ一六九―一七〇）。

「拡大された種族意識」に基づいてのみ、人間を世界において対外的に相互に区別するだけのネーションの性質を、魂の内部に移すことができたのである（ET343　Ⅱ一六九）。

そして、「種族的《フェルキッシュ》な種族意識」、すなわち種族的《フェルキッシュ》ナショナリズムは、

最初から現実に存在しない架空の観念を拠りどころとし、それを過去の事実によって立証する試みさえ全くせず、その代りにそれを将来において実現しようと呼びかけるのである。……それは測ることの不可能な内的特性に立脚し、それと比較して自民族の現在と過去を評価し、大抵は〔自分たちに相応《ふさわ》しくない現在であり過去であるとして〕非難する。伝統、政治的諸制度、文化など自ネーションの目に見える存在に属する一切のものを、基本的にこの「血」という虚構の基準に照して測り断罪するという点こそ、種族的《フェルキッシュ》ナショナリズムを識別しうる特徴である（ET344　Ⅱ一七〇。補注川崎）。

汎民族運動は、地理的に分散して暮らしている「民族」の「拡大された種族意識」に訴えかけて、「つねに膨張を夢見て特定のナショナルな共同体の地理的限界を踏み越え、『民族共同体』を追い求めていた」。そして「本来の国民《ナショナルな》解放運動」とは異なって、「汎民族運動は自分たちのナショナルな過去を想い美化することはほとんどせず、種族的な共同帰属意識の真の基盤は――それが人種と血以上のものを内包していた限りは――運動が進むべき将来において実現されるものと見ていたのである」（ET353　Ⅱ一八〇）。したがって、この運動が、先に述べたように、既存の国家と原理的に敵対することは当然なのである。

選民性の主張

汎民族運動においては、「選民性」の主張、すなわち自分たちは神に選ばれた民族だという主張が特徴的である。選民性の主張の正当化のために、（汎スラヴ主義であれ汎ゲルマン主義であれ）汎民族運動において疑似神学的議論が果たした役割は、全体主義運動において疑似科学性が果たした役割と類似であるとアレントはいう。

アレントによれば、こうした選民性の主張は、自民族の起源が神にあると主張するものであり、それは、人間の起源が神にあることを信じるユダヤ教＝キリスト教に対抗するものであった。彼らにおいては、神的起源を持つのは個々の人間ではなく、民族なのである。

こうした疑似神学的な選民性の観念は、自民族と他のすべての民族との差異を絶対化するとともに、自民族の成員の間の「社会的、経済的、心理的格差」をぼやけさせてしまう。「こうしてかの画一的、全体主義的『集団性』が準備され、そこでは個人は実際に自分を一つの種の標本としか感じなくなるのである」（ET355　Ⅱ一八二）。

こうした選民性の疑似神学は、「西洋的伝統」すなわち「ユダヤ教＝キリスト教的伝統」の尺度で測れば「異端的」だと、アレントは述べている。彼女によれば、「神が人間一般 (der Mensch) を創ったか人々 (die Menschen) を創ったかそれとも諸民族を創ったかの問題は、事実いかなる政治哲学にとっても基本的意味を持っている」。ところで、聖書に始まる伝統においては、神は「人間（der Mensch）」を創ったとされるが、神はそれを「一人の男と一人の女に創造した」（創世記一・二七）のであるから、やはり人間一般なるもの（der Mensch）は存在しないことになる。人々（die Menschen）は神が創造したものでは全然なく、あらゆる生物と同じく自ら生み出したものであり、民族に至っては明らかに人間の組織化の結果である。――たとえ旧約聖書が神と特別な盟約を結んだ一つの民族の歴史を詳らかに語っているとしても（ET355　Ⅱ一八二）。

アレントによれば、実は「すべての人間の平等」という観念は、根源的には、このユダヤ教＝キリスト教的な創造の物語の伝統に起源を持つというのである。

この伝統に従えば、人間は人間的・自然的起源に関しては不平等であるし、同様に民族にもさまざまな組織と歴史的運命による本質的相違がある。人間の平等とはひとえに同権のことであって、これが実現されるのは人間が互いに同権を保証し合えるような相互理解と制度があるところにおいてのみである。この同権の背後には創造の物語からくる平等の観念が依然として潜んでいる。創造の物語は、人間の歴史、人間のあり方、人間の目的の彼岸にある一つの共通の起源を措定しており、それはすべての人間の源をなす歴史的には確認不能な一対の人間という表現によって何千年もの間権威を保ってきた。この神的起源に同権は支柱を求め得たのであり、またこの地上において確立され政治的に組織された人類《メンシュハイト》がいつの日にか——終末の時にという意味では決してなく——生まれるという政治的観念も、この神的起源に合致し得た筈だった（ET355-356　Ⅱ一八二―一八三、傍点川崎）。

一人の男と一人の女という個としての人間の創造というこの観念、そして事実としての平等ではなく、不平等の事実にもかかわらず同権であるということとしての平等という観念は、後年にいたるまで、アレントの政治思想の重要な要素となる。

しかし、アレントによれば、「十九世紀の実証主義的進歩信仰」は、この創造の物語に起源を持つ同権としての平等の観念を、「人間はすべて生まれながらに同等である」という事実としての平等の観念に歪曲《わいきょく》し、その「立証不可能なこと」を立証しようとしはじめた。

さらに「同権のこの実証主義的変質と同時に、諸ネーションから成る家族としての人類の理念が、『ナショナルな使命』という観念によって、ナショナリスティックに歪曲されるということが起こった」とアレントはいう。彼女によれば、「ナショナルな使命」という観念は、諸ネーション間の「自然的」なヒエラルヒーの観念を前提としており、そしてついに「人間という種の共通の起源を完全に否認し、人間すべてに共通の課題、すなわち人間という種から人類《メンシュハイト》へと発展するという課題を否定してしまった」のである（ET356　Ⅱ一八三―一八四）。

こうして、人類の観念の否定と、汎民族運動の選民疑似神学が結びついた。それは「自民族の存在をいわば究極的なるもの、歴史の進行に影響されることのあり得ない永遠なるもの」として主張したのである。アレントによれば、「この究極性こそ種族的《フエルキッシュ》なものと人種意識との公分母である」。そこでは、まさに「選民性」の観念を媒介として、弱肉強食の「動物界の掟」が「人間の政治の法則」となってしまうというのである。

しかし、こうした汎民族運動の主張は、「人類の理念」や「人間の尊厳」を「個人主義的な観念に解消してしまった」自由主義にたいして、ある魅力を持っていたとアレントはいう。というのも、

種族的思考においては、同じ民族に生まれたすべての人間は互いに自然的な結びつきを持ち同一家族の成員間と同じように相互に信頼し合えるという観念が登場した。そしてこのような観念の与える温かみと安心感は、アトム化した社会のジャングルで近代人が当然感じる不安を和らげるには、事実きわめて適切なものだった。運動が人間をマスとして結集し画一化することによって社会的故郷《ハイマート》と安心感の一種の代用品を提供し得るということを、全体主義運動は汎民族運動から好都合にも学ぶことができた（ET357　Ⅱ一八四）。

しかし、アレントによれば、このことは十九世紀末の時代においては、「第一次世界大戦後の時期ほど大きな役割を果たしていない」。

もっと重要なことは次の点である。すなわち、「諸民族混在」の地域では雑多な民族が顔をつき合わせて住み、民族間の防壁としての国境で隔てられていなかったため、その二、三十年の後には近代的交通手段の発達により地球が狭くなった結果あらゆる民族の意識にのぼることになる諸経験が、〔バルト海からアドリア海にいたる〕このベルト地帯では早くも姿を現していたということである（ET357　Ⅱ一八四―一八五、補注川崎）。

この事実は、「自由主義的・人道主義的な人類の観念に内在する夢想的要素（傍点川崎）」を、この地域で「他のどこよりも急速に、そして徹底的に暴露」してしまうこととなった。

というのはこの夢想は、国民《ナショナルな》解放に成功しなかったところではどこでも喫緊の課題となっていた民族問題を軽率にも看過ごしていたばかりでなく、これとは比較にならない程重要なことだが、現実にあらゆる民族が狭い空間で睨《にら》み合うことになったとき、人類の理念およびユダヤ教＝キリスト教的な人類共通起源の信仰がどれほど深刻な衝撃に見舞われるかを全く考えてもいなかったからである（ET357　Ⅱ一八五）。

「バルト海からアドリア海にまたがる人口過密のベルト地帯」では、先に見たようなアフリカでの「恐怖」や「驚愕」を体験するまでもなく、「異なる血統の人間同士は互いに酷いことができることを知っていた」。

これらの民族が互いに相手を知れば知るほど人類の理念を敬遠したのも無理はない。なぜなら彼らは、……人類の理念には〔人類全体の〕共同責任への義務という彼らがひきうけたくないものが含まれていることを嗅ぎとっていたからである（ET357-358　Ⅱ一八五、補注川崎）。

アレントによれば、「種族主義的および人種主義的な妄想的観念」は、この人類全体の共同責任という観念の「重荷」からの、「非常に破壊的とはいえ現実的な逃げ道」であった。そして、

西欧のナショナルな土地共同体に対抗して血の共同体を強調したことは、土地に根を持たぬ東欧及び南欧の諸民族（Nationalität）の要求にきわめて正確に対応するものだったが、同時にそれ以上とは言えないまでも大都会の根無し草的大衆の必要にも合致し、それ故に全体主義運動のあれほど重要な構成要素になったのである（ET358　Ⅱ一八六）。

そうだとすれば、こうした種族的ナショナリズムや人種主義の主張にたいして、たんに「人類」の普遍的観念に戻れというだけではすまないという深刻さがあることになるのは、いうまでもないだろう。

反ユダヤ主義

汎民族運動においては、反ユダヤ主義が非常に大きな役割を果たしていた。『全体主義の起原』におけるアレントの反ユダヤ主義論の全体像については、第二章で改めて取り上げることとして、ここでは汎民族運動と反ユダヤ主義との関連に限定して、論じることとする。アレントによると、汎民族運動と反ユダヤ主義との間には二つの点で、そもそも必然的ともいいうる結びつきがあったという。

第一の点は、ユダヤ民族の存在形態が、種族主義の教義にきわめてよく適合したということである。というのも、「ユダヤ民族は全く土地も国家も持たないままで二千年にわたりそのアイデンティティを守り続けてきた民族だからである」（ET363　II一九一）。

種族主義《フェルキッシュ》理論の意味においては、ユダヤ人こそ民族の唯一の完璧なモデルであり、歴史を通じて守り抜かれた彼らの種族組織は汎民族運動が見習うべきものであり、離散状態における彼らの生命力と力はいずれにせよ種族主義教義の正しさを最もよく証明するものだとさえ思えただろう。……種族的ナショナリズムが国家組織を目に見える形で明白に代表する諸制度より民族を上位に置くのに対し、ユダヤ人はそもそも国家なるものは不要であり、極度に発展した種族意識にとっては共通の言語の統一性さえ不可欠ではないということを示していた。だから特殊の反ユダヤ主義的な文献に限らずあらゆる傾向の著作の中で、ユダヤ人は、民族を成立せしめるためには国家や領土というものは不可欠ではないことの証明として引き合いに出されていた（ET363　Ⅱ一九一―一九二、傍点川崎）。

さらに、それに加えて、「同化したユダヤ人は選びと裁きの神であるイスラエルの神への信仰を失っても選民としての主張は放棄していなかった（傍点川崎）」という、アレントによれば「一般の経験にとって未知ではなかった事実」がある。そして、「この同化ユダヤ人の意識こそ、歴史的に伝えられ記憶された業績にではなく自分の種族の心理的肉体的特性に基盤を求める種族的ナショナリズムに目立つほど似ていた」というのである（ET363　Ⅱ一九二）。

しかし、第二の、アレントがより重視していると思われる理由は、「汎民族運動の選民主張にとってユダヤ人の選民信仰が手強い競争相手だったという、当事者すべての目に明らかな事実」であった。彼女は、このことを、「ユダヤ人を二十世紀の人種イデオロギーのいわば自然な結晶核にした最大の要因」と呼んでいる（ET364　Ⅱ一九二）。

アレントによると、ユダヤ人の選民信仰と種族主義の選民思想との間には大きな違いがある。すなわち、前者は「人類の確立のために一民族が選ばれたという観念」であるのにたいして、後者は「他民族を蹂躙《じゅうりん》するために自民族が『選ばれた』」という主張であって、そこには大きな違いがあるという。

しかし、人種主義的な「近代のモッブ指導者」たちにこうした相違は理解されることはなく、むしろ、「ユダヤ人が全民族を二つのカテゴリーに区分し、自分たちの民族をその一方の側に、他のすべての民族を他の側に置いたこと」だけが理解されたというのである(ET364　II一九三)。

かくして、ユダヤ人は汎民族運動にとって、選民性の主張における商売仇として映ることとなった。しかし、そうであるがゆえに、汎民族運動の反ユダヤ主義においては、ユダヤ人との具体的経験的な対立の有無といったことは意味を持たなくなる。「決定的なものは、その世界観的要素であり、これによって反ユダヤ主義はユダヤ人に関するあらゆる経験――それが政治的性格の経験であれ、社会的あるいは経済的なものであれ――から解放され、イデオロギー特有の論理によってのみ導かれるようになったのである」(ET347　II一七四)。

いわばユダヤ人を憎むのにユダヤ人を全く必要としないという、この経験的裏付けを欠いたユダヤ人憎悪こそ、二十世紀の反ユダヤ主義を十九世紀のそれから分かつものである(ET365-366　II一九四)。

いいかえれば、こうしたイデオロギー的反ユダヤ主義という点においては、汎民族運動と全体主義との間に相違はない。「汎民族運動と全体主義との相違は、イデオロギー自体の相違というよりはむしろ、汎民族運動がそのイデオロギーを直接組織的に実行し得ず、イデオロギー的嘘言を現実へと変えるところまで徹底する力がなかったという点」なのである

（ET366　Ⅱ一九四）。

このように、アレントは、汎民族運動の反ユダヤ主義を全体主義とりわけナチズムへといたる二十世紀のユダヤ人の過酷な運命の一つの原点としてきわめて重視している。そして、そのことの重要な原因が、ユダヤ教の選民観念の「種族主義的歪曲」なのである。

一民族が自分たち自身の歴史によってかくも苛酷にそしてかくも的確に報復されたことは、ほとんど他に例がないと言えるだろう。ユダヤ人はこの醜悪な種族主義的歪曲という形で自分たち自身の選民主張を鼻先に突きつけられたのだった（ET367　Ⅱ一九六）。

なぜならば、……種族的ナショナリズムとは、神が一民族を選んだ、そしてその民族こそ自分たちだと主張するすべての民族《ナショナルな》宗教に可能性として潜む倒錯であるからである（ET367-368　Ⅱ一九六）。

汎民族運動の反ユダヤ主義の奥底には、ユダヤ人の選民主張への嫉妬と怨恨がある。そして彼らは、「選民の観念を人類の実現を内容とする神話から、人類の理念を破壊する道具へと」変えてしまったと、アレントはいうのである（ET368　Ⅱ一九七）。

官僚制と運動

すでに見たように、支配形式としての官僚制は、イギリス帝国主義による海外植民地支配、なかんずくエジプト支配の中で案出されたとアレントは述べている。では、「大陸帝国主義」は、こうした意味での官僚制とは無縁だったのか。アレントの答えは否である。結論を先回りしていうならば、人種主義と同様に、大陸帝国主義・汎民族運動においてはアフリカ体験という「恐怖」の状況なしに、あるいはヨーロッパにおける諸民族の混住がもたらす別種の困難な状況を背景に、すでに官僚制が存在していたという。それどころか、「法律と合法性に対する侮蔑はあらゆる帝国主義的行政官につきものであるが、大陸帝国主義の場合はそれが遥かに公然と表明され、遥かに徹底したイデオロギー的正当化を施されている」(ET369　Ⅱ一九八)とさえ彼女はいうのである。

その際、アレントは、汎民族運動・大陸帝国主義が成立した国々は、国民国家になりえなかったところ、立憲国家への発展が不十分な国々だったということに注目している。したがって、「汎民族運動の指導者たちは、支配や権力というものを恣意的な、被支配者には理解不可能な決定という形でしかもともと経験していなかった」(ET369　Ⅱ一九八)のである。彼女によれば、こうした官僚制を最も発達させたのが帝政ロシアであり、次いでオーストリア＝ハンガリーだったというのである。

ところで、改めて確認しておくが、アレントがいうところの官僚制、支配形式としての官僚制とは、「国民国家にとっても他のいかなる形の近代国家にとっても不可欠な役人機構」(ET285　Ⅱ一〇四)とは違うし、また、「どこにでも見られる、特に現代の国民国家の衰退に随伴し衰退を促進してきた、既成の役人機構の官僚主義化と同じではない」(ET371-372 Ⅱ二〇一)。官僚制とは、「法律学的に言えば、法律の支配とは反対の、政令の支配体制である」(ET369 Ⅱ一九九)。そして、「政令はつねに匿名であり、……個々のケースについて理由を示すことも正当化も必要としない」(ET370 Ⅱ一九九)。したがって、「政令の支配体制のもとに生きる人間は、彼らを統治しているのがそもそも何なのか、もしくは何びとなのかを全く知らない」(ET371 Ⅱ二〇〇)ということになる。

アレントによれば、こうした官僚制支配は、「異質な住民を一緒に抱えて支配を維持するには住民を抑圧するしかない大帝国」、つまりロシアやオーストリア゠ハンガリーのような国々にとっては好都合な政体であった。というのも、「政令は立法、公布、施行の間の中間段階を省略し、議論や意見形成の機会を全く与えないから、その効率はきわめてよい。したがって、政令は統一的立法の障害となる多様な地域的諸慣習を顧慮する必要もない――この地域的諸慣習は特に多民族国家においては正統な立法を著しく妨げ遅延させる。同じ理由からこの支配方法に基づけば中央集権的行政機構の確立は容易となり、その活動は円滑に進む」(ET371 Ⅱ二〇〇―二〇一)からである。

すでに述べたように、アレントによれば、このような支配形式としての官僚制は全体主義へとつながる重大な「起原」の一つである。しかしながら、そこには重要な差異もあるという。

戦前の専制政治からわれわれが知る旧式の官僚制支配と全体主義支配との間の際立った相違の一つは、前者がその政治領域内に属する臣民の外的運命を支配するだけで満足し、心の生活まで掌中に収めようとはしなかったことである。全体主義的官僚制は絶対的権力の本質を一層よく理解し、市民のあらゆる問題を私的なものであれ公的なものであれ、心的なものであれ外的なものであれ、同じ一貫性と残虐さをもって統制する術を心得ていた。その結果、古い官僚制支配のもとでは諸民族の政治的自発性と創造性が圧殺されたに止まったのに対し、全体主義支配は人間の活動（Tätigkeit）のすべての領域における自発性と創造性を窒息させてしまった。政治的非創造性のあとに続いたのは全面的な不毛性だったのである（ET373　Ⅱ二〇二、傍点川崎）。

ところで、汎民族運動とりわけ汎スラヴ主義はロシアの官僚制を賛美したとアレントはいう。ここで重要なことは、彼女が「運動」と官僚制の結びつきに注目していることである。「合法性の軽視はあらゆる運動の特徴となっているが、まさにその点がすべての運動と国民国家の政党との間の相違の一つである」（ET369　Ⅱ一九八、傍点川崎）。したがって、アレントというところの運動は、法律の軽視という点において、官僚制と重大な政治的共通点を持つことになる。彼女によれば、「官僚主義化によって堕落する政党と異なり、運動は最初から官僚制的支配体制を志向し、そこに彼らの運動自体の組織のモデルを見ていた」（ET375-376　Ⅱ二〇五）というのである。事実、彼女によれば、汎スラヴ主義はロシアのツァーリズムの官僚制支配を「神秘化し、同時に思弁的・観念的に一種の世界観に表現した」(ET378　Ⅱ二〇八)だけだというのである。

汎民族運動は、官僚制支配をこうした「世界観」へと結晶化するに際しては政党に学んだ。しかし、アレントによると、そうした「世界観」の利用の仕方において、政党と汎民族運動では大きな違いがあったという。すなわち、汎民族運動は「世界観政党のように自らが代表する利害にイデオロギー的正当化をほどこすのではなく、イデオロギー自体を直接に彼らの組織の本来の構成原理として据えた」(ET378　Ⅱ二〇八)。いいかえれば、汎民族運動ははじめから具体的利害とは無縁な、世界観やイデオロギーの問題だったというのである。「政党はまだとにかく本質的には特定の階級や集団の利害を組織的に表現する団体だったのに対し、運動は最初から自己を特定のイデオロギーの具現であると考えた」のである(ET378　Ⅱ二〇八)。

具体的利害との関連の有無、およびそれと表裏一体の関係にあるイデオロギーの組織原理化は、アレントにとって、「政党」と「運動」を区別する重大なメルクマールであり、後の全体主義運動もまた、こうした「運動」の特色を引き継ぐこととなる。アレント独自の「運動」の観念については次章で改めて論じることとするが、興味深いのは、「運動」のこうしたいわば非物質主義的ともいいうる性格は、後に述べるアレントの「活動(action)」概念とも通じるものがあるということである。その意味で、政治統合において利害が果たす役割、世界観やイデオロギーが果たす機能についてのアレントの評価には、注意する必要があろう。

ところで、アレントによれば、「運動が人々を惹き付けた本質的理由の一つは、それらがあり得べき意見としての世界観を代表したばかりでなく、『道徳的普遍概念の一集団内における個体化』に着手したと主張したことにある」という（ET378　II二〇八）。いいかえれば、ある運動、ある民族、そして究極的にはそれらのメンバー一人一人が、イデオロギーが主張する「理念」なるものの体現者として考えられたということである。

さらに、汎民族運動においては、そうしたイデオロギーや世界観は、さまざまな競合する世界観の中の一つなのではなく、唯一絶対のものとしてみずからを主張していたとアレントはいう。

汎民族運動が政党とは違って持っており、更に全体主義運動が汎民族運動から直接に受け継いだものは、絶対性の主張だった。このような主張はほかならぬ政党の意識的党派性とは全く相容れないし、最初から、個人の良心のあらゆる異議申し立ての上位におかれていた。このことはまだ、「ブルジョワ的」道徳に対する計画的反逆としてなされたのではない。人格の固有の実在性は、一般的なるもの（das Allgemeine）と絶対的なるもの（das Unbedingte）のより高く強大だと自称する実在を背景として現れると同時に消えうせる。それは集合的なるものと同一視された普遍的なるもの（das Universale）のダイナミックな運動の潮流に押し流されてしまう。この流れの中では手段と目的の区別は重要性を失う。なぜならそれが意味を持つのは、手段と目的がそれぞれに確固とした明白に切り離し得る具体性を具《そな》えているときだけだからである。そしてそれとともに、目的を定め手段を選ぶ個人の人格は意味を持たなくなる。イデオロギーが正当化する潮流の大きさと力強さに比べれば、政治的なものであれ道徳的なものであれ一切の基準は無意味となる。重要なのは絶えず運動を持続する運動自体のみである（ET379　Ⅱ二〇九、傍点川崎）。

このことは、実は、汎民族運動のような「運動」のイデオロギーと、先に紹介したイギリスの植民地官僚たちの醒めた自己理解の間に、重大な共通性が潜んでいるということを意味している。アラビアのロレンスについてアレントが指摘していた「『永遠の流れ』そのものとその無限の運動の観念」（ET334　Ⅱ一五八）、すなわち歴史的必然・法則としての、無限の過程としての運動という観念は、汎民族運動のような社会運動という意味での「運動」にたいして、この歴史過程としての運動――「イデオロギーが正当化する潮流」なるもの――に棹《さお》さすことがその「運動」に正当性を与えるという形で、深くかかわっているのである。そして、この運動そのものの自己目的化、物神崇拝こそが、海外帝国主義の植民地官僚と汎民族運動とを全体主義運動へとつなぐ、隠れた環なのである。

第二章　破局の二十世紀

『全体主義の起原』を読む（後編）

1　国民国家体制の崩壊

第一次世界大戦と国民国家の解体

前章第二節で、アレントの国民国家観に触れた際にすでに見てきたように、彼女にとって典型的な国民国家とは、歴史的・文化的一体性の意識を持った人間集団としての「ネーション」と、国家の法的な市民権を持つ市民という二つの原理にもとづく人間集団が事実において重なり、さらに、その「ネーション」が定住している領域がその主権国家の領域と重なるような構造を持った国家であった。しかしこれは、ヨーロッパの中でも十九世紀に比較的早く国民国家の形態をとりえた国々に、ようやくあてはまるような国家形態である。その意味で「典型的」ではあるとしても、例外的なものでもあった。そして彼女は、領域的主権国家と「ネーション」がずれた、「東中欧型」ナショナリズムというもう一つの類型を提起したのである。

実のところ、第一次世界大戦以前には、国民国家と呼べるような国はヨーロッパでもそれほど多くはない。国民国家の原理が全ヨーロッパに適用されるのは第一次世界大戦後であって、実際に「東中欧型」ナショナリズムが国民国家のような形をとるのは、多くの場合その時期である。しかし皮肉にも、この国民国家体制のヨーロッパ大の普及が、「国民国家の没落と人権の終焉」(『全体主義の起原』第二部最終章のタイトル)をもたらす要因となった。

十九世紀的国民国家秩序は、①東南欧の新興独立国における「少数民族（㊥Minderheit, ㊮minority）」問題と、②「典型的」国民国家における「無国籍者」の問題というふたつの方向から挑戦を受けることになる。

旧ハプスブルク帝国から独立した東南欧諸国では、「国民国家」の危機は「少数民族」問題として現れる。さらに、第一次世界大戦とそれに続くロシア革命は、大量の亡命者・難民や故国喪失者を生み出し、彼らの流入は「典型的」国民国家においても、「無国籍者」の問題を生じさせた。すなわち、権利喪失者、法の保護の外にある人々の大量発生という未曾有《みぞう》の事態を引き起こしたのである。

民族自決権と少数民族

第一次世界大戦後の講和において、「民族自決権（nationales Selbstbestimmungsrecht, right to national self-determination）」が東南欧の国々にも認められるようになった。しかしながら、それらの地域には、先に見たように、モデルとしようとした西欧の国民国家の前提、すなわち住民の同質性や定住性が欠けていた。「実際のところ『ヨーロッパの人口統計図を一瞥《いちべつ》すれば東欧では国民国家の原理は実現不可能だ』（とすぐに判った筈である）」（ET408　Ⅱ二四二）。そこからほとんど必然的に発生したのが少数民族である。アレントによれば、「少数民族は、国民《ネーションの》解放の原理である民族《ネーションの》自決権をすべての民族集団《フォルク》とすべてのヨーロッパ諸国に拡大することを約束した一九一九—二〇年の平和条約の結果である」

（ET406　Ⅱ二四〇）。実際には、

平和条約は、国民国家を設立したのではなく一連の小型の多民族国家をつくり、しかもその際多かれ少なかれ恣意的に構成諸民族（Nationalität）のうちの一つを国家民族（Staatsvolk）の地位につかせ（例えばチェコスロヴァキアでは人口のほぼ五〇パーセントを占めるチェコ人を、ユーゴスラヴィアでは人口の四二パーセントを出ないセルビア人を）、そして暗黙のうちに、〔国家民族以外の〕領土内の最も主要な構成諸民族は統治と行政に相応の参与をするようになり、それから、より小規模な民族《フォルク》の小集団は少数民族条約で一括して保護されることになるだろうと想定していた（ET408　Ⅱ二四二、補注川崎）。

しかし、国家建設が認められなかった民族集団にとっては、それが大きな集団であれ小さな集団であれ、この平和条約は全く不当なものと映った。そしてまもなくこの体制は解体へと向かっていくのである。

かくして、アレントによると、ヴェルサイユ条約が生み出した体制は、「西欧の国民国家体制は全ヨーロッパ大に拡大し得ない」ということを明らかにした。「国民国家の原理の全ヨーロッパでの実現は、国民国家の信用をさらに落とすという結果をもたらしたにすぎなかった」のである（ET410　Ⅱ二四四）。そしてほどなく、主権を持った国民国家という枠組みにおいて、新しく創られた国々の統合を維持するためには、少数民族に同化を求める以外にないと気付くようになった。少数民族条約は、結局のところ、「単に痛みの少ない人道主義的な同化の一手段として考えられているに過ぎなかった」というのである（ET411　Ⅱ二四四）。

アレントによれば、東南欧における少数民族保護の失敗に終わった試みは、国民国家の機能をきわめて明瞭に表現したという。すなわち、「国家の市民たることとナショナルな帰属とは不可分であること、ナショナルな起源のみが法律の保護を真に保証すること、そして、他の民族（Nationalität）のグループは完全に同化され民族的起源が忘れられるようにならないうちは例外法規によって保護されるしかない」ということを明らかにしたというのである（ET414　Ⅱ二四八―二四九）。

いいかえれば、ここで明らかになったのは、「法的制度としての国家からナショナルな制度としての国家への変質」すなわち、「ネーションが国家を征服してしまった」ということである。それは、「ナショナルな利害が法的な性質の考慮のすべてに優先するとされた」ことだとアレントはいうのである（ET414　Ⅱ二四九）。

ネーションによる国家の征服というこの発展がつねに国民国家に固有の危険だったことは疑問の余地がない。この国家形態は同時に立憲的政府の樹立を意味し、本質的には恣意的専制支配に対立する法律の支配に立脚しているのであるから、この危険はとりもなおさずこの統治形式にとって致命的なものだった。ネーションと国家の間の、人民《フォルク》の意志と法律の間の、ナショナルな利害と法的諸制度の間の、つねに不安定な均衡が破れ、デマゴギーに煽動《せんどう》され易い人民の意志や、つねにショーヴィニズムに傾き易いネーションや、しばしばもはやネーションの真の利益ですらない諸利益が力を得るようになるや否や、国民国家の内部崩壊は非常な速さで進行した。ただしその速度は歴史的には何年とか何ヵ月とかではなく十年を単位に数える程度のものであることは、はっきりさせておく必要がある。そしてこの崩壊が始まったのは、民族自決権が初めて全ヨーロッパに認められたまさにその歴史的時点だった。それはとりもなおさず、ナショナルな人民の意志が一切の法的諸制度や「抽象的」基準よりも優先することが全ヨーロッパに受容れられたことを意味していたのである（ET414-415　Ⅱ二四九―二五〇）。

しかし、「異なる民族（Nationalität）のグループの法的保護」が必要なのは、第一次世界大戦後に生まれた国々だけではなかった。人権宣言に立脚した憲法を有する、古くからの国民国家においても、この問題は、「無国籍者」をめぐる問題として、第一次世界大戦後に急速に深刻化するのである。

無国籍者

無国籍ということは現代史の最も新しい現象であり、無国籍者（Staatenlose）はその最も新しい人間集団である。第一次世界大戦の直後に始まった大規模な難民（Flüchtling, refugee　なお以下で亡命者と訳されているのも同じ語である）の流れから生れ、ヨーロッパ諸国が次々と自国の住民の一部を領土から放逐《ほうちく》し国家の成員としての身分を奪ったことによってつくり出された無国籍者は、ヨーロッパ諸国の内戦の最も悲惨な産物であり、国民国家の崩壊の最も明白な徴候である。十八世紀も十九世紀も、文明国に生きながら絶対的な無権利状態・無保護状態にある人間を知りはしなかった。第一次世界大戦以来、どの戦争もどの革命も一律に権利喪失者・故国喪失者（Recht-und Heimatlose）の大群を生み出し、無国籍の問題を新しい国々や大陸に持ち込むようになった。過去二十五年間のあらゆる国際会議にこれほど執拗に姿を現わし、しかも満足すべき解決の見通しが全く得られなかった問題は他に類がない。また現代政治のいかなるパラドックスも、善意の理想主義者の努力と、権利を奪われた人々自身の状態との間の懸隔以上に痛烈な皮肉に満たされたものはない。理想主義者たちが、最も繁栄する文明国の市民しか享受していない諸権利を相も変らず奪うべからざる人権と主張している一方では、無権利者の状態は同じように相も変らず悪化の一途を辿り、第二次世界大戦前には無国籍者にとってまだ例外的にしか実現されない嚇《おど》しだった抑留収容所が、ついには「難民（displaced persons）」の居住地問題のお極《き》まりの解決策となってしまったのである（ET416-417　II二五一―二五二）。

無国籍は、主として、第一次世界大戦以後の現象であった。それは、第一次大戦中に広まった「帰化取消」と、第一次大戦後の混乱が生み出した「故国喪失者」すなわち、「何らかの理由で故国が明確に定められない人びと」の発生を発端として増加していった（ET418-419　Ⅱ二五三―二五四）。

アレントによると、「無国籍が第一級の政治問題となったのは、ロシア革命の後、ソヴィエト政府が数百万の亡命ロシア人から国籍を剝奪してからのことである」（ET419　Ⅱ二五四）。こうした大量の亡命者＝難民の発生はロシア革命だけでは終わらず、これ以後、ヨーロッパはこの大量亡命＝難民の波に洗われ続けることとなった。

ところで、「個々の迫害された個人ではなく民族の小集団がまとめて国境を追われ、その瞬間にそれら亡命者＝難民は自動的に無国籍者になるという事態」は、ある意味で、かつてのヨーロッパ世界において亡命の制度を成り立たしめていた「庇護《ひご》権」の崩壊を意味していたとアレントはいう。

ヨーロッパ世界は亡命者を古代このかた知っており、庇護権は政治組織の最初の誕生以来、神聖な権利とされてきた。つまり、一国家の権力範囲から逃れた亡命者に対しては自動的に他の国家共同体の保護が開かれ、それによって何びとたりとも完全に無権利に、もしくは完全に法律の保護外におかれることのないようにされていたのである（ET421　Ⅱ二五六）。

しかし国民国家体制は、この制度を揺るがせることとなる。

この庇護権は国民国家に組織された世界においてはもはや権利ではなく単に寛容に基づくものとなり、その寛容も慣習と伝統に従ったのであって決して人権宣言に立脚しているのではなかった。……庇護権はわれわれの時代においては次の点から見てもすでに滅びている。すなわち中世的原則「一国の領土内にあるものはすべてその国に属す」が廃棄されて以来、近代国家は自国の市民については国境を越えても保護の手を伸ばし、相互主義的条約によって外国にいる市民にも本国のある種の法律の効力が及ぶように配慮するようになった（ET421　Ⅱ二五六）。

さらに、時を同じくして、大量の亡命者＝難民の発生は、帰化制度の崩壊をもたらした。というのも、帰化の制度が本来前提していたのは個人単位の帰化であって、その場合は、帰化した者は同化するであろうことが前提とされていた。ところが、ある特定の起源を持つ大量の人々が一括帰化する場合は、受け入れた国民国家が多民族国家に変わることを意味したからである。そこで、このことを危惧した各国は帰化を困難にしたばかりでなく、すでに認めた帰化まで取り消すことを始めたのである。

かくして、こうした新しいタイプの亡命者＝難民の流入は、「もともと移民として住みついていた同じ民族（Nationalität）の住民たちまで、難民に変えてしまう傾向を持っていた」という（ET424　Ⅱ二五九）。無国籍者の流入はすべての外国人に影響を及ぼすことになったのである。

こうして、かつて帰属していた国から追放され、法律の保護を奪われながら、さりとて昔の亡命者のように新しい受け入れ先の国の法律の保護を受けることもできない人々、つまりあらゆる法体系の外にはじき出された人々が、両大戦の間を通じて増え続けることになる。そしてこれが無国籍者の実態なのである。

しかし、アレントによれば、法の埒外《らちがい》に立たされた無国籍者の存在は、無国籍者の受け入れ国にも少なからぬ影響を与えたという。とりわけ、アレントが重視するのは「無国籍が関係諸国の内政に持ち込んだ無法状態」であった。なかでも、決定的なことは「およそいかなる法律にも規定のないような立場にある人々は、自動的に法体系の完全な逆立ちを惹き起こすということである」。無国籍者にたいして、法はなんらの備えも持たない。とすれば、彼が多少なりとも法的な保護を受けようとするならば、その唯一の道は「法律に定められている規範を侵すこと、すなわち犯罪を犯すことである」ということになる。犯罪者となってはじめて、彼は法的な範疇《はんちゅう》によって対応される、つまりそれなりの権利を有する存在になりうるのである（ET428-429　Ⅱ二六四―二六五）。

さらに、アレントによると、無国籍者という法的規範の外におかれた範疇の人々の出現は、彼らの取り締まりにあたる警察の権限の領域を拡大させるきっかけとなったという。これ以後、たんに無国籍者の取り締まりだけでなく、警察の取り締まりが法的統制から離れる傾向が進み、「国全体が警察国家の支配下に陥《おちい》る危険が増大した」というのである（ET431

Ⅱ二六七)。

こうして、彼女によると、「非全体主義諸国における無国籍者のグループの増大は、警察によって組織される無法状態の一つの形式を発展させた。それは世にも平和な方法で自由諸国を全体主義国に同化させてしまった」。そして「強制収容所が結局はあらゆる国で同じグループの人々のために用意され」ることになったのはその象徴的出来事だと彼女は述べている(ET432　Ⅱ二六八)。

このように、無国籍者の問題は、国民国家の法治国家としての性格を、蝕《むしば》んでいったとアレントは結論している。

難民と無国籍者は、一九一九―二〇年の平和条約以来、国民国家をモデルとして新設された世界のすべての国々に呪詛《じゅそ》のようにまとい付いている。

新しい国々にとってこの呪詛は死病の萌《きざ》しに等しい。なぜなら国民国家はそのすべての市民が法の前に平等でなければ存立し得ないし、またいかなる国家といえども、もし住民の一部が一切の法の埒外に立たされ、事実上法の保護から追放されているならば、決して存続し得ないからである(ET434　Ⅱ二七〇)。

しかし、この呪詛は、すでに見てきたように、なにも新しい国々だけの問題ではない。古くからの国民国家も、この問題において、ネーションの理念と法の理念との矛盾に直面させられたことにかかわりない。その意味では、これは全ヨーロッパ的問題だったのである。そして、ユダヤ人こそが、少数民族問題と無国籍者問題という両方の問題を一身に体現することになったのである。

人権の終焉

少数民族問題と無国籍者問題の背景にある、国民国家原理の限界の露呈は、「人権」の実質的な意味喪失という、致命的な形で現れることになったとアレントはいう。

アレントによると、人権宣言は、近代における共和政を特色づけるもの、その基礎である。その人権宣言の意味するところは、正義の基準が、「神の戒律や自然法や伝統によって聖化された過去の慣習や道徳」ではなく「人間それ自体」になったということであるという(ET434　Ⅱ二七〇)。さらに、人権宣言は、世俗化の進行によって失われた神の前での平等の保証を政治体によって肩代わりすることを宣言するという役割をも負っていたとアレントはいう。

もし人権が、つねに前提とされている通りにすべての文明国の憲法の礎石を実際になしているならば、市民の各種の法律は、本来国籍やナショナルな相違とは無関係だと謳《うた》われている譲渡することのできぬ人権を具現し具体化していなければならない。すべての人間は何らかの政治体の市民である以上、人権はそれぞれ異なった形式においてであってもあらゆる人間にとって実現されていると期待していい筈である（ET435　Ⅱ二七一）。

しかし、すでに無国籍者において見てきたように、このことは現実とはならなかった。ではその理由は何なのか。

アレントによれば、その根本的な理由は、人権が人民《フォルク》主権と結びつけられたことにある。あるいは、より正確には、（後述するように「人民」を「ネーション」として解釈するという）特定の解釈における人民主権と結びつけられたことにあるというのである。

こうした解釈には、アレントによれば、以下のような二つの背景がある。まず、人権宣言は、この譲渡し得ない権利の担い手としての「人間」には、本来、「人間一般」を想定していた。しかしながら、「人間一般」は現実に、経験的に存在するわけではない。したがって、「人間」という概念を「政治的に使用可能な概念」とするためには、「人間一般」を、「人間の複数性を常に包括する」概念へと変換しなければならない。そしてそのとき、この「人間の複数性を常に包括する概念」として選ばれたのが「人民《フォルク》」であった。「十八世紀の政治的な所与の状況から考えたとき、この人間の複数性を再び取り戻しうる唯一の方法が、『人間一般』をある一つの人民の一員と同一視することだったのである」（ET436　Ⅱ二七二）。

加えて、この「人民」ははじめから「ネーション」と重ねて考えられたとアレントは述べている。そのため人権の問題と国民《ネーションの》解放や民族《ネーションの》自決権の問題は「収拾のつかぬほど混同され」、「人権を実現できるのは人民の意志――それも自国の人民の意志――の解放された主権だけだと考えられた」のである（ET436　Ⅱ二七三）。

ところが、無国籍者の問題は、人権と人民主権との結合の意味あるいは問題性を明らかにしたとアレントはいう。

人々は奪うべからざる人権、譲渡することのできぬ人権について語るとき、この権利はあらゆる政府から自立した権利であり、あらゆる人間に具《そな》わる権利としてすべての政府によって尊重されるべきだと考えてきた。ところが今、政府の保護を失い市民権を享受し得ず、従って生れながらに持つ筈の最低限の権利に頼るしかなくなった人々が現れた瞬間に、彼らにこの権利を保障し得る者は全く存在せず、いかなる国家機関もしくは国際機関もそれを護る用意がないことが突如として明らかになった（ET437　Ⅱ二七三）。

少数民族問題についても事態は同様である。すなわち、「生まれとナショナルな帰属によってその支配に服す国家が保障してくれない限り」人権はあてにならないものだということを明らかにしたというのである（ET438　Ⅱ二七四）。

こうして、大量の無国籍者の出現という問題は、「譲渡することのできぬ人権、つまりいかなる特殊な政治的身分とも関わりなく人間であるという単純な事実にのみ由来する権利」（ET438　Ⅱ二七四）なるものがそもそも存在するのかという根本的な疑義をつきつけたとアレントはいう。そして彼女は、主権国家体制の枠内で無国籍者に人権を保障することは不可能だと結論するのである（ET438　Ⅱ二七五）。

諸権利を持つ権利

では、無国籍者は、いったいどのような権利を失ったのだろうか。どのような権利を失うことによって、彼らは「完全な無権利状態」に陥ってしまったのか。アレントによれば、それこそが、個々の国家に帰属する市民が持つとされる諸権利とは異なる「生まれながらに人間に具わる人権」のはずだというのである。

アレントによれば、無権利者が第一に喪失したものは「故郷（故国）（Heimat, home）」であった。「故郷《ハイマート》の喪失とは、環境世界――その中で人は生まれ、その中に足場と空間を与えてくれる世界での一つの場所を築いてきたのだ――を失うことである」。しかし、こうした故郷喪失自体は歴史上珍しいことではないという。彼女によれば、歴史上例がないのは「故郷を失ったことではなく、新たな故郷を見いだせないことである」。今や、どれかの政治体から締め出されたものは、結局すべての政治体から、つまりは人類から締め出されるようになったというのである（ET439　Ⅱ二七五―二七六）。

彼らが第二に失ったものは「政府の保護」である。アレントによれば、現代においてはかつての「庇護権」の前提自体が解体している。今や、ある国で法を犯したものは、犯罪人引き渡し条約によって、逃亡先の警察の追及を受けることになった。しかし、より深刻なのは、犯罪等ではない理由で国を追われた者たちであるとアレントはいう。彼らにたいしては「責任を負う政府も適用さるべき国の法律もない」。つまり、彼らは「合法性の枠組からそもそも締め出されており法的人格ではなくなっている」というのである（ET439-440　Ⅱ二七六）。

アレントによれば、実際のところ、今日の「亡命者＝難民」は、思想や行為の故でなく、「生まれによって定められた変更の余地のないことを理由に迫害されている」という。彼らは、迫害者にとってさえ「罪なき者」である。そして、現代では、完全に罪のない人間から法的人格を奪うことのほうが、政敵や犯罪者からそうするよりも容易だというのである（ET440-441　Ⅱ二七七―二七八）。

こうした状況を踏まえて、アレントは、二十世紀においては、人権を奪われている人々の現実の状態を、一般的な人権の定義で把握することは不可能だと述べている。というのも、

無権利者の不幸は、彼が生命、自由、幸福の追求、法の前の平等、いわんや言論の自由などの権利を奪われていることではないからである。これらすべては所与の共同体の内部の諸権利を守るために定式化されたものであり、それ故に無権利者の状態とは何の関係もない。無権利状態とは、これに対し、この状態に陥ったものはいかなる種類の共同体にも属さないという事実からのみ生まれている（ET442　Ⅱ二七九）。

人権の喪失が起るのは通常人権として数えられる権利のどれかを失ったときではなく、人間が世界における足場を失ったときのみである。この足場によってのみ人間はそもそも諸権利を持ち得るのであり、この足場こそ人間の意見が重みを持ち、その行為（活動）が意味を持つための条件をなしている。自分が生まれ落ちた共同体への帰属がもはや自明ではなく絶縁がもはや選択の問題ではなくなったとき、あるいは、犯罪者になる覚悟をしない限り自分の行為もしくは怠慢とは全く関わりなく絶えず危機に襲われるという状態に置かれたとき、そのような人々にとっては市民権によって保障される自由とか法の前の平等とかよりも遥かに根本的なものが危うくされているのである（ET443　Ⅱ二八〇）。

アレントによれば、こうした人々は「政治的には……確信を持つ能力と行為（活動）する能力を奪われた」「政治的な意味での生ける屍《しかばね》」である。そして、こうした能力は、ある権利によって保障されなければならないことが判明したというのである。

その権利をアレントは、「人間がその行為（活動）と意見に基づいて人から判断されるという関係のシステムの中で生きる権利」として、「諸権利を持つ権利」と名付けている（ET444　Ⅱ二八一）。この権利の内容は、つまるところ、なんらかの政治体への帰属の権利、なんらかの政治体のメンバーである権利といいかえていいだろう。ただし、このいいかえが可能なのは、あくまでもその政治体が「人間がその行為（活動）と意見に基づいて人から判断されるという関係のシステム」という性格を、たとえわずかなりとも有しているかぎりである。したがって、全体主義国家への「帰属」は、後述するようにそれは強制収容所の秩序と本質においてかわらない以上、あてはまらないであろうことは疑いない。

ところで、アレントのこうした人権論、すなわち、政治体への帰属が人権の根源になければならないという考えは、エドマンド・バークが『フランス革命の省察』のなかで展開した、フランス革命の人権宣言への批判を想起させる。そして事実、アレントは、彼の批判を基本的には肯定している。

われわれの最近の経験とそこから生れた省察とは、かつてエドマンド・バークがフランス革命による人権宣言に反対して述べた有名な論議の正しさを、皮肉にも遅ればせながら認めているように思われる。われわれの経験は次のことを、いわば実験的に証明したように見える。すなわち、人権が無意味な「抽象」以外の何ものでもないこと、権利とは生命自体と同じく代々子孫に伝える「継承された遺産」であること、そして権利とは具体的には「イギリス人の権利」、あるいはドイツ人の、あるいはその他いかなる国であろうと或る国民の権利でしか決してあり得ない故に、自己の権利を奪うべからざる人権として宣言するのは政治的には無意味であることを、である。自然法も神の戒律ももはや法の源泉たり得ないとすれば、残る唯一の源泉は事実、ネーションしかないと思われる。すなわち権利は「ネーションから」生れるのであって他のどこからでもなく、ロベスピエールの言う「地球の主権者たる人類」からでは決してない（ET447-448　Ⅱ二八五）。

アレントはこうしたバークの議論にたいして、「バークの議論の実際上の正しさについては疑問の余地がない」と述べている。

人権の概念はバークが予言した通りに、人間が国家によって保障されたいかなる権利にも頼ることができず、現実に人権にしか頼れなくなったその瞬間に崩れてしまった。他のすべての社会的および政治的資格を失ってしまったとき、単に人間であるということからは何の権利も生じなかった（ET448　Ⅱ二八六）。

かくして、アレントは、「人権の基礎をなすといわれる理念」、すなわち、「アメリカ的な言い方における人間は神の似姿として創られた」という理念、あるいは「（フランス的定式が前提しているように）すべての人間において人類が代表されている」という理念の、現実的な意義にたいして否定的な評価を下すことになる。

しかし、アレントには、バークとは異なり、政治体への帰属を人間の当然のあり方だと考えることはもはやできない。すでに見てきたように、二十世紀は、まさにこのことがいかなる意味でも当然視されえないことを証明してきたのだ。そして、ネーションを原理とする国民国家体制は、二十世紀における追放と難民化の奔流《ほんりゅう》を阻むことはできなかったのである。

アレントがいうところの「諸権利を持つ権利」は、まさにこうした事態を背景にして、はじめて自覚的に語りうるものとなった。だが、それではこの権利は、現実にはいかなる形で、誰によって保障されうるのか。そして、国民国家体制にかわる政治システムはあるのか。この困難をきわめる問いについては、本章最終節で改めて論じることとしたい。

2 「社会」の解体

階級社会としての十九世紀社会

アレントにとって、国民国家、代議制と並ぶ十九世紀秩序のもう一つの重要な柱は、「社会」である。そして、十九世紀秩序解体論のもう一つの軸は、社会の解体である。

ではアレントは、社会、とりわけ十九世紀の社会をどのように考えているのだろうか。それは古典派経済学やヘーゲル・マルクス的な意味での社会、すなわち市場あるいは「欲望の体系」という意味での「市民社会」では必ずしもない。彼女にとって、十九世紀の社会は、抽象的な「経済人」によって構成される空間ではない。それはなによりも階級社会なのである。そして、階級という形で組織化されていることが、この十九世紀の社会と「大衆社会」（ヨーロッパにおいてはそれは階級社会の解体の結果として現れたという）とを区別するメルクマールなのである。

けれども、その際の「階級」とは、生産関係を軸としたマルクス主義的な意味での階級では必ずしもない。むしろそれは、貴族などの血統や「財産と教養」といった文化価値によっても形作られている階級である。その意味では、アレントにとって十九世紀の社会の典型とは、「良き社会」あるいは「上流社会」だといってよいだろう。

こうした十九世紀の階級社会を別の視角から見ると、それはネーションと表裏の関係にある、いわばネーション内部の具体的な組織化のあり方を示しているといえよう。すなわちネーションの構成員たる同質的なものとしての市民の平等と、階級的なヒエラルヒー的区別にもとづく小集団の構成員としての不平等が、表裏一体に結びついているのが、十九世紀社会の基本的あり方だというのである。

しかしアレントは、政治的平等と社会的なヒエラルヒーの併存を必ずしも病理現象だとは考えない。実際、後に述べるように後年の論文（「リトルロック事件についての考察」）の中で彼女は、平等が基本原理になるべきなのはあくまでも政治的空間のみであって、社会ではさまざまな区別の原理が適用されること自体は正当だと述べている。そして、十九世紀の国民国家秩序において、個人は階級によって組織化され、そしてその階級はそれぞれ具体的な利益を有し、政党がその階級の利益を代表するという媒介のメカニズムによって、それ自体は政治性を失ってしまった社会が統合されていたというのである。

階級社会の解体

では、そうした十九世紀の社会の秩序はどのようにして解体を余儀なくされていったのか。そして、どういう脆弱性《ぜいじゃくせい》を持っていたのだろうか。それを一言でいうならば、この十九世紀の「社会」という秩序を構成していた諸階級が、それぞれ政治的、倫理的な武装解除をされてしまったということである。

まず強調されるのは、旧貴族層のデカダンスである。このことは、とりわけ『全体主義の起原』第一部第三章第三節でプルーストの『失われた時を求めて』を題材にした、十九世紀後半のフランス社交界における旧貴族層のデカダンスの叙述を通じて雄弁に語られている。そこで注目すべきは、この旧貴族の堕落は貴族身分の政治性の喪失と表裏をなしているということである。すなわち、基本的に政治的機能・特権を喪失した彼らは、社会的、より厳密には社交界的な存在としてのみその階級としての独自性を維持しえたにすぎない。

しかしながら、「社会」への参入資格もまた、十九世紀においては「血統」のみならず、「財産と教養」に代表されるような「価値」を自力で身につけることを通じて、いわば買い入れることが可能になった。このことは、「社会」のメンバーへと「成り上がる」ことをめざす人々によって、「社会」が俗物主義と画一主義にますます染められていくことをも意味した。しかし、まさにそれゆえに、この俗物主義と画一主義の「退屈さ」に倦怠《けんたい》を覚える者たちを中心に、逆説的ながら新奇さへの欲求が「社会」には渦巻くことになる。かくして世紀末の社交界には、俗物批判や偽善暴露の快楽に促されて、「背徳」すなわち道徳的逸脱それ自体の価値化という奇妙な現象が蔓延することになったというのである。

次にブルジョワジーに関していえば、すでに見たように、彼らを完全な私益主義の権化としてアレントは描いていた。もし、彼らになんらかの公共性、あるいは道徳性が見られるとすれば、それは資本主義以前のヨーロッパの社会規範の残滓《ざんし》にすぎず、帝国主義の時代においては、彼らはそうした「偽善」の仮面を捨てることをためらわなくなったというのである。

さらに旧中間層は、資本主義の進展の中で、階級それ自体としては解体していくことになった。

プロレタリアートは、第四章の終わりで述べるように、アレントによれば、十九世紀的な階級社会においては、もともとそのメンバーではない。とはいえ、そのことはアレントにとっては、必ずしも否定的に評価されるべきことだというわけではない。むしろ反対に、「社会」（階級社会）の外部であるということは、画一主義や偽善といった「社会」の悪徳をこの階級は免れているということをも意味している。そして事実、労働者階級が「社会」の外部にとどまっていたかぎりにおいて、彼らの空間すなわち労働運動は、もう一つの公的領域を構成していたとさえ彼女は述べている。しかしながら、階級社会そのものの解体は、こうしたもう一つの社会とでも呼ぶべきものの存立をも不可能にしてしまったのである。

「偽善」の暴露

こうして、階級社会を構成する諸階級において、それぞれの形で、必要最小限の公共性を支えていた社会的倫理の武装解除がなし崩し的に進んでいくことになった。注意すべきは、旧貴族階級にしても、ブルジョワジーにしても、こうした社会的倫理は、十九世紀よりも以前の、旧《ふる》いヨーロッパの伝統のいわば残滓として、かろうじて存続していたとアレントが考えているということである。その意味では、実は十九世紀の社会は、みずからを維持する最低限の政治性あるいは公共性も、それを支える倫理をも、新しく創造することはできなかったのである。

しかし、他方では、そうした倫理的残滓にたいするニヒリスティックな攻撃が、こちらは少なからず自覚的に、開始されることになる。そうした攻撃の中で、アレントが特に注目していると思われるのは、「偽善」の暴露という現象である。

旧貴族階級にしても、ブルジョワジーにしても、彼らの抱いていた社会的倫理が、すでに述べたように、旧いヨーロッパの伝統の残滓であるならば、当然それは、十九世紀における現実の彼らの姿とは多かれ少なかれ乖離《かいり》した虚像であり、したがって、それに即しているかのごとくに振る舞うことは、偽善であるという側面は拭いきれない。

ところで、偽善を暴露する場合には、本当に善でないことが批判される場合と、善でないことを公然と認めさせようとする場合と、二つの方向がある。アレント自身、この二つの可能性を示唆しているように思われる。すなわち、第一の方向の典型が、『革命について』の中で論じられる、フランス革命のジャコバン派の独裁における偽善にたいする偏執狂的な追及である。そして、第二の典型が、すでに前章で紹介した、帝国主義期のモッブの言説であるといえよう。いうまでもなく、十九世紀社会の解体の文脈において、直接的に関係するのは後者のほうである。

しかしながら、実は、前者もまた無関係ではない。それは、十九世紀を通じてさまざまな分野の知的前衛によって共有されてきた、「社会」にたいする個人の抵抗に現れている。「社会」を構成する諸階級は、それぞれの階級にふさわしいとされるための条件（血統や財産や教養など）を有し、それぞれに対応した行為規範を持っている。またそうした固有性を持つ小集団であることによって、階級はそれぞれ独自の利益を共有する。だが、こうした行為規範への服従は、見方をかえれば画一主義への圧力以外の何ものでもない。そして、個人がそうと知りつつそれに諾々として従うことは偽善にほかならない。したがって、実のところ「社会」への抵抗は、「社会」と共に古い歴史を持つ。

ところで、こうした個人、あるいは自我の「社会」にたいする抵抗には、いくつかのパターンが存在する。一つは、内面性や親密さの領域にひきこもることによって画一主義の圧力から逃れようとすることである。そして、もう一つは、「社会」の外へと逃れることである。すなわちヨーロッパ以外の世界へと実際に逃れるか、あるいは革命運動に身を投じてプロレタリアートのような「社会」の外の階級へと、みずからのアイデンティティを移すことである。

後述するように、アレントによれば、こうした抵抗者たちの隊列には、革命家のみならず知識人・芸術家が多く見られるが、十九世紀末には、ヨーロッパの文化の中枢を担う知的・芸術的なエリートの中心的な人々が、同時代の「社会」を支える諸価値にたいして、非常に敵対的になっていたという。いわば、「社会」と「文化」の間に対立が起きていたのである。

十九世紀末、とりわけ二十世紀初頭になると、社会は、モッブとエリートの二方向からの「偽善」の暴露、いいかえれば倫理的基盤にたいする挟撃を受けることになる。その際、次節で述べるように、アレントによれば、文化的エリートたちはモッブ出身の全体主義運動の指導者たちの中に一時的に同盟者を見いだし、全体主義運動に引きつけられていったのである。

モッブの二面性

ところで、第一章第三節ですでに述べたように、モッブとは、アレントの定義によると、「全階級、全階層からの脱落者の寄り集まり」であり、いわば、階級社会がはじき出した「余計者」であった。

注意すべきは、アレントが、モッブを大衆とは明確に違うものとして論じていることである。たしかに、両者ともに階級社会の解体の申し子ではあるが、彼女によると、大衆は特定の階級的な基盤を持たないのにたいして、モッブは、ブルジョワ階級と表裏一体の関係にあるという。すでに見たように、モッブは、大衆と異なり、基本的にブルジョワ社会の副産物であり、いわば、ブルジョワジーが偽善の仮面をかなぐり捨てた姿がモッブだというわけである。

このことは、ちょうど、アレントにとっての帝国主義が、ブルジョワジーの世界観をそのままの形で政治的に表現したものとされたのと、同様な関係だといえよう。ブルジョワジーが、ヨーロッパの伝統的な社会的倫理規範を無視して、みずからの価値観をあからさまに表現したその姿が、モッブにほかならない。したがって、ブルクハルトやシュペングラーらとは異なって、彼女は、モッブを工業労働者や下層の民衆と同一視してはならないと強調していたのである。

モッブという人間類型には、アレントの目に映った十九世紀階級社会の奇妙な複雑さが現れている。アレントによれば、モッブは、一方では、階級社会から逸脱した人々、その余計者である。しかし、他方では、モッブは、偽善の仮面をはぎ取ったブルジョワジーの真の姿を体現する者とされている。では、この二つの側面の関係はどうなっているのか。

実は、アレントの「モッブ」概念の重要性は、この両者の結びつきにこそある。階級脱落者としての余計者は、基本的には資本主義の展開が生み出したものである。いいかえれば、資本主義の展開こそが階級社会を破壊する第一の力なのだ。さらに、すでに見たように、アレントは、世界観の次元においても、ブルジョワ的なものと「西洋的（＝ヨーロッパ的）伝統（補注川崎）」との断絶を強調する。ブルジョワ社会の申し子たるモッブは、この断絶を明確に表現しているにすぎないのである。つまり、モッブの破壊性とは、資本主義自体の破壊性なのだ。

国民国家秩序の解体にかんするアレントの議論を見た際に示したように、国民国家秩序の解体過程は、旧ヨーロッパ的と彼女が見るところの諸価値にかなりの程度依存して支えられていた国民国家秩序が、ブルジョワジーの世界観の政治的表現である権力の無限膨張によって突き崩されていくプロセスであった。

これと同様に、十九世紀における階級社会の運命は、多かれ少なかれさまざまな旧ヨーロッパ的諸価値の残滓によって支えられていた秩序が、モッブが体現するとされるブルジョワ的な世界観のあからさまな、「偽善なき」自己主張の前に、敗北していく過程であるといえよう。つまり、ここでも勝利するのは、ブルジョワ的価値の即物性なのである。

（ただし、このことは、裏を返せば、こうした旧ヨーロッパ的諸価値の残滓が堅固であった場合には、国民国家と階級社会の十九世紀的秩序が生命を保ちうるということである。アレントにとって、その例外をなすのはイギリスである。すでに前章で見てきたように、彼女の目には十九世紀のイギリスはさまざまな点で例外をなしてきた。たとえば、その政党制は十分に機能してきたし、また帝国主義的膨張が本国の政治に影響しそれを破壊することもなかった。そしてこれらのことが、イギリスの国民国家秩序を例外的に安定的なものとしていた。さらに、彼女によると、イギリスの貴族制は、フランスやドイツと異なり、十九世紀においてもその社会的・政治的機能を喪失しなかった。イギリスの貴族制は、上層ブルジョワジーに貴族化の道が開かれていることによって、人的には比較的開放的であり、かつそのことによって、逆に、封建的・貴族的な倫理を国民全体に浸透させることができたというのである。そしてそのことがイギリスの階級社会に他国では見られない適応能力を与えたと示唆している〔ET271-272　Ⅱ八九〕。）

十九世紀の典型としてのモッブ

モッブ自身は新しい価値や秩序の創造者ではない。彼らはとりあえずは侵犯者にすぎない。そして、彼らの侵犯のエネルギーは、実は、安定的な秩序を解体していく資本主義自体のエネルギーに由来しているのだ。

『全体主義の起原』におけるアレントの叙述によれば、モッブはすべての階級に同盟者を見いだすことができた。社交界に退屈している旧貴族たち、余剰資本をもてあましているブルジョワジー、資本主義の荒波に飲み込まれつつある旧中間層、さらには社会の偽善や俗物主義を憎悪する知識人や芸術家たちにである。しかし、このことは、「全階級、全階層からの脱落者の寄り集まり」というモッブの定義に照らしてみれば不思議ではない。十九世紀階級社会のルールに不満を持つ者たちは皆、モッブに同盟者を見いだすことができたのである。

ここで、興味深いのは、十九世紀階級社会の秩序にたいするアレント自身の評価である。たしかに、この秩序の破壊者たち、すなわちモッブや彼らと手を組んだ旧貴族やブルジョワジーたちにたいしては、彼女はなんの共感も示していない。けれども、他方で、この秩序そのものを彼女が積極的に支持しているともいいがたい。

大衆社会にたいする保守的な批判者たちによく見られるような、「財産と教養」の社会にたいする賛美とは、彼女は無縁である。

事実、『全体主義の起原』では、十九世紀末から二十世紀初頭にかけての「閉塞感」が、見事に描かれている。それはあたかも、十九世紀の末には、社会を構成するほとんどすべての人間がこの社会に飽き飽きしている、つまり、安定的な秩序の擁護者がどこにもいないかのようである。いわば、潜在的にはほとんどすべての人々が「モッブ」になりたがっているような、少なくとも「モッブ」的に振る舞いたがっているような社会として描かれている。

このことは、アレント自身が、十九世紀末から二十世紀初頭の知識人たちによる「社会」への批判を共有していたということを示しているといえよう。しかし、同時に彼女は、こうした批判の限界、そこに潜むニヒリズムの危険にも気づいていたのではあるまいか。それが、階級社会の解体にたいする彼女の両義的ともとれる態度に現れているように思われる。「モッブ」は、十九世紀の階級社会の脱落者である。けれども、他方では、この社会の秩序が抱えていた倫理的な脆弱性、ニヒリズムを最も端的に体現していたのもモッブである。モッブはニヒリズムの社会的具現化であり、十九世紀は潜在的にはニヒリズムの時代なのだ。そしてそのニヒリズムを現実化していく力は、アレントの目には、資本主義あるいは産業社会の展開そのものなのである。その意味では、まさにモッブは、十九世紀社会の最も典型的なキャラクターだということもできるのではあるまいか。

けれども、彼らは、あくまでも階級社会秩序の脱落者・侵犯者であって、逆説的ながら、その存在はあくまでも彼らが抵抗し嘲笑していた階級社会に依存していた。そして、そのことが、もはや階級社会が解体した後の社会、二十世紀社会の典型的人間類型としての大衆との決定的な相違なのである。

3　二十世紀秩序としての全体主義

十九世紀の終焉

アレントは、『全体主義の起原』の中で、十九世紀の秩序は第一次世界大戦をもって終わりを告げたと述べている。第一次世界大戦は、すでに内部から崩壊していた十九世紀的世界の終わりを、万人に否定しがたい形で明らかにしたというのである。つまり、彼女は、第一次世界大戦によって顕《あら》わとなった、十九世紀秩序の全面的な解体をもって、二十世紀が始まったと考えているのである。

だが、十九世紀秩序の解体それ自体が、二十世紀の新しい秩序の成立を意味するわけではない。国民国家秩序の動揺、代議制・政党政治の危機、人種主義と官僚制によって特徴づけられる帝国主義の展開、そして階級社会の解体現象、これまで見てきたこのような諸要素は、たしかに、この十九世紀秩序の解体を促した、そしてその解体にともなって現れた諸兆候である。けれども、それらがそのまま新しい何事かの事態の成立を意味するわけではない。むしろ、これから現れてくる二十世紀の与件を示しているのである。

『全体主義の起原』という著作の中でも最も有名な第三部は、この解体した十九世紀秩序の廃墟に、いわばそれを与件として現れる「全体主義」という現象についての分析にあてられている。アレントにとって、全体主義論は、十九世紀とは区別された二十世紀に特徴的な秩序あるいは無秩序とは何であるのかという、二十世紀的なるものそのものへの問いなのである。

もちろん、すでに言及したように、今日からふり返ってみるならば、全体主義の経験だけをもって二十世紀を特徴づけるということは一面的にすぎよう。しかしながら、『全体主義の起原』初版が出版された一九五一年という時代に思いをはせるならば、この本に溢れる危機感と緊迫感も十分に理解できよう。

『全体主義の起原』第三部は、まず、全体主義の登場の前提としての十九世紀型社会＝階級社会の崩壊と大衆社会の成立を検討したあとで、全体主義の運動、そして全体主義の支配形態を順次検討するという構成をとっている。この節でも、この構成に沿って、彼女の議論を跡づけることにしたい。

「全体主義」論の射程

ところで、『全体主義の起原』第三部の議論の中身に入る前に、この「全体主義」という概念について、あらかじめ若干の補足をしておきたい。

アレントはこの本のなかで、ナチズムと共産主義、具体的にはスターリン統治下のソ連を総括する概念として、「全体主義」という用語を用いている。しかし、実は、こうしたナチズムとスターリニズムを総括する（アレントは異なるが、論者によってはこれにイタリア・ファシズムを加えることも少なくない）概念を使うことそれ自体が正当なのかという根強い批判が存在する。そして、『全体主義の起原』にたいしてもこうした批判は向けられてきた。

こうした批判には、大別して二つの次元があるように思われる。第一の次元は、いわば実証史学的な立場からのものである。すなわち、ナチズムとソヴィエト共産主義の統治を総括するような概念を安易に用いることは、それぞれの歴史的な相違、特異性、いわば個性を無視することになるというわけである。

こうした批判は、社会科学的な一般概念を歴史叙述に持ち込むときに多かれ少なかれ常に起こる問題にかかわるものである。そしてそのかぎりでは全く正当な批判ではあるが、逆に、こうした批判にたいしては、歴史叙述における一般概念の持つ意義（たとえば比較の視座を開くといった）を示すことで反批判もできよう。

これにたいして、第二の次元は、いわばイデオロギー批判的な批判である。すなわち、ナチズムとソヴィエト共産主義を総括するような概念は、ソヴィエト共産主義をナチズムと似たものと捉えるという意味を持っており、それ自体が、反共的ないし反ソ的な冷戦イデオロギーを反映しているというのである。こうした批判は、マルクス主義者の多くからだけでなく、リベラル派の人々からもしばしば提起されてきた。

実のところ、全体主義という概念それ自体は、冷戦の文脈の産物ではなく、一九三〇年代のヨーロッパやアメリカで、ナチズムとソヴィエト共産主義、およびイタリア・ファシズムを一括する意味で、すでに使われていた言葉であった。また、冷静に読んでみれば、『全体主義の起原』は、ソ連にたいしては極めて厳しいとはいえ、いかなる意味においても「西側民主主義」なるものの護教論ではなく、冷戦的とはいいがたい（アレントその人が冷戦思考にいかに批判的であったかは次章で見ることになる）。けれども、「全体主義」という用語自体は、たしかに一九五〇年代のアメリカなどにおいては、かなり政治的な、つまり冷戦的な意味でも使われてきたことは否めない。

ソ連の崩壊を経た今日、「全体主義」概念はまた新たな文脈におかれている。しかし、ナチズムはナチズム、スターリニズムはスターリニズムとして、それぞれ別のものとして語るべきなのか、それとも、この両者を総括する「全体主義」という概念をたてることが、この二つの運動と体制の理解に、さらには二十世紀というものの理解に有効なのかという問いは、今日の状況においても、依然として争われうる問題であろう。

大衆の政治化

全体主義運動は大衆運動であり、それは今日までに現代の大衆が見出し自分たちにふさわしいと考えた唯一の組織形態である（ET459　Ⅲ六）。

「大衆」と「運動」は、アレントの全体主義論の中で、極めて重要な概念である。では、彼女は、大衆をどのようなものと考えているのだろうか。

大衆とは、「共通の利害で結ばれていないし、特定の達成可能な有限の目標を設定する個別的な階級意識を全く持たない」人々であるとアレントはいう。

「大衆」という表現は、人数が多すぎるか公的問題に無関心すぎるかのために、人々がともに経験しともに管理する世界に対する共通の利害を基盤とする組織、すなわち政党、利益団体、地域の自治組織、労働組合、職業団体などに自らを構成することをしない人々の集団であればどんな集団にも当てはまるし、またそのような集団についてのみ当てはまる（ET463　Ⅲ一〇）。

階級社会が、社会全体が階級を構成する小集団に組織化され、それぞれが具体的な利害を共有していたのにたいして、そのような部分集団への組織化を欠いた人々、その意味でアトム的な人々が大衆だというわけである。

もっとも、アレントによれば、こういう意味での大衆は二十世紀ヨーロッパの新しい現象というわけではない。彼らはすべての国、すべての時代に存在するし、むしろ彼らが社会の大部分であるという。「ただ彼らは正常な時代には政治的に中立の態度にとどまり、投票をせず政党に加入しないことで満足しているのである」（ET463　Ⅲ一〇）。

アレントにとって、二十世紀ヨーロッパの大衆の新しさとは、彼らが政治的に動員されたことである。そしてそれをおこなったのが全体主義運動であった。「ヨーロッパの全体主義運動の興隆に特徴的な点は、これらの運動が政治的には全く無関心だと思われていた大衆、他のすべての政党があまりに馬鹿かアパシー的だと見放してきた大衆からメンバーを集めてきたことである」(ET463　Ⅲ一〇)。

大衆を政治化できたのは、「政党」ではなくて「運動」であったということは重要である。アレントによれば、「政党」とは「利益政党、世界観政党として国民国家の諸階級を政治的に代表するか、あるいはアングロサクソン諸国の二大政党制におけるように、公的問題の取扱いに対してそのときどきに一定の見解と共通の利害を持つ市民を組織するかのいずれかである」(ET459-460　Ⅲ六)。つまり、政党は、社会における組織化(つまり階級)に依存するか、あるいはみずから市民を組織するかはともかく、組織された市民の上にのみ成り立ちうるのである。

これにたいして、「運動」はこうした組織化を欠く大衆の政治的動員に「政党」よりも適合的だったのである。

階級社会の崩壊

しかし、第一次世界大戦後のヨーロッパにおいては、たんに「運動」すなわち全体主義運動が大衆の政治化に成功したということだけが新しいのではない。同時に深刻なことは、「政党」がもはやかつての力を持てなくなったということである。アレントによると、その理由は、階級社会の崩壊にある。

政党制と階級社会との間には不可分の関係があったとアレントはいう。なぜなら、生まれによって決定される階級への帰属が、多くの場合、階級の利害を代表する政党へのコミットメントを規定していたからである。しかしながら、このような「市民の各階級への帰属と、この階級制度の中で発展した代表という形式こそが、市民の一人一人が統治の業務の処理に多かれ少なかれ責任を感じるような政治的自覚の発展を阻害した」とアレントはいう。

もっとも、このシステムがいわば全階級の利益をそれなりに代表できたことによって、「国民国家の統治形式の本来非政治的な性格」は明るみに出ずにすんできた。

ところが、「階級制度の崩壊は自動的に政党制の崩壊を意味した」。というのも、階級が解体すると、利益政党であった政党が代表すべき「利益」がなくなってしまったからである（ET469　Ⅲ一七。もっとも、こうした叙述は、アレントは明言していないが、「アングロサクソン型」の二大政党制には当てはまらないと思われる）。

かくして、アレントの目には、階級社会の崩壊＝大衆社会の到来は、政治的には、政党の時代から運動の時代への移行を不可避的にもたらすものだったのである。

さらに、アレントによれば、ヨーロッパの大衆が、（アメリカの大衆のように）大衆社会以外の社会を知らない大衆ではなくて、第一次世界大戦後のヨーロッパ社会の「全般的崩壊の雰囲気」の中で生まれた「階級社会の崩壊の産物」であるということは、彼らに独特のメンタリティを持たせたという。

そのメンタリティとは、「自己保存の本能の典型的な退化」、「自分自身など問題ではない、自分はいつでも取り替えがきくという、善良さとしてのではなく感情としての無私」、物質的利益への無関心であり、その根底にある「共同の世界」の喪失、「無世界性」である。さらに、こうした「日常的な問題」への無関心は、彼らにおいては、誇大妄想的な「世界観の問題」や歴史的使命なるものへの軽信と結びついたとアレントは述べている（ET471-472　Ⅲ一九―二〇）。

大衆社会の到来は、ブルクハルト、ニーチェ、シュペングラーといった、十九世紀以来のさまざまな知識人によって予言されていたが、アレントによれば、彼らは必ずしも現実に登場した大衆を十分に予見できていたわけではない。彼らが十分に見通せなかったことは、「徹底した自己喪失という全く意外なこの現象であり、自分自身の死や他人の個人的破滅にたいして大衆が示したこのシニカルな、あるいは退屈しきった無関心さであり、そしてさらに、抽象的観念にたいする彼らの意外な嗜好《しこう》であり、何よりも軽蔑する常識と日常性から逃れるためだけに自分の人生を馬鹿げた概念の教える型にはめようとまでする彼らのこの情熱的な傾倒であった」（ET473　Ⅲ二一）。

さらに、十九世紀の歴史的ペシミズムの最大の誤りは、「大衆は新しい平等と『平等主義』、つまり十八世紀の諸革命によって企てられたような一切の階級的差異の意識的な平均化、小学校教育の拡大、およびそれと結びついた教育水準の低下と教育内容の平俗化などの結果ではなかった」事である（ET473　Ⅲ二一）。たとえば、アメリカでは「教育と生活状態の画一化」は、必ずしもヨーロッパにおけるような意味での社会の大衆化を結果していないし、逆にヨーロッパでは知的文化的エリートが、大衆運動に引きつけられていったと彼女は指摘している。

モッブと大衆

「ヨーロッパの大衆は、すでにアトム化していた社会〔階級社会〕の解体によって成立した」（ET474　Ⅲ二二、補注川崎）。アレントによれば、階級社会においては、個人は成功、失敗にかかわりなく生まれた階級を故郷としてとどまりえたが、大衆社会における個人は「他人とのつながりを喪失」し、「根無し草」的になってしまった。これこそが現代の大衆の特色なのである。

現代の大衆に関するこうしたアレントの叙述からもわかるように、彼女は、「大衆」と「モッブ」を明確に区別している。「大衆とモッブの共通点は、双方とも一切の社会的構造および社会的帰属から締め出されて、政治的に全然代表されることのない立場に追いやられているという点だけである」（ET468　Ⅲ一六）。

前節でも見たように、モッブは、なんらかの理由によって階級社会から個人的に脱落した者であり、ブルジョワジーと密接な関係にあった。「モッブは、支配階級の遺産を引継ぎ、その基準を捨て去りはせず、やがてその基準を倒錯させ、その倒錯によって逆にブルジョワジーに対する或る種の影響力をかち得た」。

それにたいして、大衆は、階級社会からの個別的な脱落者ではなく、階級社会そのものの崩壊の産物である。したがって大衆は、モッブのような「『階級的基盤』すら持たず、彼らが反映し倒錯させているのは全人民の基準とものの見方である」というのである。

こうしたモッブと大衆の相違は、彼らの政治組織のあり方にも当然反映しているという。アレントによると、モッブの組織が基本的には個人主義的であるのに対して、大衆運動は徹底的に反個人主義的である。

全体主義運動と大衆

アレントによれば全体主義運動にとっては、「共同の世界が完全に瓦解して相互にばらばらになった個人からなる大衆社会」（ET476　Ⅲ二四）の存在は不可欠の条件である。ナチズムの場合にはこうした条件はすでにある程度用意されていたが、スターリニズムの場合には、こうした条件をつくるために人為的にアトム化がおこなわれたと彼女は述べている。

こうした「アトム化され孤立させられた個人の大衆組織」（ET486　Ⅲ三五）である全体主義運動は、そのメンバーから未曾有の献身と忠誠を引き出しえた。というのも、「全体主義運動の成員にとっては、自分がおよそこの世界に存在し一つの場所を占めているのは、ひとえに自分が党の一員であることと党が自分に与える任務のお陰なのである」（ET486　Ⅲ三六）。

エリートの反乱

アレントは、「全体主義運動が知的エリートや芸術的エリートに疑う余地のない魅力を揮《ふる》う」という事実に注目している。彼女によれば、現代の優れた知識人や芸術家の多くが「全体主義運動のシンパサイザーもしくは正式のメンバーであるか、あるいは生涯の一時期にそうであった経歴を持つかしているということは、彼らの世間知らずとか純真さとかで説明のつくものではない」（ET489-490　Ⅲ四〇）。

彼女によると、この魅力は、全体主義運動とモッブとの関係と同様に、「全体主義運動を理解するための本質的な鍵」であるという。もっとも、エリートもモッブも全体主義の支配機構成立後にはもはや役割はなかった。「彼らは、全体主義運動の台頭期の一般的な歴史状況と雰囲気を理解するうえで本質的であるに過ぎない」。

両者は、第一次世界大戦後のヨーロッパの大衆社会の成立に先立って、すでに社会の外側に、それぞれの事情ではみ出していた個人であるという点で共通性を持っており、それが、大衆の理解と指導をおこなうための能力を、大衆社会の成立に先んじて、彼らに与えていたというのである（ET490　Ⅲ四一）。では「モッブとエリートの一時的同盟」が示している状況とは何なのか。

戦間期に活躍する、いわゆる前線世代の知的エリートたちは、おしなべて、第一次世界大戦以前の世界とその文化に対して強い嫌悪感を持っていた。エルンスト・ユンガーらに端的に示されるように、彼らにとって、第一次世界大戦の勃発は、古い世界と古い文明の喜ぶべき崩壊を意味していた。

しかし、彼らは、なにか新しい価値や文化の創造や復興を望んでいたのではないとアレントはいう。彼らは「人為的な安泰と、見せかけだけの文化と、看板だけになり下がった『価値』のこの偽りの世界が廃墟と化すのを見たいという切望以外には、ほとんど何の願いも抱いていなかった」(ET492　Ⅲ四三)というのである。

アレントによれば、彼らは既存の社会に逃れがたく縛りつけられていると感じており、その束縛感とそうした社会や文化にたいする彼らの徹底的な破壊への願望は、暴力の賛美へと彼らを導くことになったのである。

彼女によれば、この暴力への欲求こそ、知的エリートたちを全体主義運動へと惹きつけた主因であった。「知的エリートをモッブと同じく全体主義のテロルに惹き寄せたものは、むしろそれが言葉の最も真の意味におけるテロリズム、一種のテロルの哲学と関係していたという事実である。テロルは政治的行為そのものの表現様式となり、自己を表現し既成のもの一切に対する自分たちの憎悪と盲目的なルサンチマンを表現する手段となった」(ET496　Ⅲ四九)。

全体主義運動へのエリートの接近を理解するうえで不可欠なことは、この現象を、当時の時代独特の全般的な雰囲気、すなわち、「一切の伝統的価値、観念、これまでの規範や尺度」(ET499　Ⅲ五二)が有効性を失ってしまった、全般的なシニカルさを念頭に置くことだとアレントはいう。つまり、「エリートが気に入ったのは、ラディカリズムそのものだった」(ET503　Ⅲ五六)のであり、かならずしも全体主義の教義を真に受けて受容したわけではないという。要は、彼らは、既成社会の偽善を暴露する、それを嘲笑するものであれば何でもよかったのだ。しかし、実は、その既成社会なるものは、アレントによれば、彼らが考えていたよりもはるかに脆弱《ぜいじゃく》だったのである。
結局、アレントによれば、この時代の知的エリートたちは、彼らの奉じた「衝撃の美学」（これはアレント自身の表現ではない）とでも呼ぶべきものの、最大の犠牲者となってしまった。偽善を暴露されたブルジョワたちは喜んでその仮面を外した。そして全体主義の支配においては、エリートたちは、彼らの一時的同盟者だったモッブ同様、運動から振り落とされていったのである。

全体主義運動

国民社会主義〔ナチズム〕もボルシェヴィズムもともに、新しい政体を宣言することも、彼らの目標は権力と国家機構の掌握をもって満たされると主張することもしなかった。支配について言うなら、彼らの狙いは国家や単なる暴力装置ではなく、決して止まることのない運動のみが達成しうること、すなわちすべての人間一人一人を絶えずあらゆる面で支配することだった。暴力としての権力は全体主義的支配にとっては決して目標ではなく手段であり、所与の一国における権力の掌握は歓迎すべき過渡的段階に過ぎず、運動の終着点ではない。運動の実践上の目標は、可能な限り多くの人々を運動の中に引き入れて組織し、昂揚させることである。しかし、運動が終息する地点となるべき政治的目標となると、そのようなものは全く存在しないのである（ET489　Ⅲ四〇、傍点川崎）。

全体主義運動は、「運動を持続し周囲のものすべてを運動にとり込むことによってのみ自己を維持しうる」(ET456　Ⅲ二)。この終わりなき「運動」こそが、全体主義を特色づける決定的な性格である。

では、全体主義運動は、この「運動」をいかにして持続、拡大したのか。アレントはこれをプロパガンダと組織という二つの側面から分析している。

全体主義のプロパガンダ

アレントによれば、全体主義におけるプロパガンダは、あくまでも全体主義の教義やイデオロギーとは区別されるべきものである。すなわち、後者が運動の内部に向けられるものであるのにたいして、プロパガンダは、大衆の獲得や外交政策などのための、外部世界向けの手段なのである。

彼女によると、「プロパガンダの必要性を起こさせるのはつねに外部世界であって、運動が自ら行なうのはプロパガンダではなく教義の徹底化なのだ」。そして、テロルと結びつくのもこの「教義の徹底化」なのである(ET511　Ⅲ六六―六七)。

したがって、後述するように、テロルは全体主義支配の本質そのものであるのにたいして、プロパガンダは一手段にすぎないのである。

ところで、プロパガンダが大衆に向けられたものである以上、その効能の理解は「全体主義組織に組み込まれる以前の現代大衆のメンタリティ」を理解するうえで有意義であるとい

う。アレントによると、

大衆は目に見える世界の現実を信じず、自分たちのコントロールの可能な経験を頼りとせず、自分の五感を信用していない。それ故に彼らには或る種の想像力が発達していて、いかにも万物にあてはまる意味と首尾一貫性を持つように見えるものならなんにでも動かされる。事実というものは大衆を説得する力を失ってしまったから、偽りの事実ですら彼らには何の印象も与えない。大衆を動かし得るのは、彼らを包み込んでくれると約束する、勝手にこしらえ上げた統一的体系の首尾一貫性だけである。あらゆる大衆プロパガンダにおいて繰り返しということがあれほど効果的な要素となっているのは、大衆の呑み込みの悪さとか記憶の弱さとかの故ではなく、単に論理的な完結性しか持たぬ体系に繰り返しが時間的な不変性、首尾一貫性を与えてくれるからである。大衆が認めようとしないのは、あらゆる現実の一要素をなす偶然性である。イデオロギーにとってはこの偶然性の否認は好都合である――イデオロギーは予《あらかじ》め法則を設定し、その法則の例証たり得る事実のみを事実として扱い、一切の個別的事象を包括する全能の法則を仮定することですべての偶然の符合というものを排除してしまうのだから。このように現実から想像へ、出来事から事態の必然的推移へと逃避する態度は、あらゆる大衆プロパガンダにとっての前提条件なのである（ET522-523　Ⅲ八〇）。

アレントによると、人は通常、こうした作りものの「首尾一貫性」の偽りを、「常識(gesunder Menschenverstand, common sense)」によって識別することができる。ところが、大衆はそうした常識が「現実的な判断力」を失ってしまっているのである。

大衆がひたすら現実を逃れ矛盾のない虚構の世界を憑《つ》かれたように求めるのは、アナーキックな偶然が壊滅的な破局の形で支配するようになったこの世界にいたたまれなくなった彼らの故郷喪失の故である。しかしそれと同時に、隙間のない絶対的な首尾一貫性を求めるこの憧れの中には、本質的に人間のものである悟性の能力――それがある故に人間が単なる事態より立ちまさっている能力、つまり事態を混沌とした偶然的な条件から救い出して、人間の理解や制御を可能にする相対的に一貫性のある道筋をつけることのできる能力――が現れてもいる。常識の現実感覚に対する、また常識にとっては世の習いとして信じられそうに思えることに対する大衆の反逆は、アトム化の結果であって、大衆はアトム化によって社会の中に足場を失ったばかりか、常識がそれにふさわしく機能し得る枠組をなしていた共同体的な人間関係の全領域をも失ってしまったからである。精神的にも社会的にも完全に故郷を喪失した状況にあっては、恣意的なものと計画的なもの、偶然的なものと必然的なもの――世の習いとはこういうものから成り立っているのだが――の間の相互制約関係に対する均衡のとれた洞察など、もはや何の意味もなさない。全体主義プロパガンダは、常識が意味を失ったところでだけは、いかに常識を面罵しようと咎《とが》を受けずに済む。しかし人間というものは、アナーキックに蔓延する、それぞれの恣意に委ねられた没落のただ中でなす術もなく生きてゆくか、あるいは一つのイデオロギーの硬直し狂気じみた首尾一貫性に身を捧げるかという前代未聞の選択の前に立たされたときには、必ず後者の首尾一貫性の死を選び、そのために肉体の死をすら甘受するだろう――だがそれは人間が愚かだからとか悪人だからとかいうためではなく、全般的崩壊の混沌の中にあっては虚構の世界へのこの逃避は、ともかくも彼らに最低限の自尊と人間としての尊厳を保証してくれると思えるからなのである（ET523-524　Ⅲ八一―八二）。

ここで現代の大衆の特色として述べられている「故郷喪失」や「常識」の機能不全という状態について、アレントは、後に見るように、後年、「世界」の概念や「共通感覚（*sensus communis*, common sense）」、「判断力」の概念の深化を通じて、さらに踏み込んだ考察を加えることになる。全体主義のプロパガンダは、「常識」が提供するリアリティ（現実感覚）――それは他者との交流、共通する世界の共有によって支えられている――をアトム化によって失ってしまった大衆に、いわばそれに代位するもの、リアリティの代用品としての「首尾一貫性」を提供したのだった。

全体主義的組織

アレントによると、「全体主義運動の組織形態は他に類のない独創性を示している」。この組織の任務は「中心的なイデオロギー的フィクション……を現実へと変え、そしてまだ全体主義化されていない世界の中で人々を組織して、この仮構の現実の法則に従って運動させるようにすることである」(ET538-539　Ⅲ一〇〇)。

こうした目的のために、全体主義の組織は、その中心から周縁に向かって二重構造を持ち続けるような、いいかえればタマネギのような、特徴的な構造を持っている。つまり、この組織は、組織の周縁部にいる人間は全体主義運動の外部の一般の世界のリアリティに接することができるが、運動の中心に行けば行くほど外部のリアリティから切り離されて、自分たちの教義が作り出す虚構の世界の中に埋没できるような構造になっているというのである。

こういう組織の力をもってすれば、組織の中心部分は外界のリアリティとは直接接しないことができるので、彼らの教義が現実によって反証されるという体験に直面せずにいられる。彼らは、それだけ純粋に、教義の首尾一貫性にのみ信頼を置くことが可能になり、ついには、教義と現実とが矛盾するときには、間違っているのは現実のほうであり、そして、現実は、教義に合わせて自分たちの手によって自由に作り替えうるものだという幻想を持ち続けることができることになる。

だが、アレントによれば、全体主義の恐るべき点は、これが幻想に終わらないことである。というのも、全体主義の運動が権力を持った暁《あかつき》には、彼らは、実際に、彼らのイデオロギーに合わせて、現実を作り替えることができるようになるからである。

「すべては許されている」という道徳的ニヒリズムは、「すべては可能である」という一層ラディカルなニヒリズムによってはじめて真の基盤を与えられた。……彼らはこう信じている――組織の生む力はいついかなるところでも実体のもつ力を破り滅ぼすことができる（ET572 Ⅲ一三九）。

全体主義的支配のもとでは、現実そのものが破壊されうるのである。

全体主義的支配

全体主義的支配について、アレントは、国家、秘密警察、そして強制収容所という三つの組織に注目して分析している。

彼女によれば、全体主義的支配に課せられた最も重要な課題の一つは、「イデオロギー的には不可謬《ふかびゅう》だと主張し、政治的には世界支配を目指すインターナショナルな運動が、一国の権力を握ることに成功した場合におちいる特殊の困難と矛盾を処理すること」である（ET574 Ⅲ一四一）。

彼女によれば、全体主義運動にとって一国において権力を掌握することは、ある意味では非常に危険なことである。というのも、長いあいだ権力を握っていれば、もはや全体主義運動を特色づける「あらゆる事実性の無視」、「擬制的な世界の掟への固執」を貫くことは困難になるからである。安定した権力は、大衆の事実無視の「メンタリティ」を取り除いてしまうのである。

そこで必要となるのは、権力掌握後も「永続的な不安定の状態」を生み出し続ける工夫である。アレントは、「永続革命」という観念によって、こうした不安定化の企てを論じている。とはいえこの「永続革命」の中身は、トロツキーの「永続革命論」とは全く異なる。彼女は、一九三〇年代以降のスターリンの粛清とヒトラーによる人種的「選別」の強化をその例としてあげている。

アレントは、「全体主義的権力者はそれ自体のうちに矛盾をはらむ二重の課題に直面している」という。すなわち、彼は、

一方では運動の擬制的な世界を、日常において実証されるだけではなく日常生活全体を支配しもする確乎《かっこ》たる現実として確立しなければならず、また他方においてはこの新しい「革命的」世界が自分勝手に安定して日常となることを妨げねばならない。それは、そのような安定化のなかでは運動そのものが無効になり、それとともに世界征服の望みも、征服してしまった地域における全体主義的支配も失われてしまうからである。換言すれば、全体主義的権力者は運動が権力を掌握した際の崩壊の条件をあらゆる手段をもって維持しなければならず、自分がこれまでずっと約束して来たことが実現すること、つまりあらゆる生活関係の新秩序と、この新秩序の上になりたつ新しい正常性および安定とを妨碍《ぼうがい》しなければならない（ET578　Ⅲ一四六）。

安定性の破壊とともに、地球全体に全体主義的支配を打ち立てようとすることは、全体主義体制に固有の性質だとアレントはいう。したがって、一国での権力掌握は全体主義運動にとっての目的たりえず、それは一種の「実験室」にすぎない。それ故、国家機構は、非全体主義的な世界が存在するあいだは運動によって利用されるとはいえ、その外部が消滅すれば、国家機構は事実上「死滅」するというのである。

国家機構

このように、アレントによると、全体主義における国家を特徴づけるものは、運動と国家との矛盾であり、この矛盾は国家を運動の下におく形でのみ解消される。そしてそのためには、国家による支配そのものを永久に不安定化していく必要があり、そのような不安定化のメカニズムが全体主義の国家の中には組み込まれているというのである。

アレントによれば、「一枚岩的国家構造」というイメージほど「全体主義的支配機構の現実に一致しないものはない」。むしろそれを特色づけるのはその「無構造性」である（ET584　Ⅲ一五二—一五三）。

このことは、全体主義が本来「運動」であることを想起すれば驚くべきことではないとアレントはいう。「法律的もしくは国家的な構造などはすべて、ますます速度をはやめながら一定の方向に動いていく運動にとっては障害でしかない」（ET587　Ⅲ一五八）。全体主義とりわけナチズムを特色づける党や国家の機関の重複とヒエラルヒーの不明確さは、実は意図されたものだというのである。

全体主義国家においては権限の所在が極めて不明確になる。そして、「或る機関が公的なものであり人によく知られていればいるほどその保持する権力は小さ」く、「権力は常に公然性がなくなるところから始まる」のである（ET594　Ⅲ一六六）。

アレントによれば、こうした「無構造性」、ヒエラルヒー構造の欠如は、「指導者原理」と適合的であった。さらにこのことは、全体主義の支配体制においては相対的に自律性をもった「中間層」がいないということを意味した。そして、運動の成員同士のあいだの横の連帯が生じないように、運動の指導部の最上層にいたるまで、個人の孤立化とアトム化を徹底していたのである。

秘密警察

国家権力と党機構がその中で合体するように見え、そしてまさにそれが故に全体主義的支配機構の権力中枢として正体をあらわす唯一の機関は、秘密警察である（ET616　Ⅲ一九四）。

アレントによれば、全体主義における秘密警察支配やテロルは、全体主義以外の場合とは異なり、現実に存在する反対派を迫害するためにあるのではなくて、むしろ、驚くべきことに、反対派がいなくなったときにこそ始まるのだという。

全体主義における秘密警察の任務は、個々の人間がどういう行為をしたかという理由に関係のない、人種的な敵や階級的な敵といった「客観的な敵」を常に新たに創造し、それらを迫害、追放さらには抹殺することであるとアレントはいう。

ではなぜ、「客観的な敵」を作り続けねばならないのか。その目的は、国家を運動の中に置き続けるため、いいかえれば国家を内部において不断に不安定化するためである。秘密警察は、この「運動」の持続のために大きな役割を果たすとアレントはいう。

何が「客観的な敵」になるかは、もちろん客観的な事実によって決まるわけではなく、権力が任意の相手をつぎつぎに「敵」として指名することができる。したがってこの体制は「敵」を永遠に作り続け、そうすることで「運動」であり続けることができるというわけである。

強制収容所

強制収容所もまた、現実に抵抗する反対派への迫害とは全く無関係である。アレントによれば、強制収容所は、全体主義的支配機構にとって、「人間は全体的に支配されうるものであるという全体主義体制の基本的な主張が正しいかどうかが実験される実験室」であった。

全体主義的支配は無限の複数性と差異を持ったすべての人間が集まって一人の人間をな

すかのように彼らを組織することを目指すのだが、各人を常に変わらない反応の同一性に還元し、その結果これらの反応の束の一つ一つが他と交換可能なものとなるまでに持っていかない限り、この全体主義的支配というものは成立しない。ここで問題なのは、現に存在しないもの、つまりその唯一の「自由」といえば「自己の種を保存する」ことしかないような種類の人間といったものを作り出すことなのだ。全体主義的支配は精鋭組織に対するイデオロギー教化と同時に収容所における絶対的テロルによってこの結果に到達しようとする（ET644 Ⅲ二三二）。

強制収容所において実験されることは、人間の完全な変革である。すなわち、「科学的に厳密な条件のもとで人間の行動方式としての自発性というものを除去し、人間を同じ条件のもとでは常に同じ行動をするもの、つまり動物ですらないものに変える恐るべき実験」なのである（ET645 Ⅲ二三二）。

このことは、アレントにとっては、人間の非人間化、人間の破壊そのものを意味する。そして、強制収容所においては、この破壊が、法的な人格の破壊、道徳的な人格の破壊、最後は人間の個体性そのものの破壊として、体系的におこなわれる。

こうして、強制収容所において、全体主義的支配の本質が、最も鮮明な形で明らかになるのである。

「新しい政体」としての全体主義

アレントによれば、全体主義は、古くから知られている専制政治や暴政や独裁制とは全く異なる、本質的に新しい政体（Staatsform, form of government）である。そして、その新しさ、全体主義を特徴づける二つの本質的要素が、イデオロギーとテロルであるという。もっとも、テロルもイデオロギーも、それ自体は政治において新しい現象ではない。だが、全体主義においてはテロルとイデオロギーのあり方や機能が独特なのである。

以下では、全体主義における「法＝法則（Gesetz, law）」の観念、テロル、イデオロギーの意義について、順次見ていきたい。

全体主義は、古代以来、政治学が政体を分類するときに用いてきた「合法的統治と暴政的・無法的な恣意との区別」にはうまくあてはまらないと彼女はいう。というのも、「全体主義的支配は原則的に、……制定された実定法を犯す以上『無法的』である。しかしそれは恣意的ではない。制定された実定法に代わってあらわれてくるのは権力者の全能の恣意ではなく、『歴史の法則』もしくは『自然の法』である」（ET674-675　Ⅲ二七二）。

つまり、全体主義的支配もまた、ある種の「法＝法則」に従うのである。だが、その「法＝法則」は、我々が通常考えるような意味での法ではない。アレントによれば、通常の意味での法、すなわち、「実定法としての法律はすべて、変転常なき状況を、すなわち、人間の行為（活動）がその中で絶えず動き、そして絶えず新しい運動をひきおこしている人間事象の逃れることのできない不安定性を、安定させる要因なのである」（ET676　Ⅲ二七三、傍点川崎)。

ところが、全体主義における「法＝法則」は、この安定化機能とは反対に「最初から運動法則として、一つの運動に内在する法則として定められている」。「法＝法則」すら、全体主義においては意味を変えた。「それはもはや、その相対的な安定性によって自由の空間──その中で人間の運動や行為(活動)がおこなわれる──を作り出し保護する法律の垣を意味しない」。それは本質的に「運動」を意味するというのである(ET677 Ⅲ二七四)。つまり、「弁証法的唯物論」や「人種主義」のような、「不可抗的な運動過程」を描き出している「法則」なのである。

全体主義のテロル

アレントは、「法律の支配のうちに立憲主義的統治の固有の本質を見るとすれば、テロルというものは全体主義的支配の固有の本質として定義することができる」と述べている(ET679 Ⅲ二七七)。

「全体主義的支配は歴史あるいは自然の過程を発進させその運動法則を人間社会の中で貫徹させるためにテロルを必要とする」(ET679 Ⅲ二七六)。テロルは、「自然」や「歴史」の「法＝法則」が指し示す必然的過程に従って、この「法＝法則」を「執行する」ものなのである。

通常の意味での法つまり法律が、その中で人間の行為(活動)がおこなわれるところの自由の空間を提供し擁護するのにたいして、テロルは、人間を、いかなる自由な予見不可能な行為（活動）もできないように「固定化する」。「テロルは、いわばそれに対する違犯がもはやあり得ない『法＝法律』である」（ET680　Ⅲ二七八）。

そうした観点から見れば、人間の自由は、自然や歴史の不可抗的な運動法則の実現を、無駄に邪魔するだけの障害だということになる。歴史の行方は究極的には「法則」で決定されており、人間の自由はせいぜいこの「法則」の実現を多少邪魔できるだけである。だとすれば、そのような自由は「法則」の観点からは有害無益ということになる。

> 自然もしくは歴史の過程の従順な実行者としてのテロルは、人間と人間のあいだの生活空間――それが自由の空間にほかならないが――を完全に無にしてしまうことによって、人間たちを一つにするということをなしとげたのである。全体主義的支配の本質をなすものは、それ故、……あるがままの人間たちを力ずくでテロルの鉄のたがのなかに押し込み、そのようにして行為（活動）の空間――そしてこの空間のみが自由の現実性なのだが――を消滅させてしまうことにあるのである（ET683　Ⅲ二八一、傍点川崎）。

したがって、全体主義においては、自然もしくは歴史「法則」の示す過程への「理解」が、この過程が要求する役割（それが執行者であれ犠牲者であれ）を演じるための準備として必要になる。そしてそれがイデオロギーの役目である。

全体主義のイデオロギー

アレントによると、人種主義と共産主義が全体主義のイデオロギーとなったのは、この二つが他の世界観にくらべてより「全体主義的」だったからではなく、当時の政治状況下で人種間闘争と階級間闘争が政治的に重要であったという理由によるという。したがって、この両者のみが全体主義のイデオロギーたりうるというわけではない。「むしろ、イデオロギーが全体主義的支配の機構において演ずる役割のなかでこそすべてのイデオロギーの固有の本質にはじめて光があてられた」というのである(ET687 Ⅲ二八六)。

「イデオロギー的思考の特徴をなす三つの全体主義特有の要素」として、アレントは以下のような性質をあげている。

まず、第一に、イデオロギーは、「存在するものではなく、もっぱら成るもの、生成消滅するものを説明しているに過ぎない」。つまり歴史や運動など、生成消滅するもの、「過程」を説明するのである。

第二に、全体主義のイデオロギーは一切の経験に依存しない。というのも、それは、経験的な現実よりも「より本来の」「現実」を把握していると自称しているからである。したがって、経験的な反証によっては容易に覆《くつがえ》されない。

第三に、「それ自体としては現実を変える力を持たないイデオロギーは、経験および経験された現実からの思考の解放を、その独特な論証方法に頼っておこなった」。すなわち、イデオロギー的思考は「確実なものとされた前提から完全な一貫性をもって……その先のすべてを演繹《えんえき》するというやりかたで事実として起きたことを処理する」というのである。

　この三点が結びつくところに、イデオロギー的思考の特色が明確にあらわれる。すなわち、それは「本質的に自己運動的な思考」であることであり、また、「前提の中で与件として認められている唯一のもの……に立脚してこの運動過程を展開させている」ことである（ET687-689　Ⅲ二八六―二八八）。

　アレントによれば、この論理的要素の圧倒的優位、論理的な首尾一貫性・斉合性への固執こそ、全体主義のイデオロギーを、十九世紀的な「世界観」としてのイデオロギーから決定的に分かつ特徴である。

　いいかえれば、全体主義イデオロギーの独創性は、イデオロギーの内容それ自体にあるのではない。しばしば現実を無視して貫かれる演繹論理の強制力こそが全体主義イデオロギーの最も顕著な特色なのである。


　多くの人間を一、人の人間にしようとするテロルの鉄のたがが、人間が誰でも一人一人生まれてくるたびに一つの新しい始まりがこの世に生まれ一つの新しい世界が生じることを阻止せねばならぬのと同様、論理の自己強制は誰かがいつか新しく考え始める――つまり、BからCへとつづけてしまいにはこの凶悪なアルファベットの最後の文字を口にするかわりに、みずからAという言葉を発する――ことを予防しなければならない。人間たちを圧縮して大衆にし、そうして人間たちのあいだに存する自由の空間をなくしてしまう全体的テロルの強制と、テロルによって組織された行進へ各個人を参加させ、しかるべき運動をおこなわしめる論理的演繹の強制とは、全体主義運動を絶えず運動状態にとどめるために一体となり、たがいに呼応し、たがいに他を必要としているのである（ET692　Ⅲ二九二）。

見捨てられていること

全体主義は、かつての暴政とは異なり、「人々の政治的領域を破壊し、つまりは行為（活動）を妨げ無力を生み出すこと」だけでは満足しなかった。全体主義的支配は、この支配に服する人々の「私的・社会的生活」をも「テロルの鉄のたが」にはめこむことによって、「一方では政治的・公的領域の消滅の後にも残っている人間間の一切の関係を破壊し、他方ではこのように完全に孤立化され互いに見捨てられた人々が政治行動（もっとも当然それは真の意味での政治的行為（活動）ではないが）に再び動員されうるようになることを強要」したのである（ET695-696　Ⅲ二九六）。

つまり、全体主義においては、政治的領域のみならず、私的領域や社会的領域においても、テロルによって支配され、徹底的な孤立化が貫かれているのである。アレントは、人間のこうした完全な孤立無援状態を「見捨てられていること（Verlassenheit, loneliness）」と呼んでいる。「全体主義的支配のなかで政治的に体得される人間の共存の基本的経験は見捨てられていることの経験なのである」（ET696　Ⅲ二九七）。

アレントによれば、「見捨てられていること」と「孤独」とは同じでない。

> 見捨てられていることが生ずるのは、どのような個人的な理由によるのであれ一人の人間がこの世界から追い出されたとき、もしくはどんな歴史的・政治的な理由によるのであれ人間がともに住んでいるこの世界が分裂し、たがいに結ばれ合った人間たちが突然自分自身に押し返されたときである。見捨てられていることが政治的に生産力のある基本的経験になりうるのは第二の場合だけだ。見捨てられていることのなかで人々は真にひとりになる。すなわち他の人々と世界から見捨てられているだけでなく、自分自身からも見捨てられている。……この見捨てられていることのなかでは、自分自身と世界――ということはつまり真の思考能力と真の経験能力はともになくなってしまう。誰もがもうちゃんと確認してくれない現実を、見捨てられた人が疑うのは無理もない。なぜならこの世界がわれわれに安心を与えてくれるのはただ、この世界の存在を他の人々もわれわれに保証してくれる場合だけだからだ（ET697-698　Ⅲ二九九）。

いいかえれば、「見捨てられていること」とは、他の人々と同じ世界を共有しているということにもとづいて、われわれに経験のリアリティを保証してくれる能力である「共通感覚（*common* sense）」の喪失を意味するのである（OT613　Ⅲ三二〇）。

アレントによれば、現代における全体主義の蔓延の背景にあるのは、この「見捨てられていること」が、いたるところで増大していることなのである（ET698 Ⅲ二九九）。

4 反ユダヤ主義

十九世紀秩序の解体と近代の反ユダヤ主義

反ユダヤ主義論は、『全体主義の起原』において、帝国主義論、全体主義論と並ぶ、もう一つの柱である。

しかしながら、アレントの反ユダヤ主義論は必ずしも単純なものではない。先述のように、彼女自身が『全体主義の起原』のドイツ語版前書きで述べているところによれば、『全体主義の起原』の「第一部〔『反ユダヤ主義』〕第二部〔『帝国主義』〕の歴史的な叙述は勿論、反ユダヤ主義の歴史（これはまだ書かれていない）もしくは新しい帝国主義史を提供することを意図するものではない。この叙述は、決定的なものだったことが最後になってわかったこと、しかも第三部の分析にとってどうしても必要なことを事態の発展の過程において浮彫りにしているにすぎない」という（ET Vorwort Ⅰ xvii、補注川崎）。つまり彼女の反ユダヤ主義理解は、これまで述べてきた十九世紀秩序の解体と二十世紀を特徴づける全体主義の成立という大きな文脈の中においてのみ、はじめて理解可能なのである。

十九世紀、二十世紀における近代の反ユダヤ主義は、アレントによれば、中世以来の反ユダヤ主義とは根本的に異なっている。つまり、それはたんにユダヤ教とキリスト教との宗教上の対立ではない。また、それは、ショーヴィニズムや単純な外国人嫌いに還元できるものでもないという。

アレントによれば、「近代の反ユダヤ主義の成立と成長は、ユダヤ人の同化の過程、ユダヤ教の古くからの宗教的・精神的内容の世俗化および消滅ということと時を同じくしている」という（ET11　I九）。いいかえれば、ユダヤ人の特異性あるいはアイデンティティが失われはじめたときに、近代の反ユダヤ主義は生じたというのである。

彼女によれば、近代の反ユダヤ主義は、十九世紀の政治・社会秩序の解体と深くかかわっている現象である。

> 国民国家の没落と反ユダヤ主義運動の台頭が並行して展開したこと、国民国家の集合として組織されたヨーロッパの崩壊とユダヤ人の絶滅……とが時を同じくしたこと、この二つの事実は反ユダヤ主義の起原を示している。反ユダヤ主義の発展は国民国家の歴史というより広い枠のなかにはいる。ユダヤ人は、特にユダヤ人の機能はこの国民国家の歴史のなかできわめて重要な役割を演じたのである（ET15　I一三）。

すなわち、ユダヤ人と国民国家との特殊な関係が、近代の反ユダヤ主義の展開に、深く関係しているというわけである。

同様のことは、ユダヤ人と十九世紀の「社会」すなわち上流社会との関係についてもいえるという。この関係の微妙さ、「同化」のはらむ矛盾は、アレントによれば、近代の反ユダヤ主義のもう一つの説明要因である。

しかし、近代の反ユダヤ主義は、こうした、ユダヤ人と十九世紀的な政治・社会秩序との関係の微妙さということだけでは説明しきれないとアレントは考えている。すなわち、それは、十九世紀的な「体制」そのものへの攻撃の一環としても、理解されるべきものなのだ。ユダヤ人は、いわばその「体制」の象徴であり、反ユダヤ主義はその「体制」を攻撃する有効な手段として選ばれたというのである。

「ユダヤ人」とは誰か

ここで、反ユダヤ主義をめぐるアレントの議論についての検討に入る前に、その前提として、そもそも「ユダヤ人」とはどういう意味なのかという問題について、多少の注意を促しておきたい。

実は、「ユダヤ人」を明確に定義することは極めて難しいことなのだ。ふつう「××人」という場合には、それを規定するものは、多くの場合国籍である。「アメリカ人」とはアメリカ国籍を持っている人間であり、「日本人」とはたいていの場合は日本国籍を持っている人間を指している。

しかしながら「ユダヤ人」という言葉には、こうした定義はまったくあてはまらない。とりわけ、イスラエル建国以前の文脈においては、「ユダヤ人」を国籍によって定義することはそもそも不可能である。さらに、イスラエル建国以降においても、「イスラエル人」でない人々にたいしても「ユダヤ人」という言い方は通常なされているし、「イスラエル人」ではなくても自分のことを「ユダヤ人」だと思っている人はたくさんいる。それでは、その場合、「ユダヤ人」とは一体何を指しているのだろうか。

「ユダヤ人」という言葉が、ある程度明確な意味を持ちうるおそらく唯一の指標は、「ユダヤ教徒」という意味である。実際、「ユダヤ人」とは、少なくとも十九世紀前半までは、基本的にはユダヤ教徒と同じ意味であったといっていいだろう。

ところが、アレントの議論にも出てくるように、十九世紀に入ると、多くの「ユダヤ人＝ユダヤ教徒」がキリスト教に改宗するなどして、同化する。そうすると「同化ユダヤ人」は「ユダヤ人」ではないのかという難しい問題が登場してくることになる。

この問いには、イエスともノーとも答えることができる。しかしながら、ユダヤ教を離れた人々が、必ずしもすべて、自分のことを「ユダヤ人」でなくなったと考えたわけではないし、また、他者から一切「ユダヤ人」として扱われなくなったというわけでもない。

アレント自身も述べているように、「同化ユダヤ人」は、必ずしも同化した国の「国民」として、法的、政治的、社会的なあらゆる意味で平等に扱われたわけではない。彼らは、「同化」後も、なんらかの形で「ユダヤ人」として扱われるという運命に、多くの場合さらされた。また、そのことと裏表の関係であるが、彼ら「同化ユダヤ人」たち自身も、程度の差はあれ、多くの場合、「ユダヤ人」としてのアイデンティティを失ってしまったわけではない。

では、その場合、彼らを「ユダヤ人」たらしめているものは一体何なのであろうか。彼らはフランス人、イギリス人、ドイツ人等々であるという以外に、なぜ「ユダヤ人」でもあるのか。その場合、「ユダヤ人」を「ユダヤ人」たらしめている「ユダヤ性」なるものが一体あるのだろうか。

十九世紀以降の「ユダヤ人」と反ユダヤ主義をめぐる問題の難しさは、まさにこの「ユダヤ人」を「ユダヤ人」たらしめているものの曖昧《あいまい》さに深くかかわっている。同化の後にさえ、あるいはユダヤ教徒の「解放」の後でさえなお残る、「ネーション（国民）」の中に収まりきらないアイデンティティあるいはスティグマ（社会的な「烙印」）をどう理解するのか、このことが近代の反ユダヤ主義を理解する鍵となる。

「ユダヤ教徒」という特質が「ユダヤ人」に明確な定義を与えることができなくなっていくなかで、もう一つの「ユダヤ人」概念として、十九世紀後半以降広まっていったのが、生物学的な「血統」によって「ユダヤ人」を定義しようとする方法である。つまり、ここにおいてはじめて、「ユダヤ人」は「人種」となったのである。

いうまでもなく、ナチズムは、「ユダヤ人」を出生と血統によって、つまりは人種として定義しようとした。しかしながら、少し考えればわかるように、その「血統」なるものは、実際には、せいぜい何世代か前の祖先に「ユダヤ教徒」の人間がいたという以上のことを意味するものではない。事実、いわゆるニュルンベルク法においても、「ユダヤ人」とは、祖父母四人のうち三人が「ユダヤ教徒」であったものを「完全ユダヤ人」だと規定するものであった。このことは、まさに、「血」の原理なるものは本当は純粋に血統の原理にもとづいているわけではない、そのようなことはそもそも不可能だということを、皮肉にも雄弁に語っているといえよう。すでに、「種族的ナショナリズム」についてのアレントの叙述を通して見てきたように、「血」とはそれ自体、客観的な事実ではなく、イメージの問題なのである。

もっとも、そうであるとしても、十九世紀末からナチズムにいたる時代の反ユダヤ主義の「ユダヤ人」概念は、基本的に「ユダヤ人」を生物学的な人種として捉え、それにさまざまな特性をあてはめてきたということは事実である。

実は、「××人」というアイデンティティが、国籍にすべて収まらないということは、なにも「ユダヤ人」だけの問題ではない。国籍とエスニックな帰属の乖離は、周知のように、今日ではほとんど普遍的な事態となっている。「ユダヤ人」は、十九世紀ヨーロッパにおける国民国家体系の成立時において、この事態を予示していたのである。

社会的反ユダヤ主義

反ユダヤ主義は、十九世紀的秩序の解体の結節点となったとアレントは考えている。ところで、彼女が描く十九世紀以降におけるユダヤ人の地位には、不思議なパラドックスがある。一方では、ユダヤ人は十九世紀的秩序の基本的な構成原理、すなわち国民国家と階級社会、ネーションと階級に根を持っていない。ところが他方では、ユダヤ人は国民国家と一体視され、また「社会そのものの象徴」と見られることになった。そしてそれゆえに、十九世紀的秩序への挑戦者たちにとっては、反ユダヤ主義というのは格好の政治シンボルになったとも彼女は述べている。

つまり、ユダヤ人は、十九世紀的秩序から一方では疎外されつつ、他方ではその代表・象徴とされるという極めて奇妙な存在であったというのである。アレントによれば、このパラドクシカルなあり方こそ、近代の反ユダヤ主義を説明する鍵なのである。

アレントは、近代の反ユダヤ主義を論じる際に、「ユダヤ人に対する社会的排除」もしくは「社会的反ユダヤ主義（OT76　I一〇四）」と「政治的反ユダヤ主義」とを区別して論じている。

政治的反ユダヤ主義とユダヤ人に対する社会的排除はまさしくユダヤ人解放の表と裏の両面に対応するものだったことを銘記しておかねばならない。つまり政治的反ユダヤ主義の実際の基盤は、ユダヤ人がネーションのなかで多かれ少なかれ閉鎖された集団を形成しつづけていたという事実にあったのだ。社会的偏見は、ユダヤ人が同化に基づいて市民社会のなかに滲透しようとする度合いに応じて増大したのである（ET88　I一〇一）。

「社会的反ユダヤ主義」とは、社会的な次元におけるユダヤ人への偏見、憎悪のことである。これについて、アレントは、その一つの原因を、十九世紀におけるユダヤ人と国民国家との独特の関係、市民としての同権化（「ユダヤ人解放」）の特殊なプロセスと、それと表裏の関係にある国家との独特な関係に求めている。

アレントによると、十九世紀以前には、ユダヤ人は、一般的には、身分制秩序の最下層、より正確にはその外側の存在であった。しかしながら、有力な金融業者など一部の例外的な人々は、絶対王制の王朝の金融家、いわば国家の銀行家としての役割を果たし、それによって、さまざまな特権を享受していた。そこには「宮廷ユダヤ人」という、富によって例外的に非ユダヤ人の上流社会にかかわることができたユダヤ人たちがいたことを彼女は指摘している。

十九世紀に国民国家が誕生すると、ユダヤ人は、旧体制における身分的差別から解放され（「ユダヤ人解放」）、市民の間の平等を原則とするネーションへと統合されることになる。ところが、アレントによると、現実にはこの「解放」は徐々になされたのだという。すなわち、ユダヤ人の解放は、法の前の平等原則の無条件の適用としてではなく、国家による特権付与の漸次的拡大としてなされたのだというのである。彼女によるとユダヤ人の権利拡大は以下のようにしてなされた。「特権は、最初は個々のユダヤ人に与えられたが、やがて財産を持ち国家に有用なユダヤ人たちのやや大きな集団にも与えられ、最後にはすべてのユダヤ人に与えられた」（ET19　I一八）。

このことは、ユダヤ人たちが、国家、国民国家との間に独特の関係を持っていたことを意味している。すなわち、「ユダヤ人は十八世紀と十九世紀のあいだに、社会におけるその地位ではなく、政治体との関係によって規定された地位と機能とを持つ、ヨーロッパ諸国で唯一の集団となっていた」（ET24　I二二四）というのである。

いいかえれば、ユダヤ人は、社会における独立した階級を形成していない集団であった。彼らの社会における地位を決したのは、階級への帰属ではなく、ユダヤ人であるということであって、そのユダヤ人たる特定の個人の地位を決したのは、結局国家だったというわけである。

アレントによれば、こうして、ユダヤ人は、国民国家の保護に依存する存在となり、みずからの利害の擁護を国家そのものに頼ることとなった。また、その利害を擁護するために積極的に政党政治に参与するようなことはなく、政治的には受動的な存在、政治への不関与の立場を維持し続けた。

彼女によれば、まさにこうしたユダヤ人のあり方、国民国家との特殊な結びつき方が、二十世紀におけるユダヤ人の運命を決することになったという。すなわち、国家にたいする不信、憎悪を、ユダヤ人が浴びることになったというのである。そして、そのことが、国民国家の没落と反ユダヤ主義の昂揚が同時的であることの一つの説明となるというわけである。

「同化」の両義性

社会的な反ユダヤ主義を生みだし、また再生産していったもう一つの重要な要因は、「同化」の持っているある種の曖昧さであるとアレントは考えている。彼女は、同化ユダヤ人が非ユダヤ人社会とどのようにかかわったのかについて、ドイツの啓蒙主義ないしロマン主義の時代のサロン、ベンジャミン・ディズレイリの経歴、マルセル・プルーストが描く十九世紀末のフランス上流社会、さらにはドレフュス事件などを題材に検討している。彼女が描く同化ユダヤ人の非ユダヤ人社会に対する関係は、どれも、同化と差異化の緊張を強く孕《はら》んだ、両義的なものである。

同化ユダヤ人が非ユダヤ人社会、上流社会のメンバーとして認められるうえで、すなわち、「成り上がり者」（ET109　I一二八）となるうえで、重要なことは、皮肉にも、非ユダヤ人社会がユダヤ人に期待するような「ユダヤ性」なるものを、彼が持っているようにうまく見せることだとアレントはいう。

たとえば、ベンジャミン・ディズレイリは、自分の出自や身体的特徴などの「ユダヤ性」という、通例はスティグマとされるものを、みずからの政治的キャリアにむしろ巧みに利用する能力をもっていたと、彼女は描いている。

また、プルーストの『失われた時を求めて』で描かれる世紀末フランスの社交界や上流社会では、ユダヤ人が、まさに彼がユダヤ人であるがゆえに受け入れられ、そしてそうであるがゆえに排除されるという微妙なプロセスが描かれていることに、アレントは注意を向けている。つまり、いかに同化に努めても、彼が社交界に受け入れられるためには「ユダヤ人的」であることが求められ、その「魅力」なしには、彼はたんなるユダヤ人としてそこから排除される。けれども、彼が「ユダヤ人らしく」振る舞い続けるかぎり、彼は異質な者として扱われ続け、「背徳」の象徴にされてしまうというわけである。

こうして、ユダヤ人は、非ユダヤ人社会に同化した後も、「ユダヤ性」(それはユダヤ教という宗教的なものではないが、必ずしも人種的なものともかぎらない)なるものを、スティグマあるいは逆説的な「特権」として、社会によって再生産され、またみずからも再生産させられていくということに、アレントは注意を向けているのである。

結局、十九世紀の社会においては、ユダヤ人が同化すればするほど、また同化しようとすればするほど、彼らを異質なものとして刻印づけようとする、あるいは排除しようとするダイナミズムが働くのであり、したがってユダヤ人が完全に同化することは不可能だったというのが、アレントの結論であるといえよう。

政治的反ユダヤ主義

近代の反ユダヤ主義のもう一つの重要な側面あるいは現象が、「政治的反ユダヤ主義」とアレントが呼ぶものである。

「社会的反ユダヤ主義」が、十九世紀社会における、「解放」され、同化しようとし始めたユダヤ人の地位の曖昧さに由来するものであり、その意味で、ある程度までは、ユダヤ人の側における国民国家や上流社会にたいするかかわり方にも原因があるものであったのにたいして、「政治的反ユダヤ主義」は、もっぱら、社会的なユダヤ人憎悪や排斥とは直接関係はなく、むしろ、国民国家を中心とした十九世紀的政治秩序への攻撃という文脈においてのみ理解可能である。すなわち、汎民族運動における反ユダヤ主義、そしてそれに学習した全体主義運動の反ユダヤ主義が、この「政治的反ユダヤ主義」の典型例である。アレントはそれを「二十世紀の反ユダヤ主義」とも呼んでいる。

アレントによると、十九世紀の末になると政治的組織化のための象徴として反ユダヤ主義が使われるようになり、反ユダヤ主義を掲げる政党も現れてくる。それらの政党は、みずからを超階級的、超政党政治的な利害を代表すると僭称《せんしょう》し、その超政党的な政治の組織象徴として、反ユダヤ主義を利用したという。そして、こうした反ユダヤ主義の政治的利用は、第一章で見たように、汎民族運動において、大きな役割を果たすようになったのである。「政治的反ユダヤ主義」の本質は、なによりも、既存の国民国家秩序に対する反対運動、反国民国家的運動という性格にある。つまり、アレント自身が強調しているように、「社会的反ユダヤ主義」がそのまま政治運動になったわけではない。「政治的反ユダヤ主義」は「社会的反ユダヤ主義」を利用することはあっても、必ずしもその直接の政治的な表明ではなく、むしろ反国民国家の運動の組織化のためのモメントとしてそれを利用したにすぎないのである。

ドレフュス事件は、アレントの目には、この「政治的反ユダヤ主義」、あるいは社会的な反ユダヤ主義感情の政治的利用の最初の危険な実験であった。しかし、彼女によると、結局のところ、ドレフュス事件は、第三共和制の体制を破壊することはなく、フランスの国民国家秩序の意外な堅固さを示すことになっただけだという。すなわち、フランスでは国民国家秩序そのものへの反逆はほとんどなく、少なくともドレフュス事件がナチズムに直結するようなことはなかったと彼女は述べている。

一九二〇年代になると、反ユダヤ主義は、まさに「体制」との闘争のシンボルとして、ナチズムによってきわめて効果的に利用されることになっていく。ナチズムは、たしかに、汎民族運動のような、先行する反国家的な政治運動における「政治的反ユダヤ主義」の経験を継承する。しかし、ナチズムが十九世紀以来のこうした運動のたんなる延長だとは、アレントは考えていない。

それでは、汎民族運動の「政治的反ユダヤ主義」とナチズムにおける反ユダヤ主義とはどのような関係にあるのだろうか。何が違い何が継承されているのだろうか。

ナチズムの「モデル」としてのユダヤ人

すでに第一章でも見たように、世界観の次元においては、ナチズムは、汎民族運動から、反ユダヤ主義のイデオロギーの政治的利用を継承したとアレントは述べている。

しかし、ナチズムにおいては、反ユダヤ主義は、たんなる世界観ではなく、ナチズム自体の組織原理となり、運動のイデオロギーとなった。つまり、運動によって実際に実現されるべきプログラムとなったのである。ナチズムがはじめて、「イデオロギー的虚言を現実へと変える」（ET366　Ⅱ一九四）ところまで徹底する力を持ちえたのである。

アレントによれば、汎民族運動と反ユダヤ主義の結びつきがほとんど必然的であったのと同様に、ナチズムの人種イデオロギーがユダヤ人を最初の攻撃目標に選んだのも偶然ではないという。それは、ナチズムが言うような「民族共同体」のモデルを、ユダヤ人の存在の形態そのものが提示していると考えられたからである。すなわち、ネーションの枠を超えて存在する超国家的な「民族《フォルク》」とその「組織」のモデルをである。そして、この「類似性」こそが、ナチズムがユダヤ人を不倶戴天《ふぐたいてん》の敵と考えた根本的な理由だというのである。

ナチズムは、こうしたユダヤ人イメージ、そしてそれにもとづく政治組織を、有名な反ユダヤ主義文書である『シオンの賢者の議定書』を手本に作りあげたとアレントはいう（『シオンの賢者の議定書』は、二十世紀の初頭に流布した反ユダヤ主義パンフレットであり、今なお通俗書においておなじみの「ユダヤ人の世界陰謀」神話の原型をつくりだしたのがこの文書である）。

アレントによると、ナチズムは、『シオンの賢者の議定書』を、たんなる反ユダヤ主義文書としてでなく、来《きた》るべきナチズムによる「世界支配」のモデルを提示している教科書として利用した。ナチズムのプロパガンダは、

「ユダヤ人」を世界支配者に仕立て上げることによって、「最初にユダヤ人の正体を見抜いて戦った民族がユダヤ人の世界支配の地位を引き継ぐだろう」ことを保証しようと狙っ

た。現代のユダヤ世界支配のフィクションは、将来のドイツ世界支配の幻想を支える基盤となったのである。ヒムラーが、「われわれは統治の秘訣をユダヤのおかげで手に入れた」、それも「総統が暗唱するまでに学んだ」『議定書』のお陰であると断言したのは、この意味だった（ET533　Ⅲ九二）。

アレントは「反ユダヤ主義がナチ・フィクションの中心に動かし難く据えられた理由はこれ以外ない」とまで述べている。「政治的反ユダヤ主義」にとっては、ユダヤ人が現実に何であるかは、まったくどうでもよいことである。それは、全体主義にとっても同様である。しかし、全体主義は、すでに見たように、運動であり続けることを至上命題とする支配であって、そのためには、追放し、さらには抹殺すべき「敵」を作り続けねばならない。ユダヤ人は、ナチズムにとって、そしてある程度までスターリニズムにとっても、その「敵」として、格好の存在だったのである。

5　もう一つの二十世紀へ

歴史の自覚的に計画された始まりだけが、自覚的に工夫された新しい政治体だけが、人類から追放され人間の条件から分断された、ますます増え続けている人々を、いつの日にか再び統合することができるのである（*The Origins of Totalitarianism*, New York, 1951

〈以下 OT1951 と略す〉, p.439 〔OT631〕)。

アレントは、『全体主義の起原』英語版初版（一九五一年）の末尾近くでこう述べている。二十世紀は、新しい秩序を生み出せないまま、二つの世界大戦と全体主義の惨事を経験してしまった。それでは、アレントは、全体主義の向こうに、何か新しい秩序のイメージを持っていたのだろうか。

十九世紀的秩序の再建？

十九世紀的秩序の解体は、悲惨な結果をもたらした。国民国家の解体は、結局、「人権の終焉」にいたったし、階級社会の解体は大量の「見捨てられた」人々を生み出した。そうだとすれば、とりあえずの「対策」は壊れた十九世紀的秩序の再建ということになりそうである。

けれども、アレントにとって、それは現実に不可能であるし、望ましいことでもない。というのも、「人権の終焉」はたしかに国民国家秩序の崩壊によって引き起こされたとはいえ、そもそも、根本的な問題は、国民国家体制はヨーロッパ全体にさえ適用できないような特殊な秩序であること、また国民国家によっては、本当に根本的な人権（諸権利を持つ権利）は保障できないということであったはずだ。

階級社会の復活にいたっては、その現実性も正当性もますます疑わしい。というのも、旧いヨーロッパ的規範を解体していくもっとも根本的な力は、資本主義・産業社会の展開だったからだ。そのことに目を閉ざして失われた階級社会へのノスタルジアにふけることは偽善以外のなにものでもない。さらに、アレントの目には、階級社会と結びついた政党制も、その社会と運命をともにせざるをえないのであった。

新しい二十世紀の条件

むしろ、『全体主義の起原』に描かれた二十世紀像を陰画として見たとき、そこに新しい秩序の必要条件をかいま見ることができるのではあるまいか。そして、その新しい秩序は、本節冒頭の引用にも述べられているように、なによりも、「人類から追放され人間の条件から分断された、ますます増え続けている人々」を人類へと再統合できるような秩序であるはずだ。

それは、「諸権利を持つ権利」、すなわちなんらかの政治体に帰属する権利を保障できるような秩序であり、また、「見捨てられていること」を集団的現象として引き起こさないような秩序だといいかえることもできるだろう。

では、具体的にはそれはどのような政治秩序なのか。この二つの条件から、おぼろげながらあるイメージをうかがい知ることができよう。

まず、第一に、「諸権利を持つ権利」としての人権を保障できる体制とは、なんらかの形で国民国家を超えた政治体、あるいは少なくとも国民国家を超えたなんらかの権威を認めるような国家間秩序をふくむ体制である。そうした体制によってはじめて、母国を追放された人々も完全な無権利状態へと陥ってしまうことが避けられることになろう。もっとも、アレント自身は、『全体主義の起原』英語版初版では、この最も根本的な、その意味で唯一の人権の保障は「国際礼譲（comity of nations)」によるべきだと述べている（OT1951, p.437〔OT629〕）。

第二の、「見捨てられていること」を集団的現象として引き起こさないような秩序を具体的にイメージするのは難しい。けれども、それは、少なくとも、ある程度以上の大衆社会化を前提としつつ、つまり歴史的伝統的な慣習による共同性の存在に依存しないで、なおかつ人々の具体的な共同性を育み、またそれに根ざすような政治体でなければならないはずである。

そしてさらに、この二つの条件を結びつけるならば、一方できわめて具体的な参加の契機を持ちつつ（つまりローカルでありつつ）、他方では「人類」という普遍的な理念を担い、国境を越える任務にもかかわるという、そうした二面性を持つ政治体あるいは政治秩序構想であるということになろう。

次章以降でもおりにふれて言及するように、こうした政治秩序への問いはアレントの中で終生抱かれていたものと思われる。しかし、ここでは、第二次世界大戦直後の時期に書かれたある論文の中に、彼女の当時の関心を見ることにしたい。

「政党・運動・階級」

アレントは、一九四五年に「政党・運動・階級」(Parties, Movements and Classes, *Partisan Review*, vol.12, no.4〔Fall 1945〕〈以下PMCと略す〉, pp.504-512) と題された論文を発表している。この論文は、内容的にはかなりの程度、『全体主義の起原』と重複している部分も多いが、その中で、全体主義以外の「運動」についての言及があることが興味をひく。

この論文の中で、アレントは、国民国家の内部構造(この内部構造はナショナルな同質性と社会の階級への分化という二つの要素からなっているとされる) はもはや回復不可能であり、諸階級の利益を代表すると同時にネーション全体の意思を表現すると考えられていた議会も、ナショナルな同質性と階級への分化という条件が崩れた今となっては、機能を回復することは不可能であり、それらと結びついてきた政党もその存立条件を失いつつあるということを現状認識として確認している。

さらに、階級的基盤を持たない新たな政治組織である「運動」に「政党」がとってかわられつつあるという、『全体主義の起原』において展開される認識をも彼女は示している。そして、この「運動」のモデルは、ナチズム(彼女は「ファシズム」という言葉を使っているが、念頭に置いているのはドイツのナチズムである) と共産主義である。

しかし、この論文の中でアレントは、ナチズムと共産主義以外に、もう二つの運動がヨーロッパに存在したと述べている。それが、一九三〇年代の人民戦線と一九四〇年代のレジスタンスである。

彼女によると、これらの運動は、国際的なものであるが、それにもかかわらず、コミンテルンのように、大国によって独占されたものではない。

また第二に、これらの運動は、「古い政党制の外部に存在している」。この点ではナチズムや共産主義と同じとはいえ、人民戦線やレジスタンスは政党制の「解体」の結果ではなく「人民の政治的な再組織とその政治制度の新たな統合の企て」なのである。

アレントは、なかでも「人民戦線の真の相続人」であるレジスタンスをより重視しているように思われる。彼女によれば、レジスタンスは、人民戦線から、

（たんに諸階級ではなく）人民を政治の主体として主張するという原則を受け継いだだけでなく、正義、自由、人間の尊厳、市民の基本的責任といった政治生活の基本概念の復活に表現されているような、新しい政治的情熱をも継承したのである（PMC　p.511）。

そして、政党制が、階級へのネーションの分割を前提にして、経済的な利害を政治の中心に置いたのにたいして、レジスタンスや人民戦線はそうではなく、そのことがかえってマルクス主義者とブルジョワジーの双方の不信を買うことになったと彼女は述べている。

さらに、先にふれたように、アレントによれば、「人民戦線とレジスタンスは、はじめからネーションの枠組みを超えていた」。もっとも、アレントにとって運動とは、ナチズムや

共産主義、さらには汎民族運動の場合も、そもそもネーションの枠組みを超えるものだったことに留意しなければならない。

しかし、彼女によれば、この二つの運動は、ナチズムや共産主義と違って、「全世界を包括するようなプログラムを提起することはなかった」。彼らは、みずからに課せられた課題の命じるところに従って、自発的にネーションの枠を超えはじめたというのである。

とりわけ、レジスタンス運動は、すべてのヨーロッパ諸国において同時的に、しかしかなりの程度それぞれ独立に発生した。そして、これと同様に同時的かつ独立的に、彼らは連合したヨーロッパ（federated Europe）の観念を発展させたのである。次第に、彼らはお互いに知り合いお互いを認め合うように努め、ついにはよく似た要求と同じ経験によって結ばれた、一つの全ヨーロッパ的な運動の諸支部のようになるまでに至った。ドイツ占領下のヨーロッパの状況において、彼らがこのような画一性なき統一（unity without uniformity）を達成したということは、切迫した社会問題にしても政治的再建の問題にしても、彼らの直面している問題はどれも、まったくのナショナルなやり方ではもはや解決不可能だと、いかに深刻に彼らが感じていたに違いないかということを示している（PMC　p.511、傍点川崎）。

直面する問題そのものへの洞察に促された自発的な連邦化の構想、これはまさに、次章で述べるように、アレントが後年、アメリカ合衆国の建国に見いだすストーリーそのものであった。

一九四五年、ヨーロッパ文明の崩壊の年、新たなる零年において、切迫した政治的現実となった「人類」の理念に対応する連邦制、ネーションと階級社会に依存しない市民の自発的な秩序形成としての政治秩序への長い模索を、アレントは始めていたのである。

複数性への感謝

『全体主義の起原』英語版初版のなかで、アレントは、現代における道徳性の再建の必要性とその困難さについても言及している。彼女は、その根底に、近代における主観性の解放が結果的にもたらしたニヒリズムを見いだしている。

人間が成人に達したことの第一の惨憺《さんたん》たる帰結は、近代人が所与のものすべてに対して、彼自身の存在に対してさえ、ルサンチマンを持つようになったこと、すなわち、自分がこの宇宙と自分自身との創造者ではないという事実そのものに対してルサンチマンを持つようになったことである。この根源的なルサンチマンにおいて、彼は、所与の世界にリズムや理性を見ることを拒否する。彼にとってたんに所与であるに過ぎないすべての法に対するルサンチマンにおいて、彼は、すべては許されているとおおっぴらに宣言し、また、すべては可能だと密かに信じている。そして、彼自身が法を創造する存在であるということを知っており、そして過去の歴史のあらゆる基準にてらすならば、彼のその任務は「超人的」であるということを知っているが故に、彼は、彼自身のニヒリスティックな信念に対してまで、それがまるで悪魔の残酷なジョークかなにかによって彼に押しつけられたとでもいうように、ルサンチマンを抱くのである（OT1951 p.438〔OT630〕）。

「現代のニヒリズムの心理的基礎であるこのルサンチマンへのオルタナティヴ」として、アレントは「生命それ自体、人間と世界が存在するということといった、われわれにとって当然不可避的に所与であるようないくつかの根本的な事柄に対する根源的な感謝の念(fundamental gratitude)（傍点川崎）」を提示している。

アレントによれば、

政治の領域においては、感謝の念は、世界においてわれわれは一人ではないということを強調する。人間は生殖の能力を持つものとして創造されたのだという、また一人の人間ではなく複数の人間が地上には住んでいるのだという無上の喜びに対する洞察を通してのみ、われわれは、人類の多様性や、人間たちのあいだの差異——すべての人々の権利の本質的平等と、その結果生じる、われわれとは異なる人々によってなされたあらゆる偉業や悪行に対するわれわれの責任のまさにその故《ゆえ》に、それらはぞっとするものである——と和解することができるのである（OT1951 p.438〔OT631〕）。

人間の複数性の徹底的な擁護と「世界への愛」、政治思想家ハンナ・アレントの基本的主張はすでに準備されていたのである。

第三章　アメリカという夢・アメリカという悪夢

1　アメリカとヨーロッパ

例外の国・アメリカ

一九五一年に刊行された『全体主義の起原』で扱われている二十世紀とは前半の五十年間である。そして、その時点においては、二十世紀が全体主義の世紀であることはむしろ当然であろう。しかし、二十世紀の後半は、前半とはいささか様相を異にする。そして、その後半も含めた二十世紀全体を考える場合には、アメリカ合衆国という存在が非常に大きな意味を持ってくることも常識であろう。その意味においては、二十世紀はアメリカの世紀だといっても過言ではないだろう。

すでに、本書冒頭のアレントの略歴紹介でも述べたように、アレントは一九四一年にアメリカに亡命し、一九五一年にはアメリカの市民権を獲得している。つまり、亡命後のアレントにとっては、アメリカは生活の場であるだけでなく、彼女が著作物の読者として第一に想定したのもアメリカの知的世界であった。ドイツ語を母語として、哲学をその教養の中核として知的経験を重ねてきた者にとって、三十代後半にして、未知の国の読者たちにたいして、政治理論家として英語で著作活動をおこなうということは、当然ながら、大変な変化であったことは想像に難くない。

アメリカ合衆国の地で、アメリカの著作家として、多くの場合、主としてアメリカの読者たちを念頭に（この点についてはいくつかの例外はある）、著作活動をおこなっていった一九五〇年代以降のアレントにとって、アメリカ合衆国というものが、著作に現れた関心の大きな位置を占めるということは、ある意味では自然なことであった。だが、他方では、トクヴィル以来の多くのヨーロッパ人の観察者たちや同時代の亡命知識人たちにとってと同様、彼女にとってもアメリカは未知の異邦であった。では、彼女の目にはアメリカはどのようなものとして映ったのか。

アレント自身にとってアメリカは、全体主義運動の昂揚《こうよう》を免れたという点において、イギリスとともに、二十世紀の謎であった。では、アメリカには、全体主義に染まらない例外的な条件があったのだろうか。アメリカがもう一つの二十世紀たりえたのは、そこにもう一つの十八世紀、十九世紀があったからなのだろうか。

アメリカは（ヨーロッパにたいして）例外なのか、それともそうではないのかという問いは、アメリカ・ヨーロッパ双方から、常に問われてきた問いである。この問いにたいするアレントの答えは、アメリカの例外性にある意味では肯定的である。その根拠は、彼女によれば、十九世紀のヨーロッパ諸国の基本的な秩序である国民国家と階級社会という二つの特色を、アメリカはもともと備えていないということである。アメリカは歴史的・文化的統一性という意味でのネーションの一体性に依拠して成立した国ではない。また、十九世紀のヨーロッパの社会を特色づけるような強い凝集力を持った階級構造が見られないと彼女はいう。

したがって、アメリカは、十九世紀末から二十世紀前半にヨーロッパ諸国が経験するような国民国家の解体という苦境に遭遇することなく、また、ヨーロッパ諸国のように、大衆社会の出現を階級社会の解体として経験することもなかった——というのも、アメリカはもとから大衆社会だった。つまりアメリカにおいては、十八世紀、十九世紀の時点で、すでにネーションと階級社会によらない政治的な統合の実験がなされていたというのである。

だが、アレントは、アメリカとヨーロッパを全く別の世界として見ていたのだろうか。

「夢と悪夢」

アレントは、一九五四年に「夢と悪夢」、「ヨーロッパと原子爆弾」、そして「画一主義の脅威」という三つの論文をある雑誌に連続して発表している。この三本の論文は、アメリカの「例外性」をアレントがどう考えていたかを見るうえで、非常に興味深いものである。「夢と悪夢」（EU409-417 Ⅱ二五四—二六四）は、ヨーロッパがアメリカにたいして抱いてきたイメージについて論じた論考である。アレントによると、ヨーロッパ人が抱くアメリカ像は、現にあるアメリカの姿の写実的な描写というよりも、ヨーロッパ人たちがアメリカに見いだそうとするイメージの反映である。

こうしたアメリカのイメージは、ヨーロッパ人によるアメリカ大陸の発見にまで遡《さかのぼ》るとアレントはいう。そこでまず最初に現れるイメージは、「新世界」である。「新世界」とは、自由と平等の新しい理想・理念がアメリカに投射された時に生まれたイメージだというのである。平等や自由という理念それ自体は、トクヴィルがいうように、もともとはヨーロッパに起源がある。しかし、それが政治的現実として実現されたのは、ヨーロッパではなくアメリカにおいてだった。「合衆国においてのみ、アメリカ共和国の樹立を通じて、このイメージは政治的現実化を見た（EU410　Ⅱ二五五）」というのである。

このように、平等と自由というアメリカにたいするヨーロッパのイメージは、アメリカ革命を通じて、現実のものになった。しかし、それとともにアメリカとヨーロッパは別の世界になっていった。すなわち、新世界や自由と平等といった、ヨーロッパがアメリカにたいして抱くイメージが、アメリカで起きる出来事のモデルにはならなくなっていったのだとアレントはいう。

アメリカ革命以降、アメリカは、ヨーロッパのある人々にとっては夢であり、ある人々にとっては悪夢になった。十九世紀の半ば過ぎまでは、「欠乏と圧制からの自由」や「過去の重みにたいする人間の自律と力の自己主張」を求める人々にとっては、アメリカはまさに夢の地であった。しかし、このことは同時に、過去との訣別であり、新しい自由という近代がもたらした発展に恐れを抱く保守的な人々にとっては、まさに悪夢として現れたというのである。いいかえれば、アメリカが夢であったり悪夢であったりすることは、アメリカ自体のあり方によってではなく、むしろそれを描くヨーロッパの著述家たちの意見によって決められたわけである。その意味で、ヨーロッパ人の抱くアメリカ・イメージは、「ヨーロッパ文明の最も最近の特色がほとんど薄められない純粋さで展開している現実についての、しばしばとてつもなく誇張され歪められた描写（EU411　二五六）」にほかならなかったのである。彼らは、アメリカの中に、自分たちが期待している、あるいは恐れているヨーロッパの未来像を見いだしていたのである。

アレントによると、このことをきわめて自覚的におこなったのがトクヴィルであった。トクヴィルは、アメリカをヨーロッパとは違う特殊な、例外的な世界として見るのではなく、「フランス革命の真のレッスンを学ぶため」、また「平等の未曾有《みぞう》の条件のもとにおいて、人々と社会にいったい何が起きるのかを知るため」にアメリカに赴《おもむ》いた（EU411　Ⅱ二五六）。そして彼は、ヨーロッパもアメリカと同じ歴史の方向に向かっており、やがてはアメリカのようになるという認識に達したというのである。すなわち、彼は、アメリカがヨーロッパ文明の産物であることを前提として自覚したうえで、アメリカに、デモクラシーそのもののイメージ、平等原則が全面的に展開した社会のイメージを見ようとしたのである。

アレントは、ヨーロッパとアメリカを基本的に一つの文明のもとに捉えようとするこうしたトクヴィル的な見方を、大筋において肯定している。彼女自身にとっても、アメリカは「ヨーロッパ的人間の最大の冒険（EU412　Ⅱ二五八）」であり、まさにヨーロッパに生まれた理念が生みだした政治体、社会なのである。

「画一主義の脅威」

「ヨーロッパと原子爆弾」論文（EU418-422　Ⅱ二六五―二七一）では、主に技術の問題がテーマとして扱われているが、ここでもアメリカをヨーロッパから例外視しないという、同様の視点が貫かれている。アレントによると、ヨーロッパの人たち、特に二十世紀のヨーロッパの知識人たちは、技術文明をアメリカ的なもの、ヨーロッパとは異質なものとして特徴づけたがる傾向が強い。しかし、近代における技術文明の発展は、原子爆弾につながる技術の開発をも含めて、もともとはヨーロッパ起源のものであり、そのクライマックスが最初に訪れたのがアメリカだっただけで、いずれ時が来れば、ヨーロッパ諸国も核兵器開発に着手するだろうと彼女はいう。ちょうど、そのことは自由と平等の理念の政治的現実化のクライマックスが、最初にアメリカで起きたのと同じだというわけである。したがって、核兵器に集約的に表れているような技術がもたらす問題についても、アメリカとヨーロッパは共通の問題に直面していることを彼女は強調している。その意味で、先に述べたようなトクヴィル的な見方を、技術文明という問題についても、彼女は抱いていたわけである。

同様のことは「画一主義の脅威」論文（EU423-427　II二七二―二七七）についてもいえる。この論文が発表された一九五四年は、マッカーシズムがようやく終息を迎えようとする時期であった。したがって、このタイトルとなっている「画一主義」という言葉が、まずなによりもマッカーシズムを指していることは明らかである。けれども、この論文は、必ずしもマッカーシズム論というわけではない。アレントによると、マッカーシズムの脅威はヨーロッパで大変強調されているが、マッカーシズムにおおっぴらに反対する人たちがアメリカにはいるということが、ヨーロッパには十分に伝えられていないというのである。彼女によると、トクヴィル以来、ヨーロッパでは、アメリカは画一主義的な社会だというイメージが根強くもたれており、マッカーシズムはこのヨーロッパのアメリカにたいする先入見、彼らのアメリカにたいする「悪夢」に非常によく合致したというのである。

他方、アレントによれば、アメリカ人たちは、ヨーロッパの人々がマッカーシズムにたいして抱く危惧の深刻さを理解できていない。というのも、彼らには全体主義の経験はなく、それはアメリカでは起こりえないことだと決めつけているからだというのである。

だが、アレントは、この双方の態度を批判する。彼女によれば、画一主義はアメリカ特有の現象ではないし、他方、全体主義はアメリカに起こりえないわけではないのである。

画一主義の危険とそれが自由に対して与える脅威は、全ての大衆社会に内在している。しかし、そのことの重要性は、イデオロギー的宣伝と結びついたテロルの恐怖の陰に近年は隠されている（EU425　Ⅱ二七五）。

つまり、大衆社会がすでに存在するところでは、全体主義的要素は画一主義に依拠しうるし、テロルや暴力を使わなくても全体主義前夜のような状況を作ることができるというのである。

アレントによれば、階級社会の経験を持たないアメリカは、もともと大衆社会であった。しかしながら、アメリカでは大衆社会がいまだ全体主義を生み出してはいない。その理由は、彼女によると、アメリカには連邦憲法をはじめとするさまざまな自由の制度があるからである。しかし、このことは裏を返せば、憲法が傷つけられたり、自由の諸制度が十分機能しなくなれば、アメリカもまた全体主義を免れることはできないということである。

他方、当時においてはすでに、ヨーロッパもまた大衆社会化してしまっているとアレントはいう。そして、ヨーロッパの知識人たちがしばしば誇りとする慣習や伝統は、ヨーロッパでもすでに効力を失ってしまったというのである。だとすれば、ヨーロッパもまた画一主義の脅威にさらされており、その防壁となるものは、とりあえずは、第二次世界大戦後にアメリカから輸入された憲法や自由の諸制度しかないのである。ということは、ヨーロッパもアメリカも、画一主義の脅威を前にした状況においては基本的に大差なく、ヨーロッパに起こりえたものは全てアメリカに起こりうるだろうし、その逆もまた真なのだというわけである。

結局、アレントにとっては、二つの大陸の歴史は基本的に同じであって、ヨーロッパ人たちが恐れるアメリカ化というのは、いわば現代的な世界の出現にほかならない。つまり技術の問題などと同様に、画一主義の問題も特殊アメリカの問題ではなく、現代の大衆社会そのものの問題であり、現代文明全体にかかわる問題でもあるというのである。その意味でアメリカは現代の問題の第一走者であり、普遍的な問題を体現しているというのである。

自由の諸制度と膨大な富

ここで紹介した三つの一連の論文は、ヨーロッパとアメリカの抱える問題が共通していることを強調している。ヨーロッパとアメリカに共通する、西洋文明そのものが共有する問題が、もっとも鮮明な形でいち早く姿を現す場、西洋文明の夢と悪夢が先鋭的に立ち現れる場が、アメリカだというのである。それはまさに、トクヴィルがかつて述べたように、アメリカにアメリカ以上のものを見いだす、つまりアメリカに普遍的な意味を見いだすことを、彼女も企てようとしていることを示している。

その意味では、この一連の論文はアメリカ例外主義的な視点とは全く反対の見方に立っており、そのことはアレントのこのほかのアメリカ論全体を通じてもほぼ当てはまるように思われる。けれども、彼女は、特殊アメリカ的なものの存在を全く否定しているわけではない。事実、この一連の論文の中でも、二つの特殊アメリカ的な要素を彼女は指摘している。

第一は、自由の諸制度、具体的にはアメリカの憲法体制である。先に見たように、それは二十世紀の普遍的現象としての大衆社会、画一主義、そして全体主義への危機にたいする大きな防波堤であることが強調されていた。晩年までアレントは、それが危うくされつつあることに危機を感じながらも、アメリカの憲法体制への根本的な信頼を持ちつづけた。それがこの時代の、とりわけドイツから亡命した知識人の中における彼女の非常に大きな特色だといえるだろう。

第二は、アメリカが持つ例外性としての、膨大な富である。彼女は先に紹介した「夢と悪夢」の後半部分で、アメリカの富の問題を論じている。アメリカの富は、ヨーロッパ世界から見た場合、両者を理解不可能なまでに隔てるものとして映り、マルクス主義者たちはそこに世界的な階級秩序を投影する。そして、かつては貧しい人々にとっての憧れの国だったアメリカが、いまや金持ちの天国、ブルジョワの国とイメージされるようになってしまった経緯について、批判的に検討している。

このアメリカの特色としての、自由の制度化と富という問題は、たまたまこの一連の論文で浮かび上がってきたというのに留まらず、アレントのアメリカ像を決する二つの焦点を構成することになる。『革命について』は、貧困との戦いと自由の制度化という二つの革命像、そしてそこに連なる二つのアメリカ像を焦点に描かれることになるのである。

2　『革命について』

二つのアメリカ像

今日、アメリカ史の見方には、共和主義的解釈と呼ばれる見方と自由主義的解釈と呼ばれる見方があるといわれる。これは単純化すると、アメリカの政治史において共和主義的な要素と自由主義的な要素とのいずれを重視するかという対立である。

共和主義とは、今日一般にはあまり耳にしない言葉だが、古典古代ギリシアのポリスの政治やとりわけ古典古代ローマの共和政の政治を理想とするような政治・秩序観である。そこでは、市民は「徳」を持っていることが期待される。この「徳」とは、政治にみずから積極的に参加し、公共的な役割に献身し、いざ戦争の時には国のために勇敢に命を捧げることができるような、能力と気質のことである。市民――奴隷などではない自由人――にとっての正しい生き方とは、こうした「徳」を発揮するような生き方であり、そのような市民の「徳」を政治の中心におくような政治観が共和主義である。

したがって、裏を返せば、共和主義的な政治・社会観においては、経済活動を通じた私的利益の実現やその擁護にたいする評価は基本的にきわめて低く、しばしば農本主義的なスタティックな社会像と結合することになる。

他方、自由主義は、政府や政治からの自由、あるいは経済活動などの私的活動の自由を重視する。そこでは政治への参加は私的な利益や権利を防衛するための道具であり、それ自体に意味があるわけではないと考えられる。そして、商業や工業の発展をめざすダイナミックな社会像とも親和的である。

アメリカにおいては、この二つのどちらの政治観が、アメリカ合衆国の政治や社会にとってより本質的であるか、より重視されるべきであるかという問題は、歴史の見方にとどまらず、今日の社会像をめぐる対立としても、今なおしばしば語られる。たとえば、ロバート・ライシュのいう「シヴィック・カルチャー対ビジネス・カルチャー」も、こうした対立の現代版といえよう（なお、ここでいう「共和主義」と今日のアメリカの「共和党」には、直接の関係がないことはいうまでもない）。さらに、この二つの歴史観、そしてその背後にある二つの政治観の対立は、政治に参加することが自由の本質なのか、あるいは政治の干渉から離れた経済活動等々の自由こそ自由の本質なのかという、アメリカの自由についての二つの解釈の対立にも、当然つながっていくことになるのである。

『革命について』は、実は、この二つのアメリカ像の対比としても読むことができる。そこで、このことを念頭におきながら、『革命について』の中身を少し立ち入って見ていきたい。

二つの革命観

『革命について』は、基本的にフランス革命とアメリカ革命という二つの革命の比較考察から成り立っている。この比較で問われているのは、革命とは政治制度の変革なのか、社会経済的な関係の変革なのかという問題である。アレントによれば、従来、マルクス主義的な革命観の影響などもあって、革命は主として社会経済的なファクターを重視しつつ理解されてきたという。フランス革命やロシア革命が、革命の典型と考えられてきたことの背景にはこうした革命観があった。というのも、これらの革命においては、貧困などの社会問題の解決といった経済的な問題の解決をめざすことが、極めて重要な目標とされたからである。彼女によると、こうした革命像にたいする唯一の例外がアメリカ革命である。というのも、そこでは社会問題への配慮は大きな意味をもたず、むしろ「新しい政治体」、「新しい政体(form of government)」の創設がテーマだったというのである。

アレントは、マルクス主義的な革命観を批判しつつ、革命を、あくまでも政体の変革、つまり新しい政治体を新しく創設することとして把握する。そして、そうした革命観に立つとき、フランス革命やロシア革命ではなく、アメリカ革命こそが、少なくとも比較の上では、成功した革命として捉えられるということになる。

また、彼女によれば、革命によって社会問題を解決することは不可能である。フランス革命やロシア革命が恐怖政治へと堕落したのは、それを強行しようとしたからにほかならない。

このように、たしかにアレントによるアメリカ革命とフランス革命との対比は、フランス革命批判であると同時に、革命を社会経済的に解釈するマルクス主義批判でもある。しかし実は、この比較で問われているのは、先に述べた二つのアメリカという問題でもあるのではなかろうか。

アレントは、独立宣言の中の「生命、自由、および幸福の追求」という言葉の、「幸福の追求」の解釈を『革命について』の中でおこなっている。それによると、十八世紀当時よく使われていた「生命、自由、財産」という表現の、「財産」を「幸福の追求」に入れ替えて作られたのがこの言葉であり、この場合の「幸福の追求」とは「財産」という言葉に象徴されるような経済活動などの私的な幸福の追求ではなく、公的な幸福の追求、すなわち政治参加の権利を指しているのだというのである。

「幸福の追求」についてのアレントのこの解釈は、アメリカ革命の本質を、所有権の擁護や信仰の自由のような政治からの自由に見るアメリカ革命像、いわば自由主義的なアメリカ革命像にたいして、公的幸福の追求、すなわち政治参加への情熱とその制度化にこそその本質を見ようとする、その意味で共和主義的なアメリカ革命像を、彼女が自覚的に対置させていたことを端的に表している。革命が経済の問題なのか、それとも政体の問題なのかという対立は、アメリカ革命解釈の中にも現れている。そして、そのアメリカ革命解釈の問題は、アメリカ合衆国＝共和国とは何かという問題、二つのアメリカの問題へとまさにつながっているのである。

このように見るならば、『革命について』は、一見フランス革命やロシア革命、そしてこの両者にたいするマルクス主義的解釈にたいしてアメリカを擁護しているように見えながら、その実、痛烈なアメリカ批判としても読みうるのではなかろうか。

アメリカ革命の結果は、革命の出発当時の目的と異なって、ずっと曖昧なままである。そして統治の目的が繁栄にあるのか自由にあるのかという問題はこれまでに解決されていない（OR136　二〇七）。

繁栄か自由か、二つのアメリカ像の間で、アレントはこの革命の本来の目的が政治参加という意味での自由にこそあると考える。そこで、以下では、アメリカにおける「自由の制度化」をアレントはどのように考えていたのかを見てみたい。

権力の樹立

「革命の目的は自由の創設である」（OR142　二二三）。アレントは革命の目的をこのように明確に述べている。では、政治的自由の制度化はどのようになされたのだろうか（以下、OR141-178　二二一―二八九、とりわけOR165-178　二五五―二八九を参照のこと）。

この自由の制度化の中核を担うのは、アメリカの憲法体制である。しかしながら、アメリカの憲法体制の本質的意義は、市民的自由の保障にではなく、むしろ人民が自分たち自身を政治的に組織化する行為としての自由の創設、いいかえれば、まったく新しい権力システムの樹立にこそあるとアレントはいうのである。つまり、権力をどのように制限するかではなくて、どのように権力を樹立するかということこそが、建国の父たちの課題だったというのである。

アレントによれば、イングランドの国王と議会が持っていた権威と権力から独立した以上、これにかわる新しい権力の源泉を求めること、いいかえれば、権力がないところにどうやって権力をつくるのか、そこにこそアメリカ革命の第一の課題があるはずであった。だが、実は、アメリカ革命の時点において、この権力の樹立はすでになされていたというのである。彼女によると、それは、植民地時代を超えてメイフラワー号にまでさかのぼるという。すなわち、植民地時代においてすでに、植民地の人々は、自治体に自分たち自身を組織していた。それがアメリカの権力の源泉だったというのである。そして、彼らは、革命後はそれをより大きな単位に、州や連邦にいたるまでのさまざまなレベルの政治体に、次々と積み重ねていったのである。しかし、その場合も、州や連邦の憲法を制定する憲法制定権力の根拠は、常に下位の次元の組織にあった。

いいかえれば、アメリカ革命は、植民地時代にすでに見いだされていた「アメリカの新しい経験と新しい権力概念を公の場に持ちだした」のである。そして、アメリカ革命の人々は、革命とともに、「社会契約の観念を実践に」移した、すなわち、アメリカの経験と「新しい権力概念」への洞察により、相互的・水平的な「約束」によって政治体をつくるという、新たな企てに乗り出したのだとアレントは述べている。

その企て、ならびにそうして作られた政治体の特色として、次のような点があげられている。第一に、それは、「権力は人民にあり」という共和政の基本原則を文字通り体現したものである。また、第二に、それは、主権なき権力の存在を体現している。すなわち、植民地時代にはこうした政治体に主権がないのは当然だが、にもかかわらず、そこにはすでに十分な権力が存在した。そしてこのことは、独立・連邦成立後も変わらず、連邦憲法体制は必ずしも主権国家という形をとっていないとアレントはいう。

第三に、こうした相互的・水平的な約束によって政治体をつくるという発想は、政治体相互が連合して拡大していくという連邦制への可能性を持っている。そして第四に、こうした原則で政治体がつくられる以上、ネーションが政治体の基礎になることはなく、過去と起源の同質性は不要になる。政治体をつくるための要件は均質性にあるのではなくて、政治体に参加して共同で事をなそうという決意のみが条件となるのである。

革命に際して、権力はすでにそこにあった。革命は、植民地時代の長い間になされてきた「自由の構成」に、明確な表現と永続的な制度化を与えただけなのである。その意味では、革命がアメリカに新しい政治体制をつくったわけではない。しかしこの明確な表現と制度化なしにはアメリカに生まれた新しい権力概念は生き延びえなかっただろう。そして、連邦憲法の制定は、こうしたアメリカの権力の経験にもとづいて、そのことを確認したのだとアレントは述べている。

要約すれば、アメリカ革命は権力の樹立という問題には直面したが、それは、すでに自分たちが長い間やってきたことを再確認することで乗り切ることができたとアレントはいう。むしろ、独立後に直面したより深刻な課題は、権威の設立、すなわちこの新しい政治体、新しい権力に永続性を与えるものとしての権威をいかに調達するかという問題であった。

権威としての司法制度

次に革命政権における権威の問題、いかにしてアメリカ憲法体制が正統性を獲得したのかについてのアレントの見解を見てみたい（以下、OR179-214　二九一―三四九を参照）。

新しい始まり、すなわち歴史の断絶に生まれる革命政権にとって、どのようにしてみずからの正統性を獲得するかは常に重大な問題である。その場合、しばしば正統性の根拠は、宗教的な認証や「理性」や「自然」などといった、政治秩序の外部に動かしがたい形で想定された絶対者に、その基礎づけが求められたとアレントはいう。そして、彼女によれば、アメリカ革命においても、そうした側面がないわけではない。

しかしアレントは、アメリカ革命においては、これと異なる正統性原理、権威観があることを重視する。それは、古代ローマ的な権威概念の再興とでもいうべきものであった。アメリカ建国の父たちが、新しい共和政をつくるうえで、なによりも模範としたのはローマの共和政である。彼女によると、その国制の本質は、キケロの有名な言葉「権力は人民にあり、権威は元老院にあり」に集約されているという。たしかに、すでに見たように、アメリカにおいても「権力は人民にあり」は実現されていた。では、権威の所在たる「元老院」に相当するものはどこにあるのだろうか。

　アレントによると、ローマにおいては、権威と伝統と宗教は不可分であった。すなわち、権威という観念は、ローマの建国の祖たちにたいする伝統的・宗教的な尊敬と結びついている。そして、元老院とは、ローマを建国した祖先たちを体現する制度だというのである。

　もちろんアメリカ革命では、このような伝統を援用することはできない。しかし、アレントは、ローマの権威の本質は古さにあるのではないという。権威の源泉は、建国の行為そのものだというのである。すなわち、ローマの建国という行為、そして建国されたローマという政治体自体を、神聖なものとして見ることこそがローマ的な権威観の本質をなしていたというのである。したがって、古さが重要ではないとすれば、アメリカにおいても建国の行為、そして建国されたアメリカ共和国自体を神聖視することができれば、あとはその尊敬をどう政治制度として具体化するかということが課題となるというわけである。

　アメリカで、創設の行為そのものが持つ権威を体現した制度は、アレントによれば、「元老院」に由来する名前を持つ「上院」ではなく、憲法、最高裁判所を頂点とする司法制度、そしてアメリカ特有の司法審査制度（違憲立法審査権）による「一種の連続的な憲法作成」という制度であった。憲法および最高裁を頂点とする司法制度こそが、ローマにおける元老院のように、アメリカの建国の精神を保存・体現している権威の機関として、アメリカにおいては機能したのだと彼女は考えた。そして、それゆえに、超越的・政治外的な正統性の「基礎づけ」はアメリカにおいては不要だったと彼女は結論づけている。

いいかえれば、新しい政治体の創設行為、その創設の原理、そして創設された政治体自体が尊敬を受けることができるならば、そして、創設の精神を制度的に具体化できる保守的・安定的な要素が憲法体制の中にあるならば、政治体は権威をみずから調達できるということである。裏を返せば、そもそもの創設においてそのような尊敬がなければ、つまり正統性が疑わしいものとされていたならば、いくら外的な根拠にもとづいて正統化しようとしたところで、うまくはいかないということになろう。アレントは、新しさと永続性の両方の要素が革命には必要だということを、以下のように述べている。

どんな革命でも、その最大の出来事は創設の行為である限りは、革命の精神は、互いに和解しがたく矛盾さえしているようにみえる二つの要素をふくんでいる。新しい政治体を創設し、新しい政体を考案するという行為は、その新しい構造の安定性と耐久性にたいする重大な関心を、そのうちにふくんでいる。他方、この重大な任務にたずさわっている人びとは、始めるという人間の能力へのわくわくするような自覚、つまりこの地上における何か新しいものの誕生にいつも伴うあの高揚した精神、をかならず経験する。このような安定性にたいする関心と新しいものの精神というこの二つの要素が、政治の思想と用語法において——一つは保守主義と同一視され、もう一つは進歩的リベラリズムの専有物だと主張されている——互いに対立するようになったという事実そのものが、われわれの喪失の兆候の一つであると認めなければならない（OR222-223　三六一—三六二）。

新しい政治体をつくり出す権力と、成立した権力にたいして永続性を付与する権威という二つの要素は、まさに革命のこの二つの側面を体現しているのである。

革命のモデルとしてのアメリカ

以上に見てきたように、アメリカ革命は、相対的には政治的自由の制度化に成功したとアレントは考える。共同して政治体をつくろうとする者たちの相互的な契約によって生まれる権力、そこに含まれる共和政と連邦制の原理、さらに創設行為・政治体そのものの持つ権威の承認などが、アメリカでは例外的に成功している。そして、それはアメリカ独特の権力概念と、憲法と司法によって担われる権威というアメリカ独特の権威観の具現化だったのである。

たしかにアメリカ共和国の建国は、「ローマの再建ではなく、新しいローマの創設」である（OR212　三三七—三三八）。さらに、連邦制による大きな共和国というのは、思想史的に考えても非常に大きな新しい出来事である。こうした点から考えれば、アメリカの国制・憲法体制はたんなるヨーロッパの伝統の延長ではない。

けれども、他方では、アレントの見るところ、アメリカ革命を担った人々は、古典古代以来のヨーロッパの政治の実践と思想、とりわけ共和政ローマを範と仰ぐ共和主義の伝統に強く影響された人々でもあった。「政治的自由」をなによりも重視する公的幸福の追求は、ヨーロッパの共和主義の伝統であり、アメリカ革命もその伝統の中にあったというのである。

そして、だからこそ、アレントの目には、アメリカ革命には特殊アメリカ的でない普遍的な、少なくとも西洋文明内部においては普遍的な意味があると映った。アメリカ革命が「ヨーロッパ的人間の最大の冒険」であるのは、この革命がこうした普遍的な意味を持っているとアレントが考えているからにほかならない。それはアメリカ革命を特殊アメリカ的な出来事であるがゆえに是認した、エドマンド・バークの評価とは正反対のものだといえよう。

しかし、アレントは、アメリカ革命を全面的に成功したものとして称賛しているわけではない。アメリカ革命もまた「革命精神の制度化」、すなわち公的業務への熱意、あるいは私的利益の擁護のためではない政治活動それ自体への関心にもとづく市民の政治への参加を、定着させることには失敗したというのである。

彼女によれば、アメリカ建国の父たちのなかでも、ジェファーソンはこの問題に気づいていた。それゆえ、ジェファーソンは引退後、「ウォード」というごく小規模な「共和国」を政治の基本単位として設定して、それをピラミッド型に積み重ねていく政治体制を構想した。そして、その政治の最小単位において、政治への市民の参加を実質的なものにしようと考えたのである。

評議会制

アレントは、このジェファーソンの構想ないし夢想に好意的に注目し、それを、フランス革命における「革命協会」や「地域評議会」、一八七一年のパリ・コミューン、一九〇五年・一九一七年のロシア革命におけるソヴィエト、一九一八―一九年のドイツ革命におけるレーテ、一九五六年のハンガリー革命における評議会などの、ヨーロッパの諸革命における、短命ではあるが反復的な、評議会システムの出現と結びつけて論じている（以下、OR215-281　三五一―四五八を参照）。

トマス・ジェファーソン

ソヴィエトをはじめとするヨーロッパの諸革命での実践と、アメリカ革命において現れた共和主義的な構想をつなぐこと。ヨーロッパの共和主義の伝統と、革命において繰り返し現れる評議会とを、一つの精神の現れとして見ること。そこに、古代ギリシアのポリスからジェファーソンの「ウォード」の構想、そしてパリ・コミューンやソヴィエトへとつながる系譜の存在を彼女は示唆している。

彼女にとって、評議会制は、政党制・代議制にかわるべき政治体制であった。評議会制の第一の特色は、その成立における「自発性」である。これらの評議会は、職業的革命家や、前衛党によって準備されたものではなかった。むしろ彼らは最後にはこれを抑圧する側に回ったとアレントは述べている。

第二の特徴は、評議会が「活動 (action) の機関であると同時に秩序の機関」だということである。すなわちそれは「自由の空間」であり、かつ「自由の空間」として自己を永続的なものたらしめること、つまりは「真の共和国」となることをめざしたのである。

第三に、それは連邦の原理と結びついていることである。一九一七年二月(ロシア暦)のロシアにおいても、一九五六年のハンガリーにおいても、各地に生まれた評議会はそれぞれ地域的な上級評議会を形成し、ついには全国的な統合をなしとげた。すなわち、彼らは連邦の原理の上に新しい共和国をつくろうとしたのだと彼女は述べている。

評議会とは、直接、市民が意見を相互に闘わせる公的空間である。そしてそれは、後に述べる彼女の「活動」という観念を中心とした政治像と親和的だとアレントは考えるのである。したがって評議会、つまり基本的単位としての共和国は、それに見合った規模でなければならず、だからこそ連邦制と結びつく必要があると彼女は考えていたのである。

こうした評議会制は、結局のところ、普通選挙を通じて代表を送り出す代議制とは違い、最終的にはみずからが政治の場に出ていきたい人間が自分自身で、あるいは仲間から認められて出ていくものである。つまり、それが公的空間への自発的な参加の機関である以上、全市民に参加を強制的に求めることはできない。そして、その結果、政治にみずから参加する者としない者とが生まれ、そこに政治的「エリート」が生まれうることを、アレントは認めている。

ところで、政党制については、『全体主義の起原』でも論じられていた。そして、そこではイギリスとアメリカの二大政党制が、多党制とは権力の原理が違うものとして肯定的に評価されていた。しかしながら、『革命について』においては、アレントは次のように述べている。

統治の装置としては、ただ二党制だけがその生存能力と同時に憲法上の自由を保障する能力を証明してきたのは真実であるとしても、それが達成したのはせいぜい被支配者による支配者にたいするある程度のコントロールであって、市民が公的業務の「参加者」になることを可能にすることができなかったというのもまた真実である。市民が望みうることは、せいぜい「代表される」ということである（OR268　四二五―四二六）。

つまり、政治参加の制度としては、政党制は、アメリカにおいても必ずしもうまく機能していない。それどころか「活動と公的業務への参加」、つまり政治参加は、「評議会にとっては自然の熱望であるが、他方、いつも代表することをその第一義的な機能とするような制度」、つまり政党制にとっては「堕落と逸脱の兆候」だと評価している（OR271-272　四三〇）。これは、政党がさまざまな議会外的な運動を組織することや、政党にたいする圧力団体活動などを念頭に置いていると思われる。彼女は、代議制は事実上、寡頭政治になっているという。

今日われわれが民主政と呼んでいるものは、少なくとも一般に考えられているところでは、多数者の利益のために少数者が支配する政体である。この統治は、人民の福祉と私的幸福をその主たる目的にしているという意味で民主的である。しかし、公的幸福と公的自由がふたたび少数者の特権となっているという意味では、寡頭政的と呼びうるのである（OR269　四二七）。

要するに、政治的自由の制度化、そして革命精神の制度化にたいしては、政党制はうまく機能しないというのが、少なくとも『革命について』におけるアレントの評価であった。

革命に先立つ貧困からの解放

アレントにとって、「豊かさ」はアメリカのもう一つの例外性であった。彼女によれば、アメリカは植民地時代において、すでに十分な豊かさを享受していた。

地上の生活は稀少性に呪われているのでなく、豊かさに祝福されているかもしれないということの疑いあるいはむしろ確信は、その起源において革命に先立つものであり、アメリカ的なものであった。それはアメリカ植民地の経験から直接に生まれてきたのである（OR22　二九）。

近代が、ユニークな技術的発展によって、それまでつねに永遠なものと考えられていた、まったくの貧困のみじめな悲惨さを一掃する手段を実際に発見するずっと以前に、アメリカは貧困なき社会のシンボルとなっていた（OR23　三〇）。

そして、すでに植民地時代にアメリカでは貧困の問題がある程度解決されていたということが、アメリカ革命の過程において、社会問題の解決が革命の急務とはならなかった原因だというのである。「すべての革命はその起源において社会的なものであるという十九世紀の偏見は、依然として十八世紀の理論や経験にはまったく欠けていたのである」（OR67　一〇一）。

アメリカ革命をのぞくすべての革命に、もっとも緊急かつ政治的にもっとも解決困難な問題を投げかけたもの、つまり、大衆的貧困のおそるべき苦境という形での社会問題は、アメリカ革命の経過ではほとんど役割を果さなかった（OR24　三二）。しかし、それはなにもアメリカの自然的恵みだけによるのではない。

〔アメリカでは〕貧困からの解放が自由の創設に先行していた。というのも、アメリカの初期の前革命期の繁栄は、……少なくとも部分的には、旧世界の国々ではけっしておこなわれていなかったような、貧困からの解放のための意識的で集中的な努力の結果だった（OR138　一二〇、補注川崎）。

アレントによれば、貧困の欠如は、公的幸福、政治的自由を重視するアメリカ革命にとっては、革命の成功の決定的な前提条件である。フランス革命は、社会問題、貧困の重みに結局押しつぶされてしまったと彼女はいう。「大衆が貧困の悲惨さに喘いでいるところでは、いかなる革命も、すなわちいかなる新しい政治体の創設も不可能である」（OR222　三六〇）。

もっとも、彼女も、アメリカに社会問題が全くなかったといっているわけではない。とりわけ、まさにある人々を貧困から解放する暴力と支配が、奴隷制と黒人労働という形で放置されていたという重大な問題があったことは、彼女自身も言及している（OR70　一〇七）。

「豊かさ」の両義性

アメリカ革命において、社会問題が争点化しなかったことは、自由の創設としてのアメリカ革命にとって望ましいことだったとアレントが考えていることは疑いない。その意味では、革命の時点におけるアメリカの「豊かさ」という例外性を、アレントは肯定的に評価しているといえよう。

しかし、その後のアメリカが実現した富と豊かさについてはどうであろうか。それが革命精神の維持にとって、あるいは人間の解放にとって、肯定的に作用したとアレントが考えているとはとても思えない。彼女によれば、「豊かさと際限のない消費は貧民の理想」であり、「豊裕とみじめな貧しさとは同じコインの両側なのだ」という。そしてアメリカの繁栄が、結局はアメリカの自由の精神を失わしめたことを嘆いている。

アメリカの繁栄とアメリカの大衆社会は、ますます政治領域全体を荒廃へと脅かしているが、その荒廃において復讐をとげているのは、なおヨーロッパの貧困なのである。貧しい人びとの隠された願望は「各人は必要に応じて」ではなく、「各人は欲望に応じて」である。そして、必要が充たされている人びとにのみ自由は到来するというのが真実なら、自分の欲望のために生きることに専心している人びとから自由は逃げていくというのも同様に真実である（OR139　二一一）。

欲望は限りない消費を求めるがゆえに、いかなる豊かさをもってしても決して満たされることはない。したがって、欲望の不充足と貧困すなわち必要の不充足とは、人間が消費への欲求に支配されるという点において、性格を共有していることになる。アレントはこの点に注目して、豊裕と貧困は同じコインの裏表であり、豊かな社会では人々は「シルクでできた」「必然性の絆」につながれるというのである。

アレントによると、十八世紀以来アメリカは、一方ではヨーロッパの貧しい人々の「約束の地」であって、彼らにとってのアメリカの夢とは、自由の創設というアメリカ革命の夢ではなく、まさにアメリカン・ドリーム、つまり「突然の富を求めようとする破壊的情熱」だったのである。

彼女の目には、現代アメリカの生み出す莫大な富は、今日では政治的自由の制度化、あるいは政治的自由の精神、公的幸福の追求、公的生活への熱意という、共和主義の精神の前提となるような物質的基礎を提供するものではない。むしろ、そうした精神自体を掘り崩しつつあるというのである。

その意味で、経済活動を中心とした私的生活の解放と、それがもたらしたアメリカの例外性としての莫大な富は、アメリカのもう一つの例外性、すなわち政治的自由の制度化としてのアメリカ憲法体制と矛盾を起こし、後者を蝕《むしば》みつつあるとアレントは考える。現代のアメリカにおいては、二つのアメリカの夢は相互に矛盾し、片方が危機に瀕しつつある、すなわち、アメリカ革命の精神が、豊かさと消費社会に象徴されるもう一つのアメリカによって、追い詰められつつあると彼女は考えるのである。

3　共和国の危機――その一

マッカーシズムとの対決

一九五〇年代以降、アレントは、『人間の条件』、『革命について』などの理論的著作を相次いで発表する一方で、同時代の社会・政治的状況にたいしても、積極的に発言し続けた。そして、そうした発言の中心になったのは、同時代のアメリカ合衆国の状況であった。『革命について』を準備していた一九五九年（一月三十一日）のヤスパース夫妻宛ての手紙の中で「この国〔アメリカ〕は、ほかでもないそれ自身の基準に照らしてみるならば、なんと堕落してしまったことか」と嘆いている（BW398　Ⅱ一五五、補注川崎）。いうまでもなく、その「基準」とは、すでに紹介した建国期の精神である。では、彼女は何を堕落と感じていたのだろうか。

一九七五年に発表された「身からでたさび（Home to Roost）」（*New York Review of Books*, June 26, 1975; RJ257-275　三二九—三四八に収録）と題された講演の中で、アレントは、今日の「アメリカ共和国の危機、すなわちアメリカ共和国の政体と自由の諸制度の危機」は、マッカーシズムによってまず引き起こされたと回顧している（RJ257　三二九）。マッカーシズムは、アレントのアメリカ生活における最初の、もっとも注目すべき危機的な事件だった。

しかし、マッカーシズム当時に発表されたアレントの論考を読むと、一見、この事件をそれほど深刻なものととらえていたとは思われない。たとえばすでに紹介した「画一主義の脅威」論文でも、ヨーロッパの人々はマッカーシズムをいささか過剰な危機としてとらえすぎているというニュアンスさえ感じられるし、マッカーシーらの行動を必ずしも直接糾弾するというわけでもない。また、マッカーシズム派の知識人たちにたいする苛烈《かれつ》な攻撃をおこなっているわけでもない。

しかし他方で、プライベートな手紙などからは、彼女がこの事件を非常に深刻に受けとめていたことが読みとれる。たとえば一九五二、五三年当時のヤスパースにあてた手紙の中では、非常に長くかつ深刻にこの事件について書いている。とりわけ、一九五二年十一月一日のヤスパース夫人宛ての手紙の中では、共和党の大物議員であるタフトをヒトラー内閣で産業相や農業相を務めた大実業家のアルフレート・フーゲンベルクに、アイゼンハワーをヒンデンブルクになぞらえ、マッカーシーとニクソンについてはなぞらえるべき名前を「口に出したくもない」と述べている（BW239　I二三七）。そこには、おそらくは、ヒトラーやゲッベルスらの名が念頭にあったのかもしれない。このように、マッカーシズム時代のアメリカの状況をワイマール末期の状況になぞらえていることからも、彼女がこの事件をいかに深刻に受けとめていたかがわかる。

こうした私信と公的に発表された論考との間の温度差は、アレントの伝記の作者であるヤング＝ブルーエルが述べているように、アレントの特殊事情、すなわち彼女自身ととりわけ元ドイツ共産党員であった彼女の夫の身の安全、アメリカ市民権の保全への配慮があったことも一因であろう。

エクス・コミュニスト

そんななかでもアレントは、マッカーシズムに関連するかなり率直な論考をも発表している。それはマッカーシズム最盛期の一九五三年に発表された、「エクス・コミュニスト（元共産党員）」という論文である（EU391-400　Ⅱ二二九—二四二）。この論文は、アメリカ人の元共産党員・元ソ連スパイで、後に転向、そしてマッカーシズムの時代には国務省内の「赤狩り」に手を貸したウィッテカー・チェンバーズ（「アルジャー・ヒス事件」における下院非米活動委員会での証言が有名である）の回想録の書評という形で、いわゆる転向知識人たちへの批判、いいかえれば間接的ながらマッカーシズムへの批判をおこなっている。

マッカーシズムは一面では反—知識人的な運動だったが、他方では非常に多くの知識人たちが積極的に、あるいは積極的ではないまでも、この運動を支持していたことも事実である。とりわけ、かつて共産主義や社会主義、あるいはソ連にたいして共感を抱いていたり、実際に諸派の共産主義運動の活動にコミットした経歴を持つ知識人たちの中には、ソ連や共産主義にたいする幻滅から激しい反共主義者となり、マッカーシーらのキャンペーンに加わった人たちも決して少なくはなかった。アレントが親しくつきあっていた、ニューヨークのジャーナリズムや学界などのいわゆる「ニューヨーク知識人」たちの世界にもこのような人たちは多くいて、彼らを彼女は苦々しく思っていたようである。

アレントは、この書評論文の中で、共産党員・共産主義者だった経歴を持っているが現在はそうではないという人々を、「フォーマー・コミュニスト」と「エクス・コミュニスト」の二つのカテゴリーに分けている。「フォーマー・コミュニスト」とは、ある時期に共産党のメンバーだったが、なんらかの理由でそれを辞め、現在は共産主義と関係なく生きている人々で、今は共産主義にかわる新しい世界観を求めたりはしていない人々を指す。他方、「エクス・コミュニスト」とは、たしかに共産党を離れてはいるが、いまだに共産主義にこだわっている人々、「「転倒」したコミュニスト」であって、今なお共産主義にかわる世界観を「共産主義的な仕方で」求めている人々を指す。彼らは、共産主義をよく知っているので共産主義と戦う術をも熟知していると自認し、それをみずからの売り物にしている、つまり全体主義運動の関係者だったことを今なお利用している人々なのだとアレントはいう。そして、ウィッテカー・チェンバーズはまさにその典型だというのである。

彼らは、共産主義と戦うためには共産主義者たちと同じようなやり方が必要だといい、密告やスパイ、秘密警察じみた活動などをも正当化していく。ドラゴンと戦う者は、みずからもドラゴンにならねばならないというわけである。しかし、アレントは皮肉っぽくいう。「もしも我々自身がドラゴンとなるのであれば、二匹のうちどちらのドラゴンが最後に生き残るのかはたいした問題ではなくなるだろう。戦いの意味そのものがなくなってしまうだろう」(EU395　Ⅱ二三三―二三四)。

「世界最後の戦いは、コミュニスト対エクス・コミュニストの戦いとなるだろう」というイグニャツィオ・シローネ(イタリアの小説家。共産党員だったがのちに離脱)の言葉こそ、アレントの目には、「エクス・コミュニスト」的発想の典型である。というのも、世界最後の戦いという考え自体がすでに、彼らがいかに全体主義的イデオロギーの思考様式から抜けきれていないかを如実に示しているからである。

アレントにとって、全体主義とは、人種主義やソヴィエト共産主義といった教義の内容の問題なのではなく、思考様式や、運動、政治組織の様式の問題なのである。したがって、「アメリカ」であろうと「民主主義」であろうと、全体主義的イデオロギーとして利用することは可能だという。すなわちそれらを、議論を超えた当然受容すべき政治的「大義」にしてしまい、それらの名の下に、自由な議論や批判が封殺されてしまうようなとき、「アメリカ」であろうと「民主主義」であろうと全体主義的イデオロギーに堕落してしまい、それらをイデオロギーとした運動や政治組織が形成されうるということを、彼女は説得的に強調している。そして、「エクス・コミュニスト」たちは、新しい「世界観」の下に、相変わらず全体主義的思考方法を続けているというのである。

この論文には、アルジャー・ヒス事件での証言などへの明示的言及はないし、マッカーシーやマッカーシズムの名前は出てこないが、これが書かれた時期、チェンバーズがマッカーシズムのなかで果たした役割、そしてここに書かれた内容等を考えれば、非常に痛烈で根底的なマッカーシズム批判であることは明らかである。そしてその意味では、ヤング＝ブルーエルがいうように、この時期にこういう論文を書いたことは、彼女の勇気を示しているといえるかもしれない。

蔓延する反共主義イデオロギー

冷戦的思考にたいする批判は、先に紹介した一九五四年の「ヨーロッパと原子爆弾」の中にも表明されている。そこでは、彼女は、世界中で自由の大義を守るためにアメリカには核兵器が必要だという当時の冷戦イデオローグたちの考え方の欺瞞《ぎまん》性を突いている。

アレントによれば、このレトリックは、「奴隷になるよりも死んだ方がましだ」という、西洋の古典古代の政治思想の中にある考え方に一見近いように見えるが、実は全く違うものであるという。彼女によると、「奴隷になるよりも死んだ方がましだ」という考えは、「勇気」という重要な政治的徳目を示している。ところで、勇気の本質とは、自分自身の生命をリスクにさらすことである。しかし、それが人間の徳目でありうるのは、個人としての人間はいつか必ず死ぬという前提があるからである。

もし、人間が放っておけば永遠に生きるものならば、みずからの命を投げ出すことはあまりにも巨大なリスクとなり、とても人間の徳目たりえるものではなくなってしまう。逆に、人間が絶対に死なないのであれば、勇気はまったく意味をもたなくなる。つまり、死ぬ時期がすこし早くなるという程度、リスクは少なくはないが絶対的なものでもないということが、勇気が政治的徳目として成り立つ条件だというのである。

ところが、核戦争を背景にした場合、「隷従か死か」という問いは、もはや勇気の問題ではなくなったとアレントはいう。なぜなら、核戦争の危険を冒すとき、そこに賭けられているのは、個人の命ではなく、人類の種としての生存であり、そういうものを賭ける権利は誰にもないのである。つまり、もはや勇気といった古典的な徳目が前提とする世界とはまったく無縁な世界を、核兵器は作り出してしまったのだ。したがって、その変化に目を閉ざして、かつての古典的な徳目で核戦争の危険をさえ正当化することは、まったくの欺瞞にほかならないというのである。

このように、アレントの目には、第二次世界大戦後のアメリカには、冷戦を背景として、新たなイデオロギー的思考が蔓延していると映っていた。すなわち、反共主義イデオロギーの蔓延である。すでに見たように、彼女の目には反共主義とは「転倒した」共産主義以外の何物でもなかった。それは、現実の偶発性と多様性を直視せず、現実をイデオロギー体系が作り出した仮想現実の枠組みの中に閉じこめてしまう、あの全体主義のイデオロギーとなんら変わるところがないのである。冷戦的思考という形で、アメリカにも全体主義的な思考様式が蔓延しつつあると、彼女は感じていたのである。

政治と嘘

一九五〇年代には、画一主義の脅威とイデオロギー的思考の蔓延という形で現れた全体主義の夢魔は、一九六〇年代以降には、むしろ新たな形の政治的嘘・欺瞞の蔓延として、アレントの目に現れてくることになる。

一九六〇年代後半にアメリカが迎えた最大の危機の一つはベトナム戦争である。アレントもまた、宣戦布告なしに始まり、大量の非戦闘員の殺戮《さつりく》を含む戦闘を、目的もはっきりしないままにズルズルと泥沼化させてしまった戦争として、この戦争には批判的であった。彼女は、国防総省秘密報告書（いわゆるペンタゴン・ペーパーズ）漏洩事件について論じるという形で、なぜこの戦争が起こされ、続けられたのかというメカニズムを論じている。「政治における嘘――国防総省秘密報告書についての省察」（一九七一年）という論文がそれである（CR1-47　一―四五）。

この論考は、その題名が示唆するように、ベトナム戦争そのものについて論じるというよりも、政治と嘘、事実と虚偽、イメージや仮想現実を作り出す新しい政治のあり方を、直接の主題としている。

国防総省秘密報告書は、アレントによれば、ベトナム戦争をめぐる政策の基礎に、虚偽と自己欺瞞があったことを暴いた。もっとも、嘘そのものは政治において必ずしも珍しいものではなく、むしろ嘘をつく能力は政治において昔から大きな役割を果たしてきた。しかし、他方では、事実をことごとく無視していくと、今度は事実からしっぺ返しを食うことになるのが常である。全体主義のように暴力を使って事実を破壊し、事実に反することを実現しようとした場合においてさえ、長期的には成功しない。その意味で、事実はもろさと強さとを持っていると、彼女はいう。

けれども、アレントによれば、国防総省秘密報告書には、政治における嘘の新しいあり方が現れている。すなわち、第一が「マディソン・アヴェニューの創意工夫」と彼女が呼ぶところの、商業広告的手法による意見の操作や「イメージづくり」であり、第二が「問題解決家」とアレントが呼ぶところの、高い教育を受けたブレーン・トラストやテクノクラートたちの、自分たちの理論および理論的能力にたいする物神崇拝の帰結としての事実無視である。

アレントによれば、国防総省秘密報告書にあふれている隠蔽《いんぺい》や虚偽や意識的欺瞞の特色は、諜報機関が驚くほど正確な事実の報告をしていたにもかかわらず、政策・戦略決定者たちがそれを常に無視して、誤った決定や嘘の声明がおこなわれてきたという不思議な現象にあらわれているという。すなわち、この報告書に隠されている彼女にとっての最大の問題とは、「事実と決定との間の、あるいは諜報機関と文民官僚や軍人との間の関係、というよりも無関係」である。つまり、なぜ事実を無視した決定が繰り返されたかということこそ、この報告書が明らかにしている最重要問題だというのである。

その理由を、アレントは、ベトナム戦争そのものが、具体的な戦争目的や戦略目的に欠ける、アメリカの、そして指導者たちの「イメージづくり」のために戦われた戦争だったことに求めている。すなわち、この戦争の最大のもっとも根本的な誤謬は、「戦争という方法を用いて聴衆に語りかけたこと」、「『政治的・広報的見地（「政治的」とは次期大統領選挙の見地ということ、「広報的」とは世界におけるアメリカ合衆国のイメージのことを意味した）』から軍事的問題を決定し、真の危険を考えず、ひたすら『悪い結果の衝撃を最小化するテクニック』を考えていた」ことにあるというのである。

国民と議会にたいして、そして「友好国」にたいして、指導者とアメリカの「イメージ」を良くすること、それこそがこの報告書にあふれる嘘の目的であり、いいかえれば、嘘は味方を欺《あざむ》くためのものだったというのである。

「世界を納得させること」。「アメリカ合衆国は約束を守り、不屈で、危険を冒し、血を流し、敵に大損害を与える覚悟のある『よき医者』であることを証明すること」。「ある国が共産主義の『解放戦争』に応戦するのを助けるアメリカ合衆国の能力のテストケースとして」、戦略上の重要性をまったく持たない「小さな後進国」を使用すること。全能者のイメージ、すなわち、「全世界の指導者としての我々の地位」を損なわないこと。「世界の諸問題を意のままに処理できるアメリカ合衆国の意思と能力」を証明すること。「友好国や同盟国に我々の約束の信用度」を示すこと。要するに、この「単純な事実」（ウォルト・ロストウの言葉）を世界中に納得させるためだけに、「世界の最強国」「らしく振る舞う」こと（CR17　一五―一六、傍点アレント）。

これが「唯一の永続的な」戦争目的だったのだとアレントは述べている。「究極の目的は権力でもなければ利益でもなかった。特定の明確な利益を得るのに役立つような世界における影響力ですらなかった」。目的は「世界最強国のイメージそのもの」だったのである。つまり、彼女が「歴史に記録されている人間の愚行の巨大な兵器庫のなかでも、たしかに新しいもの」と呼ぶ「世界政策としてのイメージづくり」のために、まさにマディソン・アヴェニュー流の広報戦略として、この戦争が戦われていたと彼女は述べている。

問題解決家たち

次いでアレントは、「この空想的な企てに熱狂的に救いの手をさしのべた数多くの『知識人』たち」、すなわち「問題解決家たち」の果たした役割に注目する。秘密報告書に現れた、事実との遊離、虚偽の第二の理由は、彼らの理論信仰であるという。

アレントによれば、諜報機関によって確認された事実と、それによって最終決定が下される前提とされた理論や仮説——ドミノ理論や中国の膨張主義の仮説、また中国・ソ連ブロックの存在といった仮説——との間には大きな齟齬《そご》があった。そして、それらの理論が、当時すでに知られていた事実に照らしても現実に合わないことは、政策決定者の間には知られていたという。

だが、それにもかかわらず、それらの理論への執着は、奇妙にも、放置されていたという。それは、なぜなのか。彼女によると、そこにあるのは、欺瞞と自己欺瞞の連鎖であり、しかも、通常の自己欺瞞のように嘘をつくうちに自分の嘘を信じるようになったのではなく、むしろ、大衆を無限に操作しうるという自分たちの広報活動の能力への過信が自己欺瞞の大本にあるのだという。その意味では、初めから彼らは「事実をとり除かれた世界」に住んでいたのだと彼女は述べている。

このような「問題解決家たち」における自己欺瞞の蔓延は、ある意味では、官僚制や政治の世界では、しばしば見られる現象であるという。「敗北よりも、敗北を認めることが恐れられる」ことは珍しくはない。しかし、「秘密と故意の欺瞞が常に重要な役割を果たしている政治の世界では、自己欺瞞は非常に危険である」のにたいして、「問題解決家たち」の世界では、こうした自己欺瞞が特に彼らに破滅をもたらすものではないという。つまり、彼らは安んじて、現実とぶつかることなくみずからが信奉する理論とモデルと計算の世界に安住することができたというのである。なぜなら、そもそもアメリカの政策には「現実的な目標」が欠けていたため、「問題解決家たち」のリアリティのなさを抑制することができなかったのである。

もっとも、こうしたリアリティのなさは、六〇年代のブレーン・トラストたちが最初ではなく、アメリカには反共主義者という先駆者が存在しているとアレントはいう。反共主義は、歴史の展開を説明し確信をもって予測するために、新しいイデオロギーを必要としていた「フォーマー・コミュニスト」たちが創造した代物だと彼女はいう（アレントは、ここで「フォーマー・コミュニスト」と書いているが、これは先の二五〇頁の用語法に従えば「エクス・コミュニスト」というべきであろう）。そして、第二次世界大戦後のワシントンでのあらゆる「理論」の根元にあるのは、この反共主義のイデオロギーであるという。かつての共産主義者たちが、事実を直視することをみずからの理論によって妨げられてしまったのと同じように、反共主義者たちも同じ間違いを犯してしまったというのである。

こうした現実無視が、資質としてはまったく異なる「問題解決家たち」にも受け継がれてしまったとアレントはいう。そしてそこから、戦争さえも具体的な目的のために血を流して戦うこととしてではなく、ある理論の「テストケース」として考えられてしまうという倒錯が起こってしまったというのである。

ちなみに、アレントは、広島への原爆投下にはソ連に向けた示威行為という意図があったという主張が事実だとすれば、「なんらかの計算された裏の目的のために、ある行為の実際の結果を無視することの一番最初の始まりを、第二次世界大戦を終結せしめた致命的な戦争犯罪にまで遡《さかのぼ》って求めることができる」と述べている。

このように「政治における嘘」論文では、ベトナム戦争のプロセスと、その戦争で役割を果たした政策専門家たちの行動パターンを、いわば現実との直面の回避、事実への軽蔑、あるいはリアリティの解体と、理論の専制という観点から説明しようとしている。いうまでもなく、これらは全体主義において見られた現象である。そして、こうした現象がアメリカにも、形を変えてあらわれていると彼女は考えていたといえよう。

ただし、アレントは、アメリカには独特の健全さがあるという。すなわち、このような秘密報告書の暴露はアメリカ以外には起こりえなかっただろうし、暴露されたときには、すでにその事実は十分に知られていたことばかりであったということは、アメリカの報道機関がまだ堕落することなくそれなりの役割を果たしていることを示しているのだという。そこに彼女は、アメリカの健全さへの期待と信頼をも示しているのである。

忘却の穴

こうした政治における嘘というテーマは、先に述べたアレント最晩年（一九七五年）の「身からでたさび」と題された、アメリカ建国二百年を記念した講演にも現れている。この時期のアメリカは、ベトナム戦争の敗戦、経済の危機的状況、そしてなによりもウォーターゲート事件とニクソン大統領の辞任といったどん底の状況にあり、その中で迎えた建国二百年だった。

アレントはこの講演の中で、ベトナムにおける「イメージづくり」戦争の敗戦と、「政治過程への犯罪性の侵入」であるウォーターゲート事件について、嘘や、現実を直視しないこと、あるいは現実はいかにでも操作できるとでっち上げを続けたことへのしっぺ返しとして、この二つの同時発生的な危機を総括している。

そして、まさに嘘の積み重ねが生み出した危機に直面している現在において、今なおアメリカは現実を直視するのを避けて、ベトナム戦争のことは忘れよう、ウォーターゲート事件のことも忘れようという雰囲気が広がっていることに、つまり過去を葬ってしまおうとする風潮に、アレントは危機感をつのらせている。すなわち、ナチズムやスターリニズムのように、暴力によって「忘却の穴」を掘ること、つまり暴力によって事実を知る人々を抹殺し事実を語ることを抑圧しついには事実を破壊してしまうことはアメリカには起きなかったが、国全体に「忘却の穴」とでもいうべきムードが蔓延しているというのである。

それにたいしてアレントは次のようにいっている。

　私は、むしろ「過去は決して死なない、それは過ぎ去りもしない」というフォークナーの言葉を信じる。そして、このことは、我々が生きている世界は、いかなる瞬間においても、過去の世界であるという単純な理由のゆえである。我々が生きている世界は、功罪いずれにせよ、人間が行なったことの記念碑と遺物から成っている。世界の事実とはつねにすでにそうなったことなのだ。……いいかえれば、過去が我々につきまとうというのは全くの事実なのである。今を生き、現実にそうである世界、すなわち、今そうあるものになった世界を生きようと願う我々につきまとうことが過去の機能なのである（RJ270　三四二）。

そして、まさに過去、つまり事実・現実の直視が、アメリカの共和政の再生の糸口となるという可能性を示唆している。この講演の最後では彼女はこう述べている。

　我々は、今や過去数年間の出来事の瓦礫《がれき》の下から徐々に立ち上がろうとしているが、二百年前の光栄ある始まりに全くふさわしからざる者に我々がなってしまわないよう、この常軌を逸した年月のことを忘れないようにしようではないか。事実が身からでたさびとしてわが身にかえってきたときには、少なくとも歓迎しようではないか。イメージ、理論、全くの愚行といったユートピアへ逃避しないよう努めようではないか。自由のために、人々のなかの最良のものと最悪のものに対して、適正な評価を与えるのが、この共和国の偉大さなのだ（RJ275　三四六―三四七）。

理性の真理と事実の真理

ところで、実は、政治と虚偽、あるいは政治と事実もしくは真実というテーマは、一九六〇年代にアレントがたびたび論じたテーマであった。「真理と政治（Wahrheit und Politik）」というタイトルを持つドイツ語の論文が一九六四年に、次いで同じタイトルの英語の論文（Truth and Politics）が一九六七年に発表されている。両者は、内容的には相当程度重なるが、後者のほうがかなり詳しいものになっており、必ずしも同一の論文とはいいがたい。

（ちなみに英語版の「真理と政治」では、彼女自身、この主題への関心は『イェルサレムのアイヒマン』をめぐる論争によって呼び起こされたと述べているが、ドイツ語版にはそのような言及はなく、また実際、全体主義における事実の破壊といった事柄への関心は、すでに以前から見られるということを付言しておきたい。）

「真理と政治」論文（ここでは『過去と未来の間』所収の英語版〔BPF227-264　三〇七―三六〇〕による）において、興味深いのは、「理性の真理」――数学的、科学的、哲学的真理といった理論的真理の総称――と「事実の真理」という区別である。この論文の中では、両方の真理と政治との関係について触れられているが、彼女によれば、政治にもっとも関係が深いのは事実の真理であり、ここでもそれに注目したい。というのも、「政治における嘘」等で問題にされたのは、まさにこの事実の真理と政治との関係だからである。

この論文の中で彼女は、「今日では事実の真理がたまたま既存の集団の利益や快楽に対立することがあれば、以前にもまして激しい敵意で迎えられる」ことに注意を促す（BPF236　三二〇）。それも、特別な秘密というよりもむしろ「公に知られている事実」を語ることが、しばしば、政治権力によって禁止・抑圧され、事実そのものの抹殺が企てられるというのである。たとえば、かつてのソ連において、少なくともアレントが存命中には、トロツキーがロシア革命で果たした役割についての事実などはこのような事態の好例だというのである。

「事実の真理が権力の攻撃から生き残るチャンスはじつに微々たるもの」である。そして、事実の真理が、いったん抹殺されれば永遠に世界から失われてしまう危険は、理性の真理よりもはるかに高く、その意味で、事実や出来事は、はかないものだというのである（BPF231　三一三）。

さらに今日では、事実の真理への攻撃は、全体主義体制だけではなく、いわゆる自由主義諸国においても、広告的手法による「イメージ」操作などによって、また、事実を一つの「意見」として扱うことなどによって、暴力を伴わない形ではあるが、日常的におこなわれつつあるというのである。

しかし、このような真理、とりわけ事実の真理への政治の介入は、政治自体にとって致命的な問題を引き起こすとアレントは考える。というのも、事実の真理とは政治の限界を画するものであり、権力を抑制するものだからである（BPF240-241　三二六―三二七）。その意味で、真理は、政治化されないときにはじめて、その本来の政治的機能を果たせるのだ。権力は真理を破壊することはできるが、それに替わるものを生み出すことはできない。それを破壊することは、「われわれが現実の世界において方位を定める感覚」の破壊（BPF257　三五〇）を意味する。

事実の真理がかかわる過去や、過去の結果としての現在の破壊によって、「政治の領域は、自らを安定させる主要な力ばかりでなく、変化させるための、すなわち新しいことを始めるための出発点を奪われる」（BPF258　三五二）。事実の真理は、政治にとっての、いわば「大地」や「天空」であるとアレントは述べている。

このように、事実の真理はあくまでも政治の外部におかれなければ、破壊される危険があるし、かつそのことは政治自体にはねかえる。それゆえ、事実の真理の政治的機能は、その非政治性にあるということになる。そして、事実の真理の抹殺を望まないような政治体制においては、政治にコミットしないことが任務であり政治的機能であるような組織を整備している。すなわち、司法制度や大学、ジャーナリズムがそうだというのである。いいかえれば、事実は、次章で述べるような世界の永続性とかかわるのであり、その意味でまさに政治の条件をなしているのである。

アレントの保守性

ところで、興味深いことに、これまでに紹介した冷戦・マッカーシズム批判も、また、政治における嘘の問題、いいかえれば政治と真理の関係についての議論も、ともに政治の限界、権力の限界づけにかかわっている。先に見たように、アレントによればアメリカの共和主義に体現された政治は、新しい何事かを始める精神とそれを永続化させようという精神、革命の精神と保守の精神の両面を持っているという。このことに照らすならば、ここで紹介したアレントの現代アメリカ批判は、新しいことを始める精神の欠如ではなく、むしろその前提となるべき、政治の出発点たるべき基盤の破壊にたいして向けられている。その意味で、アレントの批判はまさに保守的批判だといえよう。

もっとも、このことは『全体主義の起原』におけるアレントの十九世紀秩序解体論、大衆社会論、全体主義論等をすでに見てきた者の目には、必ずしも意外なものではないと思われる。というのも、それらの議論は基本的に、安定（化）的要素の破壊と「運動」の昂進に問題の核心を見ていたからである。現代政治に向かうとき、アレントの目に第一義的に問題と映るものは、政治の安定的基礎となるべきものの破壊であった。その意味では、後に改めて述べるように、彼女はまぎれもなく保守主義者であったといえよう。

だが他方で、アレントは、単純に「保守」や「革命」とはいかない状況を相手にしているということに極めて自覚的であった。「画一主義の脅威」論文の中で、彼女は、アメリカ・ヨーロッパを不可避的に覆いつつある大衆社会の問題への対策は、ヨーロッパにおいても回復不可能な伝統や慣習ではなく、アメリカの憲法体制、いいかえればアメリカ的共和制だと述べていたことを想起されたい。その意味では、彼女は単純な伝統回帰を夢想・慨嘆するような保守主義者では全くない。さらに、産業社会におけるいわゆる「保守主義」の変質を考えれば、アレントのような意味で保守的であることの持つラディカルさにも、当然注意を払うべきであろう。

こうした、アレントの思想の全体的な評価にかかわるような問題は、後に改めて論じることとして、ここではアレントの政治観のある意味での「保守性」に、若干の注意を促すに留めたい。

大衆社会と上流社会

大衆社会および大衆文化をめぐる問題は、第二次世界大戦後、とりわけ一九五〇年代のアメリカの社会・文化論における中心的なテーマであり、デビッド・リースマンの『孤独な群衆』など、こうしたテーマをめぐって、数々の力作・話題作が発表された。

全体主義論においてすでに、二十世紀を特色づける現象としての大衆社会に強い関心を持っていたアレントにとっても、大衆社会は、現代を特色づけるもっとも重要な特色であり、彼女自身、大衆社会をめぐる論考をいくつか著している（その代表的なものが『過去と未来の間』に収められた「文化の危機――その社会的・政治的意義」〔BPF197-226　二六五―三〇六〕である）。

この時期のアレントの大衆社会論には、大きな特色がある。それは大衆社会を、大衆社会以前の「良き上流社会」との連続においてとらえていることである。アレントの目には、多くの社会学者や大衆社会批判者たちのように、大衆社会以前の社会、「財産と教養」の階級社会を、黄金時代のように偶像化することは全くの誤りとして映っていた。

画一主義をはじめとして、「適応能力があるにもかかわらず見捨てられていること(loneliness)――それは隔絶《アイソレーション》や孤独《ソリチュード》とは異なる――、激しやすい性格や節操の欠如、判断力さらには識別力すらもたずに消費する能力、わけても自己中心的態度、……宿命的な世界疎外」(BPF199　二六七―二六八）といった大衆社会の特色は、絶対主義の宮廷社会にはじまる「良き社会」においてすでに現れていたのであって、これらの特色は「大衆」の問題なのではなく、「社会」に固有の問題だというのである。その意味で、アレントにとっては、大衆社会と社会そのものとに大差があるわけではないということになる。大衆社会の特色とは、「社会」が全階級を吸収してしまったために、もはや、この「社会」の外へ逃れることができなくなったということだけなのである。

こうした大衆社会と「上流社会」との関係の像には、『全体主義の起原』における社会＝

階級社会の評価とは、いささか異なったニュアンスが感じられる。というのも、『全体主義の起原』では、少なくともヨーロッパにおいては階級社会の解体の結果が大衆社会として描かれ、両者は対立的に捉えられていた。すでに見てきたように、階級社会は十九世紀的秩序を支える安定化の要因として、一定の積極的位置づけがなされていたのではなかったか。だとすれば、階級社会についてのアレントの考え方に変化があったのだろうか。

しかし、この相違は、必ずしも変化として解釈する必要はないように思われる。というのも、階級社会においては、画一主義が広がっていたとしても、「社会」が要求する画一化のあり方は、それぞれの階級において異なっており、したがって、社会全体から見れば、必ずしも全般的な画一化が起きていることにはならないからである。その意味では、階級社会は、それ自身の内に画一主義的要素をはらみつつも、まさにそれゆえに、社会全体にとっては画一主義にたいする一定の防壁として機能するということになりうるのである。

実際、アレント自身、後に紹介する「リトルロック事件についての考察」（一九五九年）の中では、「社会」は、その社会を構成する集団と他の集団との「区別」とその集団内の「画一性」の原理によって成り立っていると論じており、部分社会における画一主義が逆説的に全体社会における画一主義の防壁となりうることを示唆している。したがって、そのかぎりでは、社会の画一主義はそれ自体、必ずしも常に批判されるべき病理現象として扱われてはいない。

社会と文化

しかし、アレントによれば、社会と文化の関係について、大衆社会における文化のあり方は、それ以前の社会に比して、大きな変化を遂げている。すなわち、大衆社会においてはじめて、文化は消費されるようになったというのである。この文化の消費こそが大衆社会の特色である。

大衆社会以前の社会、「財産と教養」の「良き社会」においても、たしかに文化はすでに交換可能な「価値」に成り下がっていた。文化は「教養」として、すなわち特定階級への参入資格を手に入れるための交換媒体になってしまっていたのである。そして、そこに文化の形骸化と「俗物主義」とが蔓延するとともに、そのことに不満を抱く知識人や芸術家たちの絶え間ない反抗の対象ともなっていた。

これにたいして、大衆社会においては文化は消費されるという。

おそらく社会と大衆社会の大きな違いは、社会は、文化を欲し、文化的な事物を社会的商品へと価値づけ、それらを社会自身の利己的な目的のために使用し、濫用《らんよう》しはしたが、それらを「消費」はしなかったという点にある。これらの文化的な事物は、この上なく擦り切れた場合でさえ依然として物であり続け、一定の客観的な性格を保持していた。それらは瓦礫《がれき》の山と見えるまでに解体されたが、それでもやはり消滅しはしなかった。反対に、大衆社会は、文化ではなく娯楽を欲しており、娯楽産業が提供する商品は、実際他のあらゆる消費財とまったく同様に社会によって消費される（BPF205　二七六）。

では、文化が消費されるとはいったいどういうことであろうか。アレントによると、「娯楽に必要な製品は、……社会の生命過程に仕えている」。娯楽は、「生物学的に条件づけられた労働の循環」に生じた「隙間」を埋めるものであり、「労働や睡眠と同じく、生物学的な生命過程の一部である」（BPF205　二七六―二七七）。

けれども、娯楽産業が提供する商品が消費財だということは、ただちに文化が消費されるということではない。彼女自身も、娯楽そのものは、「良き社会」の「俗物主義」よりも、はるかに文化にたいして無害だと述べている。

だが、文化と娯楽の関係はそれほど単純ではない。娯楽産業は、絶えず新しい商品を提供する必要から、その素材として文化的事物をも利用し、その際にはそれを娯楽として容易に消費できるような形に変形しているというのである。そして、そうなれば、娯楽もまた、文化にたいする脅威となるのである。

アレントによれば、「大衆文化」は、まさに「大衆社会が文化対象を掌握したとき」に成立する。アレントが特に問題にするのは、「文化対象」すなわち芸術作品そのものが変形されること、すなわち、それらが「複製や映画化に際し書き換えられたり、短縮されたり、ダイジェストにされたり、キッチュに還元されたり」することである。彼女によるとこれは「文化が大衆に拡がるのではなく、娯楽の産出のために文化が破壊されるのである」

(BPF207　二七九)。

では、アレントにとって文化とは本来どのようなものなのか。

文化は対象に関わるものとして世界の現象である。これに対して、娯楽は人びとに関わるものとして生命の現象である。対象はそれが存続しうるかぎりで文化的であり、その耐久性は機能性とは正反対のものである。機能性は、使用し、使い果たすことによって対象を現象の世界からふたたび消滅させる性質である(BPF208　二八〇)。

文化対象たることを最終的に主張しうるのは、世紀を超えて存続し続けるものだけである(BPF202　二七三)。

人間の生命の循環を越えて耐久性を持つことこそが、アレントがいう意味での「世界」の世界たる所以《ゆえん》であり、文化、とりわけ芸術作品とは、まさにこの意味での世界を構成する諸事物の中でも、もっとも耐久性を持つことが期待されているものの総体だといえよう。

このようなアレント独特の「世界」という概念については、次章で詳しく論じることになるが、それがまさに「消費」とは対極にあるものだということは今までの叙述からも理解できよう。

ところで、このような「耐久性」を文化概念の中心に置く文化観は、ある意味では極めて伝統的、保守的といえるのではないか。少なくとも、それは、この論文が書かれた前後に現れる、ポップ・アートなどに象徴されるような、大衆文化と「文化」（「高級」文化）との差異そのものに異議を唱え、したがって当然、永続するものが文化的であるという図式自体を問題化するような文化・芸術観の変革の企てとは、全く異質である。

だが、アレントの文化論に見られる明白な保守性は、他方では、少なからぬ両義性をもはらんでいる。というのも、彼女は、現代の文化における伝統との断絶を高らかに宣言し、伝統の手引きなしに過去を保存すること、過去の芸術作品を解釈することの必要性と正当性を主張しているからである。

> 今日、伝統の助けなしに、しかもしばしば伝統的な基準や解釈に逆らってまでも過去を保持することは、西洋のあらゆる文明にとって等しい課題となっている。……伝統の糸は切れており、われわれは自らの手で過去を発見しなければならない。すなわちわれわれは、過去の著述家をかつてそれを読んだものが誰もいなかったかのように読まなければならないのである。この課題については、大衆社会はかつての教養ある良き社会に較べれば障害は少ない（BPF204　二七五）。

その意味で、過去を保存すること、世界に配慮することは創造的であり、革命的でさえありうることになるのである。

こうした立場は、十九世紀後半から二十世紀の知的・芸術的前衛には、しばしば共通して見られる。「文化」の現状への強い反抗心と、にもかかわらず西洋の文化的営為への強いコミットメント、そしてその文化の前衛としてのエリート性の意識、こうした両義性をアレントの文化論もまた共有していたといえるのではあるまいか。

アレントの教育論

同様のことは、彼女の教育論にも当てはまる（『過去と未来の間』所収「教育の危機」〔BPF173-196　二三三—二六四〕）。

まさに、どの子供にもある新しく革命的なもののために、教育は保守的でなければならない（BPF192-193　二五九）。

この一節は彼女の教育論の本質を示すとともに、彼女の両義的な保守主義をもっとも明確に表現している。彼女は、「保守や保持しようとする態度」なしには教育は全く不可能だとも述べている（BPF193　二六〇）。

彼女にとって、教育の最大の課題は、個々の子供が、「世界」すなわち、「かれが生まれる前から存在し、かれの死後も存続し、そしてかれがその生活を送ることになる世界」にたいして、「新しい人間」として生まれてくるという基本的事実に対応することである。したがって、教育は、子供の成長と世界の存続という両者にたいして責任を負うことになるというのである（BPF185　二四九―二五〇）。

しかし、この二つの責任は互いに葛藤することがある。というのも、「子供は、世界から破壊的なことが何一つふりかからないように特別の保護と気遣いを必要としている。しかし世界もまた、世代交代のたびに世界を襲う新しい者の攻撃によって、荒廃させられたり破壊されたりしないように保護を必要とする」からである（BPF186　二五〇）。

いいかえれば、「旧《ふる》いものと新しいものを和解させること」（BPF193　二六〇）、「新しい人間」である子供と永続的な「世界」との折り合いをつける作業が教育である。

こうした教育観は、ルソーの『エミール』に示されるような、子供の世界そのものの独自性と自発性を擁護するという議論とは全くといっていいほど無縁であり、古典的な権威や伝統が果たす役割を重視するものであるといえよう。

しかし、このような、子供を保護しつつ訓練・陶冶するということに重点をおく、その意味で保守的な教育観は、他方で、そうした訓練・陶冶を越えて発露してしまう子供たちの「新しさ」、個々人のユニークさへの、ほとんど信仰と呼べそうな確信と結びついていることも、見落とされてはなるまい。その意味で、ここでも彼女の教育論に示された保守主義は両義的なのである。

ここに紹介した、アレントの文化論や教育論は、文化や教育の観念自体が激しく動揺していた（ともに「危機」と題された彼女の論文のタイトル自体がそのことを物語っている）当時のアメリカの知的世界の中では、古典主義的ないしいささか高踏的であり、その意味では、目立って保守的な議論だといえよう。

しかし、繰り返しになるが、アレントの「保守主義」は、「新しさ」を担う個のユニークさと、「世界」の永続性との両者を擁護する両義性を有していた。それは彼女の政治観、とりわけ革命観とも対応していることはいうまでもない。

だが、この両義性は、事柄によって、また時として崩れうる危ういものでもあった。たとえば、事柄が個人のユニークさの自己主張と関係しないときなどは、「世界」の利害の擁護はまさに保守主義そのものとなりうるのである。

このような、アレントの現代にたいする状況認識に含まれたある種の古典性、高踏性は、現代アメリカへの鋭い批判を可能にすると同時に、現代アメリカの問題状況の新しさと深刻さの認識を不可能にもしたのではないか。たとえば、いいか悪いかは別として、六〇年代のさまざまな反抗や大変動の意味を見通すことを阻みはしなかったか。次に、こうした問題を、人種問題と学生反乱にたいするアレントの評価に探ってみたい。

4　共和国の危機――その二

「リトルロック事件についての考察」

アメリカにおける人種差別問題にたいして、アレントが自身の見解をまとまった形で披露したのは、一九五九年の冬に発表された「リトルロック事件についての考察」と題された論文である（Reflections on Little Rock, *Dissent*, vol.6, no.1〔Winter 1959〕, pp.45-56; RJ193-213 二五三―二七七）。

リトルロック事件とは、アーカンソー州の州都リトルロックにおいて、一九五七年に起きた、黒人への人種差別をめぐる暴動事件である。この事件は、公立学校における人種分離教育を違憲とし、「可及的速やかな」人種統合教育の実施を求めた一連の連邦最高裁判決をうけて、黒人生徒がそれまで白人専用とされていた公立高校に入学しようとしたことをきっかけに、これに反対する白人の生徒や市民が起こした暴動に端を発する。さらに人種統合教育に反対する当時の州知事は州兵まで動員して黒人生徒の登校を妨害し、ついに、アイゼンハワー大統領は連邦空挺師団を投入して暴動を鎮圧し、黒人生徒の入学と安全を確保することを余儀なくされた。しかし、この連邦政府の介入にたいして州知事は、州の権限を侵害するものとして激しく反発した。これが、一九五〇年代の公民権運動を代表する事件とされる、この事件の概略である。

伝記作者のヤング＝ブルーエルによれば、アレントは政治的な理由であれ私的な理由であれ、自分の意見を秘密にしておくことを好まず、くわえて常に率直かつ辛辣《しんらつ》な発言をするために、しばしばそれがトラブルの火種になったのだという。とりわけ彼女は、他人が黙っているような問題にたいして沈黙することは共犯になるように感じ、ことさら厳しく発言したという。そんな彼女が巻き起こした論争の最初のものが、この「リトルロック事件について

兵士に守られ校舎へ向かうリトルロック中央高校の黒人生徒たち

の考察」をめぐってであるという（もちろん、最大のものが、この後に起きる『イェルサレムのアイヒマン』をめぐる論争である）。

「リトルロック事件についての考察」は、アメリカの政治的なスペクトルの中では非常に奇妙な立場にある論文である。この論文の結論では、アレントは、ブラウン判決以来の一連の最高裁判決にもとづく、人種統合教育の実施の連邦政府による強制にたいして、その正当性に疑義をはさんでいる。その結論だけを見れば、この論文は人種差別撤廃をめざす運動に水を差す、きわめて保守的な内容のものだといえる。実際、その内容ゆえに、当初彼女にこの原稿を依頼した『コメンタリー』誌編集部は、この論文の掲載を躊躇《ちゅうちょ》し、冷却期間がおかれた後、『ディセント』誌に、編集部はこの論文の内容に同意しない旨の異例の注記を付けて、発表されることになったといういわくつきのものなのである。

しかし、この論文の冒頭に付けられた、アレント本人による序文（雑誌掲載時の序文でRJの序は異なる）のなかでは、彼女自身は黒人への差別に批判的であり、ユダヤ人として黒人の大義にシンパシーをおぼえると述べている。さらに、彼女はこの論文の中で、人種差別は「アメリカ史におけるきわめて重大な犯罪によって生まれた」と断言している。

このことは、多くのアメリカの読者の目には、アレントの意図と主張内容とが奇妙に矛盾するものとして映り、リベラル派から多くの批判を受けることになる。では、この一見矛盾しているように思えるものは何を意味しているのか。

この論文には、これから述べるように、『人間の条件』等で展開される彼女のさまざまな理論的枠組みが明確な形であらわれている。したがって、その枠組みの理解なしにはこの論文を十分に理解することはまず不可能であり、その意味では、多くの読者がアレントの意図を誤解したとしても、無理からぬことであった。

だがそのことは、この論文に、理論を現実にいささか機械的に当てはめたという印象、まず理論ありきという印象を与えた感も否めない。しかし、それは彼女がもっとも嫌ったことだったのではないか。実際、彼女によれば、この論文は、彼女自身がもしリトルロックの黒人あるいは白人の母親だったらどうするか、どうすべきかという問題意識に従って書かれたという。その意味では、この論文には、彼女の心情が十分に反映されており、その結論は理論から自動的に導き出されたものではないということにもなろう。むしろ、彼女の政治観、社会観、教育観の深層が出ているとも読めるのである。

そうだとすると、この論文は、彼女の理論のもつ射程を示すとともに、彼女の政治・社会観の問題点、彼女には何が見え何が見えなかったか、そしてそのことが六〇年代を迎えつつあるアメリカでどういう意義を持ち、あるいは持たなかったかの一つの示唆となるのではあるまいか。そこで、以下、この論文の内容を少し詳しく見てみたい。

人種差別と法の前の平等

アレントにとって、黒人にたいする差別の問題は法の前の平等にかかわる問題であった。実は、このいささか平凡な主張には、極めて重大な意味があるということに注意しなければならない。まず第一に、法の前の平等にかかわるということは、アレントにとって、黒人差別は共和政、つまりアメリカ共和国全体の存立の根幹にかかわる問題だということを意味している。法の前の平等を侵すような差別は、まさに共和政そのものを危機にさらすと彼女は考えていたのである。その意味で、この言葉は、彼女が、黒人差別をいかに重大な問題だと考えていたかを示すものだといえる。

だが、第二に、このことは、アレントにとって人種問題とは、少なくとも政府が介入すべき人種問題とは、法の前の平等にかかわる問題だけだということでもある。基本的には、この論文はこの第二の事柄について、何が法の前の平等に反する差別かということについて論じているといえよう。

アレントによれば、原則として政府の力によって強制的に撤廃されるべき差別とは、法の前の平等にかかわる差別に限られる。すなわち憲法に違反するのは、人種差別的な社会習慣ではなく、そうした慣習等を法的に強制することである。裏を返せば、後述するように、人種差別的な社会習慣それ自体は、政府が政治的・法的に介入すべき事柄ではないということになる。

アレントによれば、この原則に照らすと、法の前の平等の原則に反し違憲である事柄とは、投票権や被選挙権における差別や、異人種間の結婚を禁止しそれを犯罪とする法律（当時はまだ多くの州で存在した）などであるという。しかし、その一方では、公立学校における人種統合教育の連邦政府による強制の企ては非常に問題をはらんでいるというのである。

政治的・私的・社会的

では、彼女のこのような判断は何にもとづくのだろうか。その説明として彼女が援用するのが、『人間の条件』の中で展開される、政治的・私的・社会的という彼女独特の三区分である。

アレントは、人種差別（segregation）を、社会的な区別（discrimination）を法律によって強制することとして定義する（RJ204　二六五）（区別 discrimination という言葉にもアレント独特の意味があるが、それについてはすぐ後で述べる）。したがって、人種差別撤廃とは、この社会的な区別を強制する法律の撤廃であるということになる。いいかえれば、社会的な区別そのものを撤廃しようとしたり、社会にたいして平等を政治的に強制することではないという。実はここに、政治的・私的・社会的という三分法が深く関係しているのである。

　彼女にとって、人間が厳密な意味で平等でありうるのは、政治的領域においてのみである。いいかえれば、市民としてのみ人間は平等でありうる。というのも、彼女にとっては、平等とは人間の自然的属性ではないからである。自然的属性に照らすならば、人間は個人個人、また集団間でさまざまな差異を持っている。したがって、平等とはこうした差異をあえて無視する、あるいは乗り越えることを意味しており、まさに自然の対極にある人為的制度によってのみ可能だというのである。いいかえれば、その集団内のメンバーを平等に扱うという規範の共有にもとづいてのみ平等は可能なのであり、そうした集団が政治体なのだ。したがって、平等が絶対的に必要であり、平等を強制することが正当でもあれば可能でもあるのは、あくまでも政治体の内部においてなのである。

　アレントにとって、参政権、すなわち投票権と被選挙権において、人種的な差別待遇をおこなうことは、まさにこの政治体構成員としての平等という原則に真っ向から反することになる。彼女が、このことを人種差別の典型例としてあげるのもそのためである。

　それにたいして私的領域、プライバシーの領域は、「排他性」や「ユニークさ」がそのルールである。したがって、ここでは政治的領域のルールたる「平等」や、後に述べるように、社会的領域を特徴づける「区別」の原理に影響されてはならないというのである。

アレントにとって人種間の通婚禁止は、この私的領域、プライベートな事柄にたいする、法や政治の越権的な介入にほかならない。それは、人種間の通婚にたいする嫌悪という社会的な偏見を法的に強制することであり、法律を通じた社会の専制なのである。このような理由から、彼女は、人種間の通婚禁止を明白かつ重大な人種差別問題だとするのである。

この二つの領域における人種差別にたいするアレントの批判は、常識的な法の前の平等の観念に照らしても十分に理解可能である。しかし、それにたいして「社会的」領域というアレントの観念、そしてそこにおける差別にたいするアレントの見解は独特のものである。

アレントは社会を、「政治的領域と私的領域との間に存在する奇妙ないささかハイブリッドな領域」として定義し、近代においては人間が人生の大部分を過ごす領域だと述べている。私的領域を四つの壁で囲まれたプライベートな家にたとえるならば、そこを出たときに最初に直面する公的な領域が、（古代においては政治的領域であったが）近代においては社会だというのである。そして、その社会的領域で、我々は生計を立てたり、楽しみを見いだしたりしているというのである。

ところで、政治体・政治的領域を支配するルールが平等の原則であり、私的領域を支配するルールが個人のユニークさや排他性であるのにたいして、社会を支配するルールは区別(discrimination)の原則である。社会で重要なのは「それによって人々がある集団に所属することになる差異である。そしてその集団は、同じ領域の他の集団と自分たちとを区別することによって、識別可能になるのである」（RJ205　二六六）。

アレントは、アメリカでは職業や収入やエスニックな出自によって集団が形成され、ヨーロッパでは階級的な出自や教育やマナーにもとづいて集団が形成されるとして、これらをこうした区別の例としてあげている。彼女によると、このような区別は、人間そのものの属性という観点からは何の根拠もないものだが、社会的領域を形成するうえでは一定の役割を果たしている。というのも、こうした区別なしには、社会における自由な結社や集団の形成の機会や可能性が大きく失われてしまうというのである。いうまでもなく、そうした区別のなくなってしまった社会が大衆社会であり、だとすれば、こうした「区別」の存在自体は、大衆社会化にたいする歯止めともなっているということになる。

アレントにとって、政治的な権利に平等が欠かせないように、社会的な権利にとって区別は欠くべからざるものである。したがって、彼女にとって問題は、区別そのものをなくすことではない。もろもろの属性の差異に従って、全体社会内にさまざまな小集団ができることは避けられないし、また、ルソーのようにそれを排除すべきだと彼女は考えない。彼女にとっての問題は、そうした社会を構成する区別の原理が、社会的な領域の中に収まっていて、それが政治的な領域や私的領域へとあふれ出さないようにするにはどうすべきかということなのである。

差別と社会的区別

では、社会的な区別が、政治的な領域や私的領域へあふれ出たことを判別する線引きは、どこにあるのだろうか。彼女は境界的なケースをあげてこの線引きの例を示している。

一つの例は、休暇を過ごすためのリゾート施設における「区別」についてである。当時のアメリカではこうした施設は特定のエスニックな出自の人々に限定されていることが少なくなかった。彼女は、このこと自体は結社の自由の権利の問題であるとする。すなわち、休日をどのようにどんな人間と過ごしたいかということは社会の自由にかかわる事柄であり、このことはヨーロッパにも階級的な区別という形で存在しているという。したがって、彼女は、リゾート・ホテルなどではこうした「区別」があっても、それは正当化されうるというのである。

しかし、他方で彼女は、バスや列車や駅で好きな席に座ること、あるいはビジネス街のホテルやレストランへの自由な立ち入りにおいては、こうした「区別」は正当化されないという。なぜなら、彼女によると、これらの場所は厳密な意味で政治的領域ではないものの、すべての人間が平等に扱われるべき公的な領域である。そこに社会的な次元での「区別」を持ち込むことは、実は、「区別」が許される社会のルールを、平等が原則とされるべき公的領域へと持ち込むことになるわけである。それは人種差別であり、法的・政治的手段を使ってでも廃止されなければならないというのである。

この結論それ自体は、今日の我々の規範意識からはかなり違和感があるし、また、当時のアメリカの文脈においても、どこまで説得的であったかは疑わしい。けれども、この例は、彼女が政治的に解決されるべき人種差別として、どういう範囲のことを考えていたかを知るうえでは、興味深いものである。

要するに、彼女によると、政府には社会の偏見や差別的な慣習そのものに干渉する権限はない。しかし同時に、そうした社会の慣行を法的に強制しないようにする権限と義務がある。つまり社会的な区別が政治的な平等を侵さないようにすること、またその区別が私的な領域における人々の権利を侵さないようにすることが、政府の任務なのである。そして、当時南部の諸州政府がやっていたことは、社会的な区別を法的に強制することであり、それはこの意味において不当だとアレントは述べている。

しかし、他方では、彼女によると、社会的な区別が法的に一掃されるとき、社会の自由は侵害されてしまう。そして、連邦政府による公民権問題についてのあつかいにたいして、彼女はこの危惧を感じていた。政府は、社会における区別にたいしては、それに介入する正当な権利を有さない。なぜなら、政府は法の前の平等の名においてのみ、行動することができるからだと彼女はいうのである。

もちろんアレントも、必ずしも社会的偏見を野放しにしておいていい、しておくしかないと考えていたわけではない。ただ、その闘いは、政治的強制力によっては成果をあげえないと考えていたというべきであろう。彼女は教会に、社会的偏見と闘いうる「唯一の公的な力」としての期待をかけていた。

学校という場所

さらにリトルロック事件は、それが教育、とりわけ公教育にかかわる問題であったことによって、特別の複雑さを持っているとアレントはいう。彼女によれば、公教育とは政治的・私的・社会的の三つの領域が複雑に重なりあう場面である。子供の教育はいうまでもなく親の権利であり、第一義的には私的問題である。しかし同時に、未来の市民を教育するという意味では、政治体もまた一定の権利を主張しうる政治的領域でもある。さらに事柄を複雑にしているのは、子供自身にとっては社会的領域だということである。ちょうど大人にとっての職場がそうであるのと同様に、学校とは、子供が家を出て初めて公的な世界と接する社会的な場所なのである。

学校がその三つの領域がせめぎあう場だということを念頭においたとき、政治的に強制された人種統合がその場でおこなわれるときに、子供に何が起こるかをアレントは危惧している。すなわち、子供たちが、家と学校の間で大きな葛藤に巻き込まれてしまい、そのことが家と学校の両方で教育に不可欠な権威を壊してしまうことになると同時に、子供自身は公民権問題の政治的な戦場に裸のままで投げ出されてしまうのではないかという懸念である。

アレントによると、「子供たちを未来の精神において教育することによって世界を変えることができるという観念」は政治的ユートピアニズムの古代以来の特徴だが、これはまず成功しない。もし、あくまでその成功をめざすとすれば、暴政においてなされたように、子供を親から切り離して国家の制度の中で教育するか、あるいは親たちに反逆するようにするために学校に入れるということが必要になる。しかし、そうしなかった場合には何の成果もあげないか、あるいは親と学校との間の軋轢《あつれき》を招くことになるだけだというのである。

その意味で、学校や教育の場を、政治的な運動の舞台とすること自体に、その運動の目的の正しさとは別の次元で、彼女は深い疑問を呈しているのである。

この論文の中で、興味をひかれるもう一つの論点は、州の権限と連邦の権限との関係である。アレントは、権力の分割が必ずしも権力の弱体化をもたらすわけではなく、むしろ州の権力こそが連邦の権力の源である以上、連邦が州の権力を奪うことは連邦憲法の精神に反することになるという。こうした、連邦制と下からの（この場合は州の）権力の擁護は、『革命について』の中での議論と平仄《ひょうそく》を一にしている。しかし、先に述べたように、リトルロック事件そのものの文脈では、州権の擁護論は、人種差別的な慣行を政治的に擁護するためにアーカンソー州政府自身が用いたものであり、また他の南部諸州も、差別撤廃への措置をサボタージュするために政治的に用いていたこともたしかである。もちろん、アレント本人にとっては、連邦と州の関係と人種差別問題とは別の次元の話だということではあろうが、この論文を政治的にさらにわかりにくいものにしたのも事実である。

「平等化」の限界

以上のように、この論文は当時の、少なくとも人種差別に反対の立場をとる人々の議論の文脈においては、かなり保守的なものといえよう。そして、その主たる理由は、政治的に対応すべき人種差別の範囲を、法の前の平等原則への侵犯に限定したことであることも明らかであろう。

もちろん、アレントは法の前の平等以外の平等概念を知らないわけではない。そして、アメリカ共和国は、トクヴィル以来、「権利の平等」だけでなく、機会と条件の平等によって特色づけられてきたのであり、そうしたアメリカの平等原則は、社会的な平等化までをも含む、広範な内容を持つということは彼女も十分自覚していた。そして、人種問題の難しさは、それがたんに法の前の平等のみならず社会的・経済的平等や教育上の平等が達成されることによっても、容易に解決されがたい側面を持つこと、その意味で、法の前の平等以上の広がりを持つアメリカ的平等原則をもってしても、なお困難は残るということも彼女は自覚していた。すなわち、人種問題は「自然的、肉体的な特徴」において可視的な差異を持つ――それを「平等化」することは不可能だ――集団を前にしたときに、その集団とどういう関係を持ちうるかという問題、まさに、「平等化」することによっては解決できず、差異を差異として認識したうえでの関係のあり方を考えることこそが、人種問題に関しては不可欠だと彼女は考えていたといってよかろう。

しかし、こうした認識にもかかわらず、あるいはむしろそれゆえに、アレントは、政治的に対応可能な人種差別の問題を、法の前の平等にかかわる問題に限定した。そこに、「社会問題」の解決にたいして政治は無力であるという、『革命について』で繰り返される主張の変奏を聞くこともできよう。

この論文に示された人種差別問題にたいする態度は、一九六〇年代におけるこの主題についての彼女の主張にも基本的に当てはまる。六〇年代の公民権運動について、彼女は、初期の公民権運動とりわけ選挙人登録の運動等にたいしては大変強い共感を示している。しかし、いわゆる「偉大な社会」プログラム以降の公民権運動、つまり経済的、社会的、教育機会などにおける不平等な状態を、実質的に平等化しようという政策や運動、いわば社会問題としての人種問題を政治の力で解決しようとする運動にたいしての評価は冷淡である。たとえば、大学入学におけるクォータ制（入学定員を人種やエスニック集団ごとに割り当てる制度）などのいわゆるアファーマティブ・アクションにたいしては極めて批判的である。まして、分離主義的なイデオロギーを多かれ少なかれともなった黒人の文化的アイデンティティ教育を、政治的に大学の中で制度化していくような動きにたいしてはなおさらである。

リトルロック事件に示されたアレントの政治観・社会観は、学生反乱についての彼女の理解にも、再び現れることになる。

学生反乱

一九六〇年代後半に、アメリカをはじめとする先進諸国を中心として世界中を揺るがしたのが、学生反乱と呼ばれる一連の動きである。ハンナ・アレントもまた、この学生反乱に強い興味を示していた。では、彼女の目には、この動きはどのようなものとして映っていたのか（以下では『共和国の危機』〔邦題『暴力について』〕、とりわけその中の「市民的不服

ワシントン大行進（1963年8月28日）

従」、「暴力について」、「政治と革命についての考察」が主として参照される)。

　アレントは、インタビュー「政治と革命についての考察」の中で、アメリカの学生運動の展開を、公民権運動、大学紛争、ベトナム反戦運動という三つの争点に注目して回顧している。第一が、人種差別問題、すなわち公民権運動である。彼女によれば、公民権運動は、沈滞した一九五〇年代に突如として始まった運動であるが、彼女はそれを二つの段階に分けている。第一の段階が、「純粋に法律や政治の問題」を争点とした公民権運動の段階である。彼女によれば、その当時は、ハーバードをはじめとする東部の有名な大学の学生たちが南部に赴き、「みごとな組織力を発揮して」、「世論の風潮を変え」、そして「南部諸州のある種の法律や条例を廃止させる」ことにかなりの程度成功したという。彼女は、この時期がいつ頃までを指すのかは明言していないが、おそらくワシントン大行進（一九六三年）をクライマックスとする時期であろうと思われる。次いで、第二の段階が、北部の都市の黒人の貧困や社会的不平等の改善を争点とした段階である。しかし、この段階では、学生運動は何一つなしとげることができないまま失敗したとアレントは総括している（CR202　一九六―一九七）。

アメリカの学生運動の、第二の争点は大学紛争である。そして、それにベトナム反戦運動という第三の争点が加わっていったと、アレントは述べている。反戦運動に関しても、彼女は、運動は大きな成功をおさめたと評価している。学生たちは、ベトナム戦争にたいする国論を二分することにまず成功し、最後には、多数派を反戦派に、少なくとも「非常に強力で良質の少数派」を反戦派にすることに成功したというのである（CR207-208　二〇三）。

だが、彼女は大学紛争に関しては批判的、少なくとも両義的であった。彼女は、学生運動がもし大学そのものを破壊することに成功するとしたら、それはただちに運動の破滅を意味するだろうと考えていた。というのも、大学自体の破壊は、学生運動が成り立つ基盤の喪失をもたらすからである（CR208-209　二〇三―二〇四）。

科学技術への批判、官僚制化への反逆

アレントは、当時の学生反乱の世界的展開の中に、現代文明にたいする二つの批判、危機感を見いだしている。

第一に、彼女は、学生反乱者たちの世代を、「自分たちに未来があるということにけっし

て確信が持てない世代」として特色づけている。「『三十歳以上』の人々よりもいまの新しい世代の方が、世界の終わりの日の可能性にはるかに敏感に生きているのは当然のことであるが、それは彼らが若いからではなくて、世界における彼らの最初の決定的な経験がこれだったからである」。つまり、彼らは、「未来は『現在の中にうめこまれたカチカチと時を刻みつづけている時限爆弾のような』ものだ」と考える世代だというのである。新しい世代とは、「そのカチカチという音が聞こえる人たち」である。そして、「彼らを全面的に否定する人たち」とは、「あるがままの現実を知らないか、それを直視することを拒む人たち」なのだとアレントは述べている。こうした現代文明への危機感において、彼女が学生反乱にある種の共感を抱いていたことは明白であろう（CR119-120　一一二）。

こうした終末観、危機感の根底に、アレントは、科学技術にたいする不信、懐疑を見いだす。今日の世代は、自分たちが学んだ科学が、「科学自体の産出したテクノロジーの破滅的な結果を元に戻すことができないばかりか、『何をやっても戦争に転用できないものは一つもない』という発展段階にまで到達してしまった」という事実に気づいてしまったというのである（CR118　一一〇）。

アレント自身も、こうした科学技術批判に共鳴していた。彼女は、ネイザン・グレイザーとブレジンスキーの名前をあげ、彼らのように学生たちの反乱を現代のラッダイト運動（産業革命期のイギリスでおきた機械打ち壊し運動）や反革命だと非難する人々は、科学がもたらす危険にたいして無自覚であると批判している。さらに、むしろ自然科学系の研究者のほうが危機意識を強く持っていることにも、肯定的に言及している（CR187-189　一八〇―一八一）。

第二に、彼女は、当時の学生運動の中に、社会の官僚制化への反逆というもう一つの世界共通の特色を見いだしている。

官僚制とは、すべての人が政治的自由や活動するための権力を奪われている政体である。なぜかといえば、匿名の者《ノーボディ》による支配《ルール》は支配の不在《ノー・ルール》ではなく、すべての人が平等に権力をもたない《パワーレスな》ところでは暴君のいない暴政がおこなわれているからである。世界中の学生反乱における極めて重要な特徴は、それがどこでも支配する官僚制に向けられていることである（CR178　一六八）。

こうした官僚制化は、「統治を行政にかえ、共和政を官僚制にかえ、それに伴って公的領域は壊滅的に縮小し」てしまった。そのことは、いわゆる西側先進諸国のように、「言論や結社の自由がまだ損われていない国々においても、巨大な政党マシーンがあらゆるところで、市民の声を抑えこむのに成功しているという明白な事実」に現れているというのである。

活動の喜び

ところで、科学技術への批判と、社会の全般的な官僚制化への批判という二つの要素は、当時の新左翼的な社会批判によく見られた主張であり、その意味では、アレントもまた、同様の特徴を学生反乱の中に見いだしているともいえる。しかし、彼女は、こうした現状認識や批判を、ネオ・マルクス主義的な理論と結びつけて理解することはしない。彼女はそのことに非常に批判的であり、それは学生運動の現実分析能力をいちじるしく削ぎ、イデオロギー化する危険性をもたらしているというのである。

とりわけ、アレントは、官僚制化への異議申し立てが、当時の文脈においては、暴力の誘発へとしばしばつながっていることに注目する。「公的生活の官僚制化が進めば進むほど、暴力の魅力はますます増大する」（CR178　一六八）。そして彼女は、一九七〇年代初頭に流布したフランツ・ファノンや毛沢東主義、そしてサルトルの議論などの新左翼的な理論に言及しながら、そこに一種の暴力崇拝が生まれていると論じ、そうした暴力崇拝を厳しく批判している。

それにたいして、アレントは、学生運動家たちに、とりわけアメリカの学生運動家たちの中に、一つの積極的な新しさを見いだしている。すなわち、彼女は、彼らを「活動の喜び」に目覚めた人々として特色づけているのである。彼女は、アメリカの学生運動に関連して、「今の若い世代が持つ活動しようという決意、活動の喜び、また彼らが自分たちの努力によって物事を変えることができるという確信を持っている点」、こうした点に強く印象づけられたと述べている（CR202　一九六）。さなによりも、彼女が注目しているのは、久々に自発的な政治運動が起きたことだった。さらに、その運動は、たんなる権力や利害のためのものではなく、「倫理的な動機」からの活動であって、その意味で、今日の通常の政治観を覆すものであった。そして、そこに彼女は「我々の時代にとって新しい経験」、すなわち「活動することは楽しい」ということ、「十八世紀の人たちが『公的幸福』と呼んだもの」の再発見を見いだすのである。いいかえれば、共和主義にまでつながるような伝統の中に、学生運動を位置づけ、その点で肯定的に評価しているのである。

市民的不服従

アレントにおいては、「市民的不服従」もまた、共和主義に連なる政治参加の系譜へのこうした位置づけにおいて理解されることになる。「市民的不服従」という論文（CR49-102四七―九五）の中で彼女は、良心的兵役拒否やソローのいう意味での市民的不服従のような良心にもとづく個人の抵抗と、彼女の考える市民的不服従とを区別している。市民的不服従は、アレントによれば、アメリカ的な政治観・権力観と深く結びついた観念である。つまり、『革命について』の中で述べられた、相互契約に基礎をおく権力という観念、アメリカ型社会契約と市民的不服従とを結びつけて考えるのである。

彼女によると、市民的不服従が正当化されるのは、その権力を生み出した約束、原初の契約、同意が破られたときのみである。つまり権力が契約に基礎づけられるという論理が憲法秩序の根源に存在するがゆえに、その契約が破られたとき、不服従が正当なものとされうることになるというのである。市民的不服従とは、実は、この破られた契約、権力の失われた根拠を再生する行為にほかならない。そして、だからこそ、それは個人の良心にかかわる事柄ではなく、複数の市民による共同の活動としてのみ可能だということになるのである。

彼女は、現代の市民的不服従を、トクヴィルが注目した自発的結社というアメリカの古い伝統の最新形として解釈する。そして当時の学生運動をも、具体的な目標のために作られた自発的結社の現代版であり、その解釈にもとづいてのみ正当化されると考える。そして、こうした市民的不服従と自発的結社は、アメリカ以外では知られていないとも述べている。

こうして、学生反乱は、『革命について』でアレントが描いたような共和主義的な政治観と、トクヴィル的な自発的結社という、彼女が考えるアメリカの正統的な政治観の伝統の中に回収される。すなわち、利害でなく倫理的な動機に発する、限定された具体的目標のためにおこなわれ、参加すること自体に人々が喜びを見いだす政治的な経験として、そしてそうであるかぎりにおいて、彼女は強い共感を学生反乱に示すことになったのである。

しかし、このことは逆に、彼女の「共感」の限界線をも示している。運動がイデオロギーの道具になったりイデオロギーによってコントロールされるとき、あるいは特定の利害の実現と結びつくとき、彼女は全く否定的になる。とりわけ、すでに述べたように、彼女は人種問題に関して、大学へのクォータ制の導入や黒人文化のための講座の創設などの要求にたいしては、黒人運動と結びついた学生運動の利益集団化だとして非難している（CR120-121, 176-177　一一二―一一三、一六七）。

共和主義と「新しい政治」

人種問題と学生反乱に象徴される一九六〇年代アメリカの激動は、アレントにたいして、いわば「新しい政治」とでも呼ぶべき問題を突きつけた。その「新しさ」を彼女はある部分は理解し、ある部分は理解しえなかった。あるいは、その「新しさ」にたいして、反時代的という意味で「古い」答えをもって対応したといえるのではあるまいか。

アレントは、六〇年代の学生反乱の中に、倫理的な動機づけ、現代的な言い方をすれば「ポスト物質主義」的な価値観を見いだした。そして、それゆえに、現代の学生運動は、政治参加の動機づけの中心は物質的利益の実現にあるとみなす一般的な見方にたいして、新しい政治参加の可能性、新しい政治の可能性を示唆していると彼女は考えたのである。

けれども、そのことをアレントは、共和主義的政治観の復活として解釈しようとした。この解釈は、一面では、若い反逆者たちをアメリカの正統的伝統の中に位置づけることで、彼らの正統性を人々に印象づけようとしたものともいえる。しかし他方では、そのことによって、良くも悪くも彼らが有している「新しさ」を、見失わせてしまったといえよう。

人種問題や大学紛争をはじめとする六〇年代のさまざまな異議申し立ての背景には、実は、政治と社会との関係、政治と文化との関係、いいかえれば、政治的なるものの概念、何が政治的争点たりうるかという重大な問題の問いなおしが潜んでいた。

それは、人種間の平等は法の前の平等だけでよいのか、科学技術の現状を考えたとき、大学の政治的中立性、非党派的な真理の担い手としての大学という古典的な大学像の擁護だけで十分なのかといった、ここで紹介したアレントの基本的な「政治／非政治」理解への疑義をも当然はらむものだったのである。その意味で、通常の政治的なものと社会的なものの区分、政治的なものの限界への批判は、今日から見れば、重要な含意だったはずである。現代フェミニズムの有名なテーゼ、「パーソナルなことは政治的である」は、まさにこうした一連の「政治的なるもの」の問いなおしの象徴だといえよう。しかし、アレントは結局、こうした問いかけにたいしては、古典的な政治概念をもって応えるのみであった。

もう一つの問題は、アレントが学生反乱の中に見いだした、政治参加や「公的幸福」の復権、活動の喜びの再発見という側面と、科学技術批判、官僚制化批判という側面との関係はどうなのかということである。後者の問題群にたいして、前者の側面は、適切な「解答」たりうるのだろうか。いいかえれば、現代文明の全般にかかわるような問題に、共和主義の復活はどれだけの意義があるのだろうか。しかし、これは、第一の問題と密接に関係するとともに、アレントの政治観全体にかかわる問題である。したがって、次章を踏まえて、エピローグで改めて論じることとしたい。

5　二十世紀としてのアメリカ

アレントの夢と悪夢

本章第一節ですでに見たように、アレントによれば、ヨーロッパの知識人たちが抱くアメリカのイメージは、アメリカの実態よりも、むしろヨーロッパ文明の未来について彼ら自身が抱いている「夢」や「悪夢」を強く反映していたという。だが、そうだとすれば、このことはアレントその人にも当てはまるのではなかろうか。

一九五四年の「画一主義の脅威」論文の中で、アレントはヨーロッパ、アメリカ双方に共通する西洋文明の現代における最大の政治的課題は、「大衆社会の政治的組織化と技術の力の政治的統合」だと述べている（EU427　Ⅱ二七七）。すなわち、彼女の「悪夢」は大衆社会のもたらす画一主義の脅威であり、核兵器に象徴されるような、もはや人間の生存そのものに敵対しはじめた技術文明の展開であった。

それにたいして、彼女の「夢」とは、こうした現代世界の不可抗的とも思える趨勢に抗して、それを制御しうるような政治体であった。そして、彼女にとっては、アメリカの憲法体制が、少なくともアメリカ革命に体現された共和政の理念こそが、その「夢」の拠りどころだったのである。その意味で、現代アメリカは、彼女の夢と悪夢との戦場であった。

に述べたとおりである。

「世界」の擁護

彼女の「悪夢」の現実化が、全体主義であったことは想像に難くない。そして、アメリカにおいて、全体主義を阻むものとして、アメリカの憲法体制を高く評価していたこともすでに述べたとおりである。

ところで、全体主義の最大の特色は、国家や社会をはじめとしてそれらを構成する諸要素すべてからその安定性を奪い、すべてを運動の中に巻き込んでしまうことであった。十九世紀ヨーロッパにおいては、こうした安定的要素は伝統や慣習に、具体的には国民国家と階級社会に体現されていたが、それが自己解体し、さらには全体主義運動によって破壊されつくしたということは、第一、第二章で見たとおりであった。

アレントによれば、国民国家と階級社会、伝統や慣習の秩序をそもそも持たないアメリカにおいて、「世界」の永続性、安定性を体現したのは、共和政の憲法体制であった。そして、本章第三節でたびたび言及してきたように、アレントの現代アメリカ論の一つの特色は、まさにこの「世界」とその安定性の擁護にある。そして、それは、戦後アメリカにおいてなお、彼女に全体主義の悪夢がつきまとっていたことを窺《うかが》わせるものだともいえよう。そして、彼女の現代アメリカ論の主眼が、永続性を持った「世界」の擁護であるという意味においては、彼女の現代アメリカ批判に保守的な含意が色濃いということは当然であろう。

もちろん、他方でアレントは、学生反乱や市民的不服従への共感に示されているように、「参加民主主義」的な、市民の自発的かつ直接的な政治参加の擁護者でもあった。しかし、その場合の「政治」像については、彼女はあくまでも古典的共和主義とアメリカ革命の原像にこだわり続けた。しかし、すでに見たように、古典的共和主義を基準点とすることは、現代アメリカへの鋭い批判を可能にすると同時に、現代アメリカの抱える、問いかけている問題の本当の新しさを認識することを不可能にもしたのではないか。

すなわち、それは政治と社会との関係、政治的なるものの問いなおしであった。しかし、アレントは、政治的なるものの概念的区分けをみずから問いなおすことよりも、むしろ、社会の諸争点が全体的に政治化されることへの抵抗を重視した。そして、その意味では、アレント的な共和主義は、評議会制論に見られるような、政治的秩序の突出ないし全面化という印象がある一方で、実は、他方では、政治的に解決可能な争点という意味における政治的なるものの限界づけにおいては、極めて慎重であり、限定的、消極的だということも、見落とされるべきではないだろう。

アレントと「新左翼」

もう一つ、アレントの中の保守的要素として見落とせないのが、科学技術と官僚制化への批判である。すでに見てきたように、こうした批判はフランクフルト学派などに代表されるような新左翼的な産業社会批判と軌を一にするものであって、その意味では、これを「保守的」というのは意外に感じるかもしれない。

しかし、実はそこには、二十世紀後半、とりわけアメリカにおける保守主義の変質、あるいは「不可能性」という問題があるのではないか。というのも、そもそもアメリカではロマン主義的な保守派、産業社会や資本主義化に反対するような保守派はすでに十九世紀末からほとんど政治的影響力を持たなかったことに加えて、二十世紀後半においては、ヨーロッパも含めて、そうした保守主義は、保守主義としては姿を消していった。

他方、「進歩派」ないし左翼の側も、長らく科学技術の発展や生産力の増大、いいかえれば産業社会化そのものに異議をはさむことはほとんどなかった。

それにたいして、資本主義、社会主義を問わず産業社会化と近代化そのものに批判を向けるという、保守主義的な主題を、科学技術の無制限の展開と社会の全般的官僚制化への批判という形でとりあげたのが、いわゆる「新左翼」的な運動であり、フランクフルト学派等の理論であった。つまり近代批判という、十九世紀ヨーロッパでは保守派の主題であったものが、二十世紀後半においては急進派の主題になるという逆転が生じたのである。

こうした近代批判をめぐるねじれは、近年におけるニーチェやハイデガーの政治的含意の解釈のされ方にも現れている。そして同様のことが、すなわち、本来、近代にたいする保守的な批判の論理であるものが、現代の文脈の中で急進的批判という含意を持ってしまうということが、アレントの場合にも当てはまるものと思われる。

ヨーロッパとアメリカのねじれ

しかし、アレントにおけるこのねじれは、現代において「保守的であること」のもたらすねじれであるとともに、ヨーロッパとアメリカという二つの知的世界の間のねじれでもあった。

アレントのアメリカ像には、やはり「夢と悪夢」双方の誇張が、いいかえれば、「アメリカにアメリカ以上のものを見る」傾向が顕著であるといえよう。それは、一方では共和主義的要素を極端に強調したアメリカ革命像であり（アレントが、建国の父たちの中でもジェファーソンとアダムズにとりわけ高い評価を与えていることがそのことを物語っている）、他方では、その裏面として、アメリカのもう一つの側面、資本主義と大衆文化のアメリカにたいするきわめて否定的な評価、ないしは無理解であった。

その意味で、アレントのアメリカ理解もまた、多くのヨーロッパ出身の知識人のアメリカ論と同様、誤解ゆえの洞察を多く含んでいる。けれども、その「誤解」は、ある程度まで、確信犯的なものであったと思われる。というのも、彼女のアメリカ論の目的は、そもそも、アメリカの歴史や現状についてのバランスのとれた写実画を描くことではなく、そこに西洋文明の「夢と悪夢」の兆候を読みとること、そして、そのことを通じて、大西洋の両側の人々を挑発することだったからである。

第四章　政治の復権をめざして

1　労働・仕事・活動

『人間の条件』

これまで、第一章でアレントの十九世紀秩序論を、第二章で彼女の全体主義論を、そして第三章で彼女のアメリカ論を概観した。それらは同時に、アレントの二十世紀像であり、また二十世紀批判でもあった。そして、その批判を逆から見れば、彼女が、何をそうした時代認識の準拠とし、何をそうした批判の拠りどころとしたのかも、すでにかなりの程度おのずと明らかになったと思われる。

そこで、本章では『人間の条件』を中心に展開された彼女の政治思想を、政治の復権という角度から、もう少し詳しく見てみることにしたい。

活動的生活

アレントの政治理論に関する主著、『人間の条件』のドイツ語版には『活動的生活（*vita activa*）』という別の題名がつけられている。この奇妙な、そして一見全く異なる二つの題名は何を意味しているのだろうか。

この本における「活動的生活（*vita activa*）」とは、労働（labor）、仕事（work）、活動（action）というアレントが独自に概念化した三つの活動《アクティヴィティ》の総称である。そして、なるほどこの本は、この三つの活動《アクティヴィティ》についてのさまざまな分析を中心に成立している。

しかし、アレントも述べているように“*vita activa*”とは、元来アリストテレスの“*bios politikos*”（政治的生活）の中世哲学における訳語であった。つまり、もともとのギリシア的意味においては、労働や仕事はその中に含まれていなかったのである。ところが、彼女によると、ソクラテス学派に始まりキリスト教思想へと連なる西洋哲学における観照の圧倒的優位という伝統の中で、“*vita activa*”は政治的生活という本来の積極的意味を失い、たんに“*vita contemplativa*”（観照的生活）の反対概念として、否定的な意味でのみ定義されるものとなってしまった。

“*vita activa*”が政治的生活（活動）のみならず労働や仕事をも含むようになったのはこうした変化によるものであるが、このように拡大された“*vita activa*”概念の中では、労働・仕事・活動の間の差異にはもはや関心がはらわれなくなったという。彼女はこうした思想史的背景をふまえて、広い意味での“*vita activa*”の概念をもう一度定義しなおし、その内部の構造を明らかにしようとするのである。

では、「人間の条件」という題名は何を意味しているのだろうか。「人間の条件」という言葉でアレントは、まず第一に、「人間に地上での生命が与えられた際の根本的条件」（HC7　一九）を意味している。それは具体的には、「生命それ自体、生まれてくるものであるということ（natality）と死すべきものであるということ（mortality）、世界性（worldliness）、複数性（plurality）、そして地球」（HC11　二四）をさしている。しかし人間の条件は、このような人間がみずから作り出したのではないという意味で、客観的なものだけに限定されるのではない。それはまた、第二に、人間がみずから作り出した条件をも含んでいる。なぜなら、人間が作り出した事物もまた、逆に人間を条件づけているからである。「人間世界にひとりでに入りこんでくるものも、人間の努力によって引き入れられるものも、すべて、人間の条件の一部となるのである」（HC9 一二）。したがって、この意味では、人間の条件とは人間にかかわる事物の総体のことである。

アレントによれば、人間の活動《アクティヴィティ》はこの人間の条件と対応関係にあるという。人間の活動《アクティヴィティ》とは、人間を条件づけるさまざまの条件に人間が対処するための営みなのである。したがって、人間の条件と活動《アクティヴィティ》とを相互に切り離して語ることは不可能である。つまり、「活動的生活」と「人間の条件」は、同じ事柄を逆方向から見た呼び名なのである。彼女が、労働、仕事、活動を最も基本的な活動《アクティヴィティ》として選び出したのも、この三者がそれぞれ、生命それ自体、世界性（人間存在の非自然性）、複数性（地球上に生き、世界に住むのが単数の人間ではなく複数の人間であるという事実）という根本的な人間の条件に対応しているからなのである。

アレントの人間観においては、このように条件づけられた存在としての人間という考え方が中心的な役割を果たしている。しかしこれらの諸条件は、人間を絶対的に条件づけているのではない。人間には、こうした条件を変更することも可能なのである（アレントは、すでに地球という条件は変更されつつあると見ていた）。彼女が、こうした諸々の条件や活動《アクティヴィティ》をもって、「人間の本性（nature）」と呼ぶことを拒むのもそのためである。人間の条件は、絶対的・客観的な外的力として人間を因果的に規定するものではない。それは、あくまでも人間との関係においてのみ存在するものである。そして同じことが、活動《アクティヴィティ》の側についてもいえる。彼女のあげるさまざまな活動《アクティヴィティ》は人間の生物学的属性ではないし、また条件という「刺激」によって規定された「反応」でもない。しかしこれらの活動《アクティヴィティ》は、条件という誘因なしには決して現実化されることはないし、そもそも存在する意味を持たないのである。

労働

労働は人間の肉体の生物学的過程に対応する活動《アクティヴィティ》である。人間の肉体の自然的成長、新陳代謝、そして最終的な腐朽は、労働によって産み出され、生命過程へと供給される生命の必要物（necessities）に拘束されている。労働の人間の条件は生命それ自体である（HC7　一九）。

アレントの労働概念は、極めて限定的な意味を持っている。彼女の労働についての叙述は、いかにして労働と後に述べる仕事とを分化するかを中心テーマとしている。彼女によれば、古代にも近代にもこの両者を区別した労働理論は存在しなかったが、それにもかかわらず西洋諸国の言語はすべてこの二者を区別してきたという。

では、この両者を分けるメルクマールは何であろうか。それは、その活動《アクティヴィティ》をおこなう者の主観的態度やその仕方の違いではなく、その生産物の違いである。すなわち、「生産物の世界的な性格——世界においてそれが占める場所・機能・潜在期間——」（HC94　一四七）の相違である。そしてこの「世界的な性格」の中核をなすのは永続性（permanence）と耐久性（durability）であるから、労働と仕事を区別するものは、基本的にはその生産物の永続性と耐久性だということになる。つまり、仕事の生産物は耐久性・永続性を有するのにたいして、労働の生産物はそれを欠いているのである。

ところで、このような労働の生産物とは、「生命過程そのものに必要とされる物」（HC96　一五一）、すなわち消費財である。このことからも知られるように、労働はおよそ生命を維持しようとするかぎり逃れられないものであり、したがってなんら人間に特有なものではない。つまり労働は、消費の準備という役割を果たしているのであって、この労働と消費とは、生物学的生命のいつまでもくり返される循環の二つの段階にほかならない。そしてこの生命過程が始点も終点も持たないように、労働と消費もその有機体が生命を持つかぎり続くのである（HC98-100　一五四—一五五）。

労働と仕事の区別の消滅

このようにアレントは、労働を生産物の永続性の欠如、生命そのものに由来する必然的性格、無限の過程としての性格によって特徴づけている。しかし彼女によれば、産業革命以後、労働と仕事との間のこの区別は、芸術作品のようなわずかな例外領域を残して失われてしまったという。

飛躍的に増大した生産能力は、いまや諸個人の消費能力をはるかに越えてしまった。近代社会が考え出したその対策は、元来消費財からは区別されていた、つまり仕事の生産物であった使用対象物を、消費財にしてしまうことであった。そのことによって、人間の消費能力は生命の必要をはるかに越えて拡大することができた。しかし、これが世界の永続性・耐久性を失わしめることとなった（HC124-126　一八五―一八八）。生産力の拡大は、たしかに人々を相当程度、労働の苦痛から解放することに成功した。けれども、この労働からの解放によって生じた余暇は、その労働の裏返しである消費の拡大という形で費されてしまったのである。

さらに、労働の生産力の拡大は、労働という活動《アクティヴィティ》に固有の無世界性、すなわちその生産物の耐久性の欠如をなんら変えない。それどころか、本来耐久性を持っていた物まで消費のサイクルの中に巻き込んでしまったにもかかわらず、この生産力が産み出した豊かさは、生命の必然性への従属の意識や、労働の持つ無世界性＝空虚さの意識自体を失わせてしまったのである（HC133-135　一九四―一九八）。

仕事

仕事は、人間の実存の非自然性に対応する活動《アクティヴィティ》である。人間の実存は、種のいつまでもくり返される生命循環のうちに埋もれているものではないし、また、その死すべきものであるという性格（mortality）はその生命循環によっていやされるものでもない。仕事は、すべての自然環境とは際立って異なる、物の「人工的」世界を作り出す。この物の世界の境界内に、それぞれ個々の生命は住まうのであるが、この世界そのものは、それらの個々の生命を越えて存続するようにできている。仕事の人間の条件は世界性である（HC7　一九—二〇）。

仕事も労働と同様に、人間でなく自然にたいして人間がおこなう活動《アクティヴィティ》である。しかし、右に示した定義からも明らかなように、アレントによれば、この二つの活動《アクティヴィティ》は全く別物である。仕事の特色としては次のような点があげられる。

まず第一に、労働の生産物が消費財であるのにたいし、仕事の生産物は耐久性を有する使用対象物である。もちろん、耐久性を持つといってもそれは絶対的な耐久性ではない。だからといって、消費財との本質的な相違が見落とされてはならない。すなわち、消費財にとっては、それが解体されることが消費の本質をなすのにたいして、使用対象物にとっては、その解体は不可避ではあるにしても付随的な事柄だからである（HC136-138　二二三—二二六）。

第二に、仕事の生産物が耐久性を持つということは、いいかえれば、それが自然の過程を離脱しているということである。この自然の過程からの離脱は、労働が生命過程という自然過程の中に組み込まれていることと対照的である。しかしまた、この離脱は、「工作人（*homo faber*）」のおこなう仕事には、自然の破壊、暴力と侵犯の要素が不可避であることをも表している。そして、自然にたいするこのようなかかわり方が、人間に「全地球の支配者、主人」としての自己意識を与え、彼に自己確証と満足とをもたらすのである（HC139-140　二二七―二二九）。

第三の特色は、モデルが存在することである。製作（仕事）は、製作者の外部に存在し、製作の過程に先行するモデルに従っておこなわれる。このようなモデルの存在も、労働や活動にはない仕事独自の特色である（HC140-143　二二九―二三二）。

第四に、明確な始点と終点を持つことも製作の特色である。労働には始点も終点もなく、活動にも始点はあるものの予見できる終点はない。さらに、製作の過程は可逆的である。つまり、人間の手で作り出したものはみずからの手で再び破壊しうるのである。したがって、「工作人」は製作の過程を完全に自己の支配下におくことができる。彼は自然の支配者であるのみならず、自己自身と自己の行為との主人でもある。その意味で、「労働する動物（*animal laborans*）」や「活動の人」ではなく、「工作人」のみが主権的自由を持つのである（HC143-144　二三二―二三四）。

有用性

製作の過程は、有用性（utility）という功利主義の基準に従って、手段―目的の関係で決定されてゆく。つまり、目的が手段を正当化し、手段を産み出し、組織化するのである。しかし、この手段―目的関係は、たんに製作の過程のみを律するにとどまらない。それはまた、完成した生産物自体にも適用されてゆく。なぜならば、使用対象物たる生産物は、それが使用されるにせよ、あるいは交換に付されるにせよ、なにかの手段となることによってしかみずからの有用性を示せないからである。ところが、そうなると、少なくとも製作の過程では目的であったはずの当の物が、完成と同時に再び手段に堕することになる。かくして製作の活動《アクティヴィティ》に固有の有用性の標準は、手段―目的の無限の連鎖を産み出してしまうのである（HC153-154　二四四―二四五）。

この難問を手段―目的のカテゴリーの内部で打開するためには、なにものかが「目的自体」となって、この連鎖に終止符を打たねばならない。ところが、「目的」の観念はその目的が実現されていない間しか成り立たず、ひとたびその目的が実現されるや、それは再び手段化されうる客体の一つとなるにすぎない。「目的自体」の観念がいわんとしていることは、実際には意味の問題である。意味は、その達成の如何《いかん》にかかわらず、永続的なものでなければならない。そして、あらゆる功利主義の哲学は、手段―目的という有用性の問題と、この意味の問題とをとり違えているのである（HC154-155　二四五―二四七）。

アレントによれば、功利主義の内部でこの無意味性のジレンマから逃れる唯一の方法は、人間中心主義の立場に立って、使用者としての人間が「最高の目的」、「万物の尺度」となることである。このような「厳密に人間中心主義的な世界でのみ、有用性そのものが有意味性の尊厳を獲得することができるのである」。ところが彼女によれば、この解決策にも固有の難点があるという。すなわち、「工作人は彼自身の活動《アクティヴィティ》の観点から見れば目的をとげたように見えた途端、今度は、彼自身の精神と手になる目的かつ最終生産物である物の世界を貶《おとし》め始めるのである」。つまりそれらの物が、人間の手段とされ、「その物本来の『価値』を失う」というのである（HC155　二四七―二四八）。

我々の目に奇異に映るのは、「人間中心主義」の解決策ではなく、それにたいするアレントの批判のほうであろう。本来、人間の手によって産み出された物が、その人間を離れて、彼に向かって独自の意味や価値を主張しだすことのほうが、むしろ自己疎外の病理現象ではなかろうか。そもそも、人間にたいしての有用性以外に、人間が製作した物にどんな意味があるというのであろうか。また、有用性以外に、いかなる標準を世界に適用できるのであろうか。この問題はとりもなおさず、仕事という活動《アクティヴィティ》が有している意味の問題なのである。

世界の標準としての「美」

アレントのこの一見奇異とも思われる評価を理解するためには、彼女が「世界」およびそれを構成するさまざまな物に与えた役割についてふれておく必要がある。それは一言でいえば、個々の生命が住まう場所を与えること、「特殊に人間的な生命が、地上において安らぐための条件」（HC134　一九七）を与えることである。つまり、これらの物の役割は、労働を軽減することではないし、また、さらなる仕事のための道具や手段を産み出すことでもないのである。

たしかに、有用性は仕事を促すものであり（HC177　二八八）、世界の標準の一つとして彼女自身も認めてはいる（HC152　二四二）。しかし、見落としてはならないのは、世界の究極的な存在意義はこの有用性にあるのではないということである。むしろ、世界の本質をなすのは、その永続性である。世界は死すべき人間、すなわち個としての人間の生命を越えて存続しつづけねばならない。なぜならば、この不死なる世界を通してのみ、死すべき人間によってなされた行為（deed）が、現実にその痕跡を残しうるのだからである。つまり世界を作る仕事の意味は、人間にその死を越えた記憶を残すことによって、彼を生命の空虚さから救うことなのである。

それでは、この永続性を決するのは何なのか。また、世界を構成するさまざまな物がそれに従って評価される、「物本来の価値」や「客観的基準」とは一体何なのか。

先に述べたようにアレントは、仕事に関する叙述の冒頭では、仕事の生産物の典型は使用対象物であるとしていた。ところが他方で彼女は、仕事の生産物＝世界の構成物として、この使用対象物と並んで芸術作品をあげているのである（HC167　二六三―二六四）。そして、これに対応して「世界の標準」としても「有用性」とともに「美」をあげている（HC152　二四二）。

しかも、この二つの種類の物あるいは標準の関係は対等ではない。世界の本質をなす永続性に関係するのは、有用性ではなく、美の標準だからである。したがって、有用性を全く欠く芸術作品も世界の構成物たりうるのにたいし、いかに有用な使用対象物であっても、それが形を持つものである以上は、美の標準と全く無関係ではありえない（HC172-173　二七一―二七二）。その意味で、美こそ勝義における世界の標準であり、芸術作品こそ仕事の生産物の典型なのである。

それでは、この「美」はいかにして判定されるのであろうか。アレントによれば、それは「その物がそう見えるべきものに一致しているか否か」（HC173　二七二）によるのだという。このことは具体的には、製作に先だって製作者によって抱かれていたあるべき生産物のイメージ、モデルに一致しているか否かに従って判断されるということを意味する。

かくして仕事という活動《アクティヴィティ》は、一見、自己完結したかに思われる。しかし、実は根本的な問題が残されている。たしかに、モデル適合性としての美という標準には、有用性の標準における無限連鎖の危険はない。だが、この美あるいは永続性がそのまま「意味」なのであろうか。いいかえれば、永続する世界が世代を越えて保存すべき人間の不死の行為(deed)は、仕事という活動《アクティヴィティ》自身の産物なのであろうか。アレントによれば、答えは否である（HC173-174　二七三）。先回りしていえば、仕事に有意味性を提供するのは活動である。つまり、仕事の力を借りて記録されるべきものとは、活動が産み出す物語なのである。

活動

活動とは、物や物質の媒介なしに、直接、人々（men）の間で行なわれる唯一の活　動《アクティヴィティ》であり、複数性（plurality）という人間の条件、すなわち、地球上に生き世界に住むのが単数の人間（Man）ではなく、複数の人間（men）であるという事実に対応している（HC7　二〇）。

この定義からも知られるように、活動は複数性という人間の条件に対応した活　動《アクティヴィティ》である。複数性なしには、活動は成り立たない。複数性は、同等性（equality）と差異（distinction）という二重の性格を持っている。もし人間が相互に等しいものでないならば、そもそも相互の理解は不可能である。他方、もし彼らがなんら異なる者でないならば、活動は不必要である。

人間の有する差異は独特のものである。たしかに、あらゆる存在者は他性（otherness, *alteritas*）を持っている。そもそもそれなしには、ある存在者をそれとして他の存在者から区別して認めることができない。さらに、有機的生命においては、同種の個体間においてもすでに多様さと差異が見られる。しかし、人間だけがこの差異を自覚し、みずから表現し、自己を他から区別できるのである。この差異の自覚によって、人間の他性と差異性（distinctness）は唯一性（uniqueness）となる。したがって、人間の複数性とは、唯一存在者たちの複数性なのである（HC175-176　二八六—二八七）。

ところで、「差異」を基礎づけるのが、人間の唯一存在者という性格であるとすれば、「同等性」を基礎づけるのは何か。それは生物学的な種の同一性ではない。アレントは必ずしも明らかにしていないが、それは世界の共有に由来する共通感覚（common sense）であるといってよかろう。人間はそれによって他者を、理解可能な同等者として相互に承認しあうことができるのである。

自己の暴露としての言論（speech）と活動

人間の唯一存在者としての差異性は、言論と活動とによって明らかにされる。言論と活動は、人間が自己の生物としての誕生という事実をみずからに引き受けたうえで、人間として、つまり唯一存在者として、人間の世界に現れる様式なのである。その意味で、アレントはこれを「第二の誕生」と呼んでいる。

　彼女によれば、人間はその誕生によって、新しい「始まり（beginning）」を世界に持ちこみ、この始まりにたいして、みずから進んで新しいことを始める、イニシアティブをとることによって答える。そして、活動とは、とりもなおさずこのイニシアティブをとること、「始める」ことだというのである。その意味で、人間を活動へと促す衝動は、人間が誕生とともに世界に持ちこむ、この「始まり」に由来する。彼女が、活動は誕生という事実に対応し、「生まれてくるものであるということ（natality）」という人間の条件の現実化だというのもこのためである。

いいかえれば、次のようにもいえよう。人間はその本質において唯一存在者である。彼はその誕生において、すでに唯一存在者として生まれてくる（人間の誕生が一つの新しい「始まり」なのはそのためである）。しかし人間は、そのたんなる存在においては、自己の唯一性を示すことができない。それを示せるのは、ただ活動することによってのみなのである。

しかしこの活動は、言論をともなわないかぎり、仲間の人間たちに理解可能なものとならない。何かをおこなう者は言葉によってのみ自分を活動者として認め、自分が何をするのか、何をしたのか、何をするつもりなのかを知らせうるのである。したがって、活動は言論をともなうときにのみ、あるいはむしろその活動が言論という形式でおこなわれるときにのみ、その活動者の唯一存在者としての性格、人格的アイデンティティ（彼女はこれを「誰であるか〔who〕」と呼んで、その人の「何であるか〔what〕」――その人の特質、天分、能力、欠陥等――と区別している）を明らかにすることができるのである。

ところで、これらの活動や言論は、常にある客観的なリアリティにかかわる形でおこなわれる。そのリアリティは言葉と行為（deed）からできており、その実体はすでにおこなわれた活動や言論の触知しえない沈澱物とでもいうべきものである。アレントはこれを「人間関係の『網の目（web）』」と呼んでいる。新しい言論や活動はすべて、この「網の目」の中でおこなわれることになる。しかしその結果、活動はこの既存の意志や意図と葛藤を惹き起こすため、その目的を達成することはほとんど不可能となるのである（HC176-184　二八七―二九九）。

活動の空虚さ（futility）

活動は、先にも述べたように、自己のアイデンティティの暴露である。この暴露は、活動が産み出す物語（story）によってなされるわけであるが、こうしてなされた自己暴露も、実際にその活動を見た人々の世代を越えて記憶されることはない。このような永続性・耐久性の欠如をアレントは「こわれやすさ（frailty）」と呼ぶ。そして、このようなこわれやすい成果しか残せず、その成果を後にまで伝えられないという性質を「空虚さ」と呼んでいる。その意味で、活動の成果はこわれやすく、活動は空虚な活動《アクティヴィティ》である。

この活動の空虚さは、活動が産み出す物語を、「工作人」の力を借りて、書かれた物語に変換し記録することによって救済することができる。しかし、救済策はそれだけではない。アレントによれば、古代ギリシアのポリスもまた、この活動の空虚さの解決策だったのである。彼女は、トゥキュディデスによりつつ、次のように述べている。

〔ポリスによって〕他人〔ホメロスのような詩人達〕の助けなしに、活動した人々は、彼らの善い行為と悪い行為（good and bad deeds）の不滅の記憶を共同して確立することができ、現在と将来に称賛を呼び起こすことができるのである（HC197　三一八〔トゥキュディデス『戦史』第二巻　四一節参照〕、補注川崎）。

彼女がポリスを「一種の組織された記憶」と呼ぶのもそのためである（HC190-199　三〇七―三一一）。

活動の過程的性格

活動は、一度開始されると無限に連鎖反応を始め、ついにはその活動を始めた当の本人のコントロールを離れて次々と予期せぬ結果を惹き起こしてゆく。それは、活動が常に「人間関係の『網の目』」の中でおこなわれるものであるから、いいかえれば、他の活動者仲間との間でおこなわれるものであるからである。この「網の目」の中で、一つの活動、「始まり」は次々と他の活動者の活動を呼び起こしていく（HC190-192　三〇七―三一一）。このような際限のない連鎖をアレントは「過程」と呼んでいるが、その意味で活動は過程的性格を有する。しかしこの性格が、活動という活動《アクティヴィティ》に固有のさまざまな問題点の原因となっているのである。

その問題点とは次のようなものである。活動者本人には、自分のおこなっている活動の意味も結果もわからない。というのも、それらはその活動の惹き起こした過程が終わったときになってはじめて判断できるものだからである。ところが他方、活動者は意図もしなければ予見もできなかった帰結にたいしても責任を問われることになる。そして彼には、その帰結を取り消すこともできないのである。このようなわけで、活動者はみずからの活動をコントロールできない（HC232-234　三六四―三六七）。

アレントが、自己のアイデンティティの暴露は意図的にはなしえず、そもそもそれは当人自身には知られないというのも（HC179-180　二九一―二九二）、また何びとも自分の生涯の物語の作者たりえないというのも（HC184　二九九）、活動のこうした性格によるのである。いいかえれば、活動者は自己の自由――新しいなにかを始めるということ――を行使すると同時に、その自由を失ってしまうように思われるというパラドックスにあるのである（HC234　三六七）。

この活動のパラドックスは、その過程的性格に由来する不可逆性（irreversibility）と不可予言性（unpredictability）という形で現れるが、アレントはこのそれぞれにたいして一つの解答を与えている。不可逆性――自分が何をおこなっていたのか知らなかったし、知りえなかったにもかかわらず、自分のおこなってしまったことは取り消せないということ――にたいして彼女は、「許し（forgiveness）」という能力を持ち出している。許しによって、活動者は自分の過去の行為（deed）の結果から解放される。つまり、再び出なおすことができるのである（HC237　三七一）。この許し自体もまた、一つの活動である。それは許される者だけでなく、許す者をもまた、許した当の行為（deed）の帰結から自由にする活動なのである（HC240-241　三七六―三七七）。

不可予言性――未来の混沌とした不確実性――にたいしては、彼女は「約束をし、約束を守るという能力」をあげている（HC237　三七一）。彼女によれば、活動の不可予言性は二重の性格を持っている。第一の側面は、人間は自分自身に頼ることができない、自分自身を完全に信じられないということであり、第二の側面は、同等の活動能力を持つ人々の共同体内では活動の結果が予見できないということである。そして約束の能力は、この二重の不可予言性を克服するものとされている（HC244　三八一）。

ところで注意すべきは、これらの許しや約束という能力は、それ自身、活動に属しているということである。労働の無世界性は仕事によって、仕事の無意味性は活動によって対処されたのにたいして、活動の無制限性は活動自身によって処理される（HC236-237　三七一—三七二）。このことは、活動という形での共存を望む者は、そもそもこれらの許しや約束という「制御機構」をも受け入れねばならないということを意味しているのである。

しかし、これらの「制御機構」が活動に内在する諸問題を解決するのに十分なものなのだろうか。そして、これらは唯一存在者としての人間のアイデンティティの暴露という活動本来の目的とどうかかわるのか、また矛盾はしないのか。活動のより具体的なあり方とともに、これらの問題も、アレントの政治像を論じる際に再びとりあげることにしたい。

2　アレントの政治概念

アレントの政治観の特色としては、次のような点があげられよう。

①「公的」と「私的」、あるいは「政治的」と「社会的」ないし「経済的」との厳格な分離。

②政治への、自由・参加の強調。
③暴力あるいは支配、主権と区別された権力の概念。
④代議制への不信と評議会制の賞賛。
⑤自己表現としての、自己目的的・「芸術」的政治像。

以下では順次、これらの特色について見てみたい。

I　公的・私的・社会的

「公的」と「私的」

ハンナ・アレントの政治概念を、その根本において規定しているのは「公的」なるものと「私的」なるものとの対立である。もちろん、この対立を前提として政治をとらえること自体は、特に珍しいわけではない。問題は、何をもって「公的」、「私的」と考え、両者の関係をどうとらえるかである。

政治は社会の一機能にすぎず、活動と言論（speech）と思考は、なによりもまず社会的利害の上部構造であるというのは、カール・マルクスの発見ではなく、反対にマルクスが近代の政治経済学者たちから無批判に受けついだ公理的仮定群の中の一つである（HC33　五四）。

公的なるものは、私的なるものの一機能となり、私的なるものは残された唯一の共通の関心事となった（HC69　九八）。

アレントによれば、古典的自由主義からマルクスにいたるまで、近代の政治概念の本質をなしている考え方は、政治を社会の上部構造としてとらえること、つまり、政治を社会経済的な利害関心によって規定されるものとして見ることである。しかし、彼女によれば、このような政治像は特殊近代的な現象に対応するのであって、彼女は、この政治像にたいして本源的と彼女が考えるところの政治像を対置する。

アレントの政治イメージは、古代アテナイのポリスについての彼女のイメージによって規定されている。すなわち、彼女の「公的＝政治的」なるものと「私的」なるものとの概念は、ポリスと家（household）の関係のモデルによって理解されているのである。

彼女によれば、「人々が家の中で共に生活するのは、欲求《ウォンツ》や必要《ニーズ》によって駆り立てられるからである」（HC30　五一）。つまり、生命そのもの――個体の維持と種の存続――の必要に対処するのが家すなわち「私的」なるものの役割なのである。いいかえれば、

家の中の自然共同体は必要（necessity）から生まれたものであり、その中で行なわれるすべての諸活動《アクティヴィティズ》は必然（necessity）によって支配されている（HC30　五一）。

他方、ポリスすなわち「公的＝政治的」領域は「自由の領域」（HC30　五一）である。いいかえれば、それは、生命の必然（必要）から解放された領域である。もっとも、後述するように、必然からの解放がそのまま自由だというわけではない。この公的領域における自由とは政治への自由、つまり、公的領域において活動と言論をおこなうことによってはじめて実現される自由なのである（「私的〔private〕」ということは、公的領域を樹立するという最も人間的な能力が奪われている〔deprive〕ことを意味するとアレントは述べている）。しかし、それにもかかわらず、必然からの解放は、この自由のための不可欠の前提である。したがって、

この二つの領域に何か関係があるとすれば、当然それは、家の中において生命の必要(necessities of life) を克服することがポリスの自由のための条件である、という関係である（HC30-31　五一）。

「公的」と「私的」の関係

このように、アレントにおいては、「公的」なるものと「私的」なるものとは、自由と必然の関係同様に、相互に全く排他的なものとしてとらえられている。その際、特に次の二点が注意されねばならない。第一は、この二つの領域の間には全く媒介が存在しないというこ

とである。彼女によれば、この二つの領域の間には深淵があるのであって、人間が私的領域から公的領域へとみずから現れるためには「勇気」（HC36　五七）、つまり主体的な決断が必要とされるのである。したがって、そこにあるのは「私的」な人間がいかにして「公的」世界を作りうるのか、という問題ではない。「私的」な人間はすでに決断を通して「公的」人間になっているのである。そして、その前提となっているのは、「公的」なるものと「私的」なるものとの本源的な二元性なのである。

第二の点は、「公的」なるものが「私的」なるもののために存在したり、その「機能」であったりするのではなく、反対に、「私的」なるものが「公的」なるもののために、その条件として存在するのだということである。したがって、ポリスでは、

生計を支え、ただ生命過程だけを維持する目的のみに向けられた活動《アクティヴィティ》は、何一つ、政治的領域に入ることを許されなかった（HC37　五八）。

アレントによれば、このようなあり方が「公的＝政治的」なるものと「私的」なるものの本来のあり方であったという。しかし、そうだとすれば、いかにして先に述べたような近代的な政治像が生まれたのであろうか。この問いに答えるために、彼女は、「公的」、「私的」とならぶもう一つのカテゴリーを提示している。それは「社会的（social）」というカテゴリーである。

社会——国民大に拡大された家

アレントによれば、私的でも公的でもない社会的領域は、近代になってはじめて現れたものである。「社会（society）」という言葉自体は、ラテン語の *societas* に由来する。しかし彼女によれば、この *societas* は「元来、限定的ではあったが政治的な意味をはっきりと持っていた」（HC23　四四－四五）のである。

彼女は、特殊近代的な意味における「社会」を国民大に拡大された家として理解している。すなわち、「社会」とは「単一の超人間的な家族の複製へと経済的に組織された複数の家族の集合体」（HC28-29　五〇）である（ちなみに、その「政治的組織形態」が「国民」であり、その「政治形態」が「国民国家」であるとされる〔HC28-29　四九－五〇〕）。

この社会の勃興によって、かつては家という私的領域の中に閉ざされていた経済的な諸問題が、全共同体の関心事となり、その結果、本来私的な事柄であった経済的なるものが公的領域に侵入し、「公的」・「私的」という古典的な区別は失われてしまった。そして、このことの政治的表現が、先に示したような社会の上部構造としての政治という政治像にほかならない。つまり政治は、国民大に拡大した家の家政となったのである。

この拡大された家という定義からもうかがえるように、アレントは「社会」をとりあえずは経済の領域としてとらえている。そしてそのかぎりでは、これは（ヘーゲルの意味での）「市民社会」であるかに思われる。ところが、アレントの「欲求の体系」を特徴づけるものは利害の対立によるアナキーではなく、画一主義（conformism）なのである。

社会というものは、いつでも、その成員がたった一つの意見と一つの利害しか持たないような、単一の巨大家族の成員であるかのようにふるまうことを要求する（HC39　六二）。

家においては、この共通の利害と意見は家長によって代表され、それに従って家長の一人支配がおこなわれた。それにたいし、社会においては、

単一の共通利害と単一の全員一致の意見が当然持っている力が、単に人数の多さによって、とてつもなく強められる（HC40　六三）。

そして、この社会の画一主義の結果、家長の専制は、官僚制という「無人支配（no-man rule）」におきかえられるというのである（HC40　六三）。

社会とその画一主義は、個人の唯一性の発現としての「活動」を排除し、かわって、その社会の求める規範にのっとった「行動（behavior）」をなさしめる（HC40　六四）。ところで、アレントによれば、（古典派以来の）近代の経済学の根本には、この画一主義、つまり人間は活動するのではなく行動するのだという仮定があるという。彼女によれば、近代の経

済学には「『見えざる手』によって人々の行動を導き、その対立しあう利害の調和をもたらすような社会全体の唯一の利害が存在する」という仮定がある（彼女は、この仮定を、グンナー・ミュルダールに従って「共産主義の仮説」と呼んでいる）。そして、マルクスと古典派の経済学者たちの違いは、マルクスがこの仮定を本当に実現しようとしたという点だけなのである。さらに、この共産主義社会の実現というマルクスの夢は、マルクスの考えに反して、革命を経ることなく、「国民的家（national household）」という現実の中にすでに萌《ほう》芽《が》的な形で実現されており、いずれは社会の勝利とともに「国家の死滅」もありうると彼女は予測している（HC43-45　六七―六九）。

彼女によれば、社会のこのような画一主義は、結局は動物種としての人間の一者性に由来している。なぜなら、究極的には、社会は生命の必然によって規定された領域だからである。

社会とは、ただ生命のためだけの相互依存の事実が公的な重要性をおび、純然たる生存に結びついた諸活動《アクティヴィティズ》が公的に現れるのを許されている形態である（HC46　七一）。

このように「そこに生命過程がそれ自身の公的分野を確立している」社会的領域は、「自然的なるものの不自然な成長」つまり労働生産力の加速度的増大を通して、一方では私的なるものおよび親密なるものへ、他方では政治的なるものへと侵入していった（HC47　七二)。後者についてはここで述べたが、次に前者についてふれておきたい。

「社会」の両義性

アレントによれば、社会的なるものの私的なるものへの侵入は、「私有財産」の喪失において明らかに示されているという。彼女によれば、富(wealth)と財産(property)とは本来別物である。個人の富が「社会全体の年収に対する彼の分け前」から成り立っているのにたいし、財産とは「世界の特定の部分に自分の場所を占めること、したがって、政治体に属することであり、つまり集まって公的領域を構成した諸家族のうちの一つの長となることにほかならなかった(HC61 九二)。私有財産は、私生活を公的領域から守るという役割を持つことによって、それ自身、公的性格を有していたわけである。近代における社会の勃興が破壊したのは、富と区別されたこの私有財産であった。私生活を隠す四つの壁としての私有財産の意味は見失われ、これらの財産は富の増大のための犠牲にされていったのである(HC68 九六―九七)。

「親密さ(intimacy)」の領域としての近代的私生活もまた、社会的領域と対立関係にあるとアレントはいう。しかし、このことを理解するためにはアレントの「社会」の概念のもつ多面性に留意しなければならない。というのも、アレントは「社会」の概念を経済的な意味でのみ使っているのではなく、アンシャン・レジームの宮廷やサロンといった上流社会から十九世紀の階級社会を経て、二十世紀の大衆社会へといたるもう一つの系譜、いわば社会学的あるいは文化的な意味でも「社会」の概念を使っているからである（OR104　一五五）。経済的な「社会」が生命の必然にもとづく画一性をもたらすのにたいして、もう一つの「社会」は、「個人を、常に、社会的枠組みの中でのその人の地位と等しいものと考える」（HC41　六四）という態度をおしつけることによって、いわば内面的に人間を画一化してゆく。

アレントによれば、「親密さ」とは、社会の画一化の力が個人の内面にまで及ぼうとしたときに見いだされた反対原理なのであった。いいかえれば、「親密さ」はそれが失われようとしたときに、はじめて見いだされたのであった（HC38-39　六一）。

アレント自身、自分の「社会」概念には二つの側面があるということに気づいていたようにも思われる。彼女は、「社会」の「無人支配」について次のように述べている。

この匿名の者《ノーボディ》、すなわち、経済における社会全体の仮定された単一の利害、ならびにサロンにおける上流社会の仮定された単一の意見は、その人格性を失ったからといって支配するのを止めたわけではない（HC40　六三）。

ここで、アレントは、「社会」を「経済」と「サロン」に分けている。彼女の「社会」概念の二重性は意図せざる曖昧さというよりも、意図的な両義性であるといえよう。

経済体制評価の基準

すでに見てきたように、アレントによれば、「公的」なるものと「私的」なるものとの峻別が、本来的な政治の前提条件である。「公的」なるものが「私的」なるものの「上部構造」となってしまったときには、「公的」なるものは失われる。とりわけ革命において経済的問題が政治的イシューとなった場合は、常にその革命そのものを破壊してしまうというのである（OR112　一六六）。

彼女によれば、「公的」なるものの解体は、「社会的」なるものの勃興とおおいに関係がある。しかし今日、「社会的」なるものの存在は、もはや打ち消しがたい前提条件である。

さらに、彼女自身は言及していないが、「家」としての「私的」なるものが、「社会的」なるものへと変化したことが持つ重大な肯定的意味も存在することを忘れてはならない。すなわち、経済的実体としての「家」の存在は、家長以外の自由をカテゴリカルに否定してしまうのであって、この「家」の解体こそが、つまり「社会」の成立が、「万人が自由」（ヘーゲル）であるための前提条件なのだということである。

そうだとすれば、「公的」と「私的」の峻別というこの二元論の発想は、古代のポリスと家のような奴隷制をともなうことなしに、どのような形で今日的意味を持ちうるのだろうか。アメリカ革命や、近代の諸革命における評議会の成立に見られるように、アレントは、近代の諸条件のもとでの「公的」なるものの成立の可能性を全く否定しているわけではない。では、その場合、「私的」なるものはどのような形態をとりうるのであろうか。

アレントが、どのような社会・経済体制をあるべきものと考えていたかは、必ずしも明らかではない。しかし、経済体制を評価するうえでの彼女の基準は、次の二点に集約できるだろう。

①人間を必然の支配、つまり貧困から解放すること。

②(アレントの意味での)「私有財産」を確保し、安定した私生活が維持されていること。

今日の社会は、貧困からの解放には基本的に成功したとアレントは考えている。その際、特筆すべきは、彼女は貧困の原因を分配の不公正にではなく、生産力の絶対的不足に求めているということである。

暴力と他人に対する支配だけが一定の人々を自由にすることができるという古来の恐るべき真理をくつがえしたのは、近代の政治的理念の勃興ではなく、ただテクノロジーの勃興だったのである。今日、政治的手段によって人類を貧困から解放しようとすること以上に時代おくれなことはないし、それ以上に無益で危険なことはないと言えよう(OR114一一六九)。

このように、テクノロジーが奴隷制を不要にし、「万人が自由」たるための条件を作り出したことを彼女は認める。もっとも、テクノロジーがもたらした必然からの人間の解放にたいする彼女の態度は前章でも述べたように必ずしも肯定的なものではない（HC70-71　一〇〇）。さらに、彼女の経済問題にたいするこのような「生産力主義」的な態度が、彼女をして経済的公正さに無関心ならしめたことも事実である。

私有財産

アレントにとって今日、より重要なのは「私有財産」に関する問題である。

今日の我々の問題は……資本主義ならびに社会主義の体制における産業社会によって財産を奪われた大衆が、財産を取り戻すことができるようにするためには、事態をどのように調整すべきかなのということです（CR214　二一一）。

すでに述べたように、アレントによれば「私有財産」は、古代ギリシアにおいては、政治体への所属のための政治的制度であった。このような私有財産の政治的意義は、政府や社会の権力から私生活を守るための条件として、現代においても失われていないと彼女は考える。しかし、その「財産」（アレントにおいては「財産」とは、「私自身に帰属するもの」のことである）は、近代以降、解体されていったという。そして、この解体をもたらしたものこそが、資本主義の勃興なのである。

彼女によると、資本主義というシステムは、「軍事的征服を伴わない形態においては歴史上かつて起こらなかったような、収奪（expropriation）のすさまじい過程に、その始まりを負っている」（CR211　二〇七）。「収奪」は「それに従って資本主義が勃興しそれに従って資本主義が一歩一歩前進してきたところの法則である」という。彼女は「収奪」を「資本の原始的蓄積」と等置しているが、通常の意味での「資本の原始的蓄積」は彼女のいう「収奪」の一例だというべきであろう。そして彼女によると、この「収奪」は現代の資本主義諸国においても「重税や通貨の事実上の切り下げや不況をともなうインフレーション」といった「比較的穏やかな形」で起きているという（CR211-212　二〇七―二〇八）。

しかしこの「収奪」は、資本主義特有の現象ではないと彼女はいう。旧ソ連においては「私的所有を守るあらゆる政治的、法的安全装置を喪失した」「全体的収奪」が起きているというのである。「ロシアにあるのは、言うまでもなく社会主義ではなく国家社会主義であって、それは国家資本主義というものがあるとすればまさにそれと同じもの、すなわち全体的収奪なのです」（CR212　二〇八）。

したがって、「収奪」という観点から考えるならば、彼女にとって資本主義と（少なくとも当時現存した）社会主義とは「別の帽子をかぶった双子」であるにすぎない（CR214　二一一）。そしてその双子の本質こそが「近代的な生産」、いいかえれば「産業社会」なのである。

つまり、アレントがいうところの「収奪」とは、端的にいえば産業社会（および、後述するように国家）に「財産」が動員されるということにほかならない。この場合に注意すべきは、アレントにおける「財産」の意味である。先に述べたように、彼女においては「財産」は「富」と明確に区別されている。それは私生活を公的領域から守るとともに、まさにそのことによって公的領域への帰属を可能にするものであり、世界の特定の場所に自分の場所を占めることであった。つまり、財産は生産活動とは関係がないし、アレントのいう「私的所有」とは、生産手段の私的所有ではないのである。

その意味で、「財産」の擁護は「私的なるもの」の擁護にほかならない。だからこそ、「収奪」は生産手段だけにとどまるものではなく、最悪の「収奪」者は産業社会であるよりも国家だということになるのである。

経済をコントロールする「法的・政治的制度」

ところで、資本主義は「個人と個人の財産とを保護していたすべての集合的な集団」、具体的には「身分、同職組合、ギルドといった封建社会の構造全体」を破壊し、そのかわりに搾取《さくしゅ》者と被搾取者という基本的には二つだけの「階級」をおいたという。しかるに「労働者階級は、それが階級でありかつ集団であったがゆえに、個人にたいしてある程度の保護を与え、また後になって組織することを学ぶと、みずからのために相当の権利を闘って勝ち取った」というのである（CR214-215　二一一）。

したがって、アレントにとっては、今日、経済体制の評価を決める決定的要素は、「収奪」過程の進行から個人の財産を守るべく経済をコントロールすることができる、「経済的な諸力とその自動作用から独立した法的・政治的諸制度」の有無である（CR212　二〇九）。このことは、彼女の「公的」・「私的」の分離が、その一見したときの印象にもかかわらず、経済への政治の不介入を単純に意味するのではないということを示している。「社会的」なるものとしての産業社会の力に法的規制が加えられることによってはじめて、政府の権力と経済の権力が分離しうることを、彼女は認めているのである。

こうしたコントロールが最もよく機能しているのは、「自分たちを『社会主義』と呼んでいるか『資本主義』と呼んでいるかにかかわりなく、いわゆる『福祉国家』」においてであるという（CR212-213　二〇九）。しかし、経済をコントロールする「法的・政治的制度」として彼女が具体的にあげているのは、労働者の諸権利の保護や「大企業経営者による被雇用者の私的領域への侵犯」の防止である。彼女によると、

今日における主たる区別は、社会主義国と資本主義国の間にあるのではなく、労働者の権利を尊重する国、例えば社会主義国ではスウェーデン、資本主義国ではアメリカのような国々と、それを尊重しない国、例えば資本主義国ではフランコ政権下のスペイン、社会主義国ではソヴィエト・ロシアのような国々の間にあるのです（CR215　二一一）。

したがって、「いわゆる福祉国家」とはこのことを指すものと思われ、政府による所得の大規模な再配分をかならずしも意味してはいないといえよう。

II　自由と政治

政治への自由

ハンナ・アレントの政治概念の中心をなす観念は、疑いもなく活動と自由（freedom）という観念である。実際、彼女においては、政治・活動・自由は三位一体をなしているといえよう。

政治の存在理由《レゾン・デートル》は自由であり、自由が経験される場は活動である（BPF146　一九七）。彼女によれば、「自由であることと活動することは同じ」（BPF153　二〇六）であり、その「自由なしには、政治的生活そのものが無意味であろう」（BPF146　一九七）。ところがアレントによれば、今日では、自由と政治は対立する関係にあるものと考えられている。

我々は政治が終わるところで自由が始まると信じる傾向にある（BPF149　二〇一）。

すなわち、「政治が、政治からの可能な自由を保証するがゆえに、またそのかぎりでのみ、政治は自由と両立しうる」（同）と考えられているというのである。このような考え方は、「我々自身の経験」――「全体主義」における政治からの自由の完全な消滅の経験――のみならず、「伝統の巨大な重み」によっても裏打ちされている。すなわち、近代の政治理論においては、政治的自由は安全と同一視されていたし、さらに政治と自由の対立は、キリスト教思想に、またギリシア哲学における「観照的生活」の優位へと遡《さかのぼ》ることができるというのである（BPF149-151　二〇一―二〇三）。

　しかし、彼女によれば、政治と自由は常に対立的に考えられてきたのではない。古代ギリシアのポリスにおける自由は端的に政治への自由であったし、近代においても、アメリカの建国者たちを鼓舞したのは「公的自由」、つまり政治への自由にたいする情熱だったというのである（OR115-140　一七七―二一九）。そして、彼女の「自由」の概念はこの経験を理論化したものにほかならない。

　アレントの「自由」の概念は、まず第一に、「解放（liberation）」から厳格に区別されている（OR29-30　三九―四〇、およびBPF148　二〇〇）。そして第二に、彼女の自由は「内的自由」とも（BPF146-148　一九七―二〇〇）、意志の自由ともはっきりと異なるものとされているのである（BPF151-152　二〇四―二〇六）。ここでは、第二の点に詳しくふれることはしないが、第一の点を少し詳しく見ておきたい。

自由と解放

「解放」という概念は、アレントにおいて二つの意味を持っている。一つは「暴政(tyranny)からの解放」であり、もう一つは「必然性《ネセシティ》(貧窮)の軛《くびき》からの解放」である(OR74 一一二)。つまり、「解放」には政治的側面と経済的側面があるということである。

政治的側面に関しては、自由主義的政治理論において自由の中核とされるものが、アレントにおいては政治的解放の問題として位置づけられているといっていいだろう。したがって、そのかぎりでは、アレントにおいても政治からの自由は重要な役割を有していることになる。政治と自由を対立的に捉える見方には、政治と支配(=圧制と暴力)との同一視という前提が存在する。そして、アレントが攻撃するのは、この政治と支配とを同一視する政治観なのであるが、彼女においても、政治が支配の要素を有するかぎりにおいては、政治からの自由は重要なのである。しかし、彼女にとっては、この「圧制からの自由」がそのまま自由なのではない(OR33 四三―四四)。

「必然性《ネセシティ》(貧窮)の軛からの解放」、すなわち経済的解放は、通例、自由主義においては自由に関する中心的問題としては扱われない。しかしアレントにおいては、むしろこちらのほうが「解放」の概念の中核をなすものといえるだろう。というのも、アレントの自由は、必然性と対立する概念であり、その必然性はなによりも「生命の必要」によってもたらされるものだからである。

自由であるためには、人間は生命の必要から自分自身を解放していなければならない(BPF148　二〇〇)。

さらに注目すべきは、アレントはこの「生命の必要」を政治的な支配の源泉とみなしていたということである。

あらゆる支配は、その根源的でもっとも正統的な源泉を、自分自身を生命の必要から解放したいという人間の願望のうちに有している。そして、人間はこのような解放を、暴力によって、自分のために他人に生命の重荷を背負わせることによって成し遂げた(OR114　一六九)。

むろん、アレントも、あらゆる暴力が「生命の必要」に由来するとは考えていない。しかし、この「生命の必要」が産み出す暴力こそが「根源的暴力」なのである(OR114　一六九)。

自由であるためには、この二重の解放が必要だとされる。しかしながら、政治的解放が自由と同一視されえないのと同様に、経済的解放もまたそれがそのまま自由なのではない。

自由であるという状態《ステータス》は解放の作用《アクト》から自動的に帰結するものではない(BPF148　二

〇〇)。

アレントにおいては「解放」——強制の欠如もしくは「消極的自由」——はあくまでも自由の前提条件にすぎないのである。

活動としての自由

それではアレントにとって、自由とはどのようなものとして定義されるのであろうか。彼女によれば、活動に固有な自由、政治的自由とは、「以前には存在しなかったもの、認識や想像の対象としてさえ与えられておらず、したがって、厳密にいえば知ることができなかったあるものを存在せしめる自由」(BPF151　二〇四)である。いいかえれば、「自発性」(BPF166　二二五)、「始めるという純粋な能力」(BPF169　二二九)としての自由のことである。すでに見てきたように、このような属性は、活動の属性とされているものである。端的にいえば、自由であることと活動することとは同じなのである。

　人びとが自由であるのは、……人びとが活動しているかぎりであって、その前でもその後でもない。なぜなら、自由であることと活動することとは同一の事柄だからである(BPF153　二〇六)。

アレントは、この自由すなわち活動を演技《パフォーマンス》芸術とのアナロジーで説明している。演技芸術においては、製作芸術と異なり、その完成は演技そのものにあるのであって、最終作品にあるのではない。それと同様に、活動の意味や目的もその活動それ自体のほかにはない。そこで、活動としての自由の理念は、演技における卓越つまり「名人芸（virtuosity）」として捉えられる。そして、演技のためには舞台と観客が必要であるように、活動にも公的空間という舞台とその空間を共有する人々とが必要とされるのである（BPF153-155　二〇六－二〇九）。というのも、自由は自己と自己とのかかわりにおいてでなく、自己と他者とのかかわりの中で実現されるものだからである（BPF148-149　二〇〇－二〇一）。自由の概念が、後述するように特定の政治体制を要求するのもこのためである。

Ⅲ　権力と統治機構

権力の概念

活動としての自由は、それが姿を現すためには、そのための空間を必要とする。この空間は、複数の人々が集まっているところでは可能的《ポテンシャル》な形では必ず存在している。しかしこの空間は、「人々が言論と活動という方法で共生」しているかぎりでのみ、そしてその場合は必ず現実態として存在するのである。アレントにおける権力とは、このような現れの空間、すなわち公的領域を存続させるものにほかならない（HC199-200　三二一－三二三）。したがって、それはまた人間の工作物――すなわち世界――の活力源だとされるのである

（HC204　三二八）。

このような権力の概念は、一般的な権力の定義とは全く異質である。そして、そのことは彼女自身もおおいに自覚していた。彼女によれば、今日の政治理論においては、「権力」と「暴力」を根本的に同一視するということに関して、右翼から左翼にいたるまで完全な合意が存在する。すなわち、最も露骨な権力の顕示が暴力であり、一種の緩和された暴力が権力であるとされている。そしてこのような権力は、支配の道具だと考えられているというのである（CR134-137　一二四—一二七）。

アレントが反駁《はんばく》しようとするのは、この支配としての政治、支配の道具としての権力という観念の上に成り立っている暴力と権力の同一視なのである。その際、彼女は、「その本質が命令服従の関係に依拠せず、権力と支配を、あるいは法と命令を同一視しない権力と法の観念」を、アテナイの「イソノミア」の国制とローマの共和政とに求めている（CR139-140　一二九—一三〇）。

それでは彼女は、暴力と明確に区別された権力の概念を、どのように規定するのであろうか。彼女は、「権力（power）」、「力（strength）」、「強制力（force）」、「暴力（violence）」について、それぞれ次のような定義を与えている。

「権力」は「単に活動するのでなく、〔他者と〕協力して活動するという人間の能力に対応している。権力は決して個人の性質ではない。それは、集団に属しており、その集団が集団として存続する限りにおいてのみ存続する」（CR143　一三三、補注川崎）。

「力」は「単数の、個体的実在のうちにある何か」であり、「物または人に固有の性質であり、その特性に属すもの」である（CR143　一三四）。

「強制力」は「人が一人だけでもその仲間にたいして行使しうるものであり、一人あるいは少数の人々が暴力手段を手にすることによって独占的に所有することができるもの」である（HC202　三二五）。従って、「日常会話のなかでは暴力、とりわけ強制の手段としての暴力と同義語として使われることが多い」とされる（CR143　一三四）。

「暴力」は「現象学的には、力に近い」とされるが、「道具を用いるという特徴によって識別される」（CR145　一三五）。言いかえれば、それは、道具によって強化された「力」である。

これらの定義で特に注意すべきは、「権力」だけがその本質において複数の人間からなる集団に属するのにたいし、他の三つは本質的に一者に属するということである。

権力と力、権力と暴力

それでは権力は、力や暴力とどのような関係にあるのか。力は自主的独立的な個人の能力であり、本質的には物を生産するため、仕事のための能力である。ところが権力は、比較的容易にこの力にとってかわることができる。それが「暴民政治（ochlocracy）あるいはモッブの支配」であるという（HC203-204　三二七）。

これにたいし、権力と暴力の関係はより複雑である。たしかに外国による侵略のケースのように、権力を暴力によって破壊することは可能である（アレントは、一九六八年のソ連によるチェコスロヴァキアへの軍事介入を例に引いている）。しかしその際に、暴力によって権力を産み出すことはできないのであり、また暴力が権力にとってかわることはできないのである（CR151-152　一四一―一四二）。

暴力が権力にとってかわることができないという事実は、革命に際しての政府の権力の崩壊において、明らかに見ることができる。革命は、政府の暴力と革命派の暴力との対決で、後者が前者を打破することによって成功するのではない。革命が成功するときにはいつも、政府の側の暴力がまず作動しなくなるのである。この暴力の無効化は、人々が命令に服従しなくなることによって生じる。そして、この服従するかどうかということは、暴力によって決せられるのではなく、市民たちの支持と同意に由来するところの権力にかかわる事柄なのである（CR146-148　一三六―一三八）。

この現象は、権力なき暴力は無力であるということを示している。実際、「もっぱら暴力の手段にのみ依存する政府は、いまだかつて存在したためしがない」（CR149　一三九）。いかなる暴君も、それどころか全体主義的支配者でさえ、秘密警察とその密告者網という権力の基盤が必要なのである。

以上のことから、「権力はたしかにあらゆる政府の本質であるが暴力はそうではない」（CR150　一四〇）ということがいえる。暴力は手段にすぎないが、権力はそれ以上の正当化を必要としない「目的それ自体」なのだ。たしかに、権力の喪失は暴力によってうめあわそうとされる。しかしこの企ては、常にさらなる権力喪失を招くだけである。そしてそのうえで、アレントは次のように結論する。

政治的に言えば、権力と暴力は同一でないというだけでは不十分である。権力と暴力は対立するのである。一方が絶対的に支配するところでは他方は存在しない（CR155　一四五）。

アレントの権力と暴力の区別は、根本的には複数の主体の間における相互的な関係と、一方の絶対的主体性と他方の絶対的客体性とを前提とする一方的な支配服従関係との間の差異に由来する。そして、このような区別は、アレントの活動と仕事というカテゴリーの区別に深く関係しているのである。このことはアレントにおいて、暴力と力との間には基本的な差異がないということに示されている。すなわち、力が、個人の自然的な能力であるのにたいし、暴力はこれを道具によって強化したものにすぎないのである。また彼女は、「社会によって力をだましとられようとしている人々」（彼女は、芸術家、思想家、学者、工芸家をこう呼んでいる）の「暴力への激しい渇望」について語っているが（HC203-204　三二七）、これも力と暴力の根本的な同一性に由来するのである。

そもそも、力が「仕事」のための能力であること、そして暴力の要素は仕事に不可避であるとされたことを考えれば、このことはなんら不思議ではない。したがって、暴力による政治とは、実は仕事という活動《アクティヴィティ》によっておこなわれる政治の別名なのである。そして、暴力による政治についてまわる「支配」という要素は、仕事における自然への支配が、その本来の役割を離れて、人間へと適用されたものなのである。つまり権力と暴力の区別は、政治の仕事化および「支配」化への反駁と対応しているのである。

権力と暴力の区別のメルクマールは、複数の人間の間の関係が相互的か一方向的かという点にある。もっとも、先に述べた対比においては、権力の相互性の要素は支持と同意という形にまで形式化されていた。このことは、あらゆる政府の本質として権力を提示するという目的のためには不可欠な形式化であったといえる。しかし、そのために、活動や「公的空間」と結びついた、彼女における権力の本来的なあり方は、必ずしも明らかになっていない。しかし、権力の概念は、アレントにおいては、ただあらゆる政府は最終的には支持と同意にもとづいているのだという命題だけを意味しているのではない。彼女の権力概念は、市民たちの相互主体性にのみ基礎を有する以上、この相互主体性を十分に現実化する特定の権力のあり方、さらにまた政治体制を要求する。そこで次に、この権力の典型的・理想的な現実化の例を、彼女のアメリカ革命の分析によって見てみることにする。

アメリカ的権力概念

すでに前章において見たように、アレントによれば、アメリカ合衆国の権力は、アメリカ革命に由来するのではなく、古く植民地時代に遡る。そこにおいて、歴史上はじめて「活動が権力の形成へと導き」、「約束（promise）と契約（covenant）という当時新しく発見された手段によって、権力が保持される」ことが起こったのである（OR176　二七一）。そして革命は、もしそれがなかったなら忘れられてしまったであろうこの「新しいアメリカ的権力概念」を「公の場に持ち出した」にすぎないのである。このアメリカの権力の起源は、植民者たちがおこなったさまざまの約束や契約に由来する。彼らはそのことによって、はじめから自分たちを「政治体（civil body politic）」あるいは「政治社会（political society）」へと組織したのである。その際、重要なことは、第一に、これらの「政治社会」が主権を有しないにもかかわらず権力を享受していたということ、第二に、このような政治体の経験が、後に連邦制の原理の発見をもたらしたということである（OR166-169　二五七－二六一）。

アレントはこのことをさして、社会契約説を実践に移したのだと述べている。ところで、彼女は「社会契約」を二つに分けている（OR169　二六一－二六二）。第一のものは、「共同体を形成するために人々がお互い同士を結びつける相互契約（mutual contract）」であり、それは、

相互性（reciprocity）に基づき、平等を前提としている。その実際の内容は約束であり、もちろんその結果は、同盟を意味するところの *societas* の古いローマ的意味における「社会」あるいは「連合（cosociation〔consociation の誤記か〕）」である。このよう

な同盟は、「自由で誠実な約束」によって、同盟のパートナー達の孤立した力を集中し、彼らを結びつけて新しい権力構造をつくる（OR170　二六三）。

つまり、この社会契約においては社会が権力を有しており、その社会を作る契約がそのまま各個人にとって権力の源泉となる。したがってこの相互契約は、「共和政の原理」――人民の権力への「相互服従」によって支配が不要になること――と、「連邦制の原理」――複数の政治体が、そのアイデンティティを失うことなく、持続的な同盟関係に入るようにさせる原理――とを含んでいるのである（OR171　二六四）。

これにたいし第二の種類の社会契約とは、政府の支配への同意である。この「契約」（正確には同意）において、各成員は、「政府をつくるために自分の孤立した力と権力を放棄する」（OR170　二六三）。そして、その際、各個人は、支配者の権力独占に比例してみずからの権力を失うのである。この支配への同意は、彼女によれば「絶対的支配の原理」――「『彼らすべてを威圧する』（ホッブズ）権力の絶対的独占」――と、「国民《ナショナル》の原理」――「それによれば、全体としての国民の唯一の代表者が存在しなければならず、政府が全国民の意志を具現するものと理解されている」――とを含んでいる（OR171　二六四―二六五）。

アメリカの人々の権力を産み出した「社会契約」は、当然この第一の種類のものであった。もっとも彼ら自身は、このような理論を知っていたわけでも、また、それを発見したわけでもなく、彼らをこのような契約へと促したのは、「共同の企てそのものの基本的構造に対する単純明快な洞察」と、その企てへの「彼ら自身の決意」にほかならなかったのである（OR173　二六七）。

アレントによれば、この経験において確認されたのは次のようなことである。それは、「権力が存在するに至るのは、人々が活動のためにお互いに結びつく場合だけであり」、その権力を保持させる手段は「拘束（binding）と約束（promising）、結合（combining）と契約（covenanting）」である（OR175　二七〇）。したがって権力の保持は、人間の約束の能力にかかっているのである。

公的生活への決意

このようにアレントの権力論は、一種の社会契約説である。しかし、近代の社会契約説がいかにして主権的権力を産み出すかをめぐって苦心したのにたいし、彼女はその契約説から主権的権力を徹底的に排除する。彼女の契約説は、主権的権力を欠いた前近代的な意味における文字通りの「政治社会（*societas civilis*）」（古典古代ギリシアのポリスはまさにその典型である）を産み出す努力であったといっても過言ではないだろう。

アレントが主権の概念の排除に徹底して固執できた背景には、たとえばホッブズに代表されるような近代的社会契約説が前提とする人間像と、アレントの「社会契約」が前提とする人間像とが全く異なるということがある。前者が前提とするのは、多かれ少なかれエゴイズムの化身としての人間であって（ホッブズはその極限的形態である）、主権者の強制力なしには、約束を守る能力も意志も十分にはないような、自己の生命や利益を守る以外には他者との共同での生活そのものになんの意味も見いださないような人間である。ところがアレントが前提とするのは、共同の生活へと「決意した」人間であり、そうであるがゆえに彼は約束を守る能力と意志を持っているのである。つまり、彼は「政治社会」の成立以前にすでに公的業務をみずから担おうと決意し、そのための最低限の能力を身につけている人間なのである。

実は、この対立は、「公的」を「私的」から導出することを課題とする近代の政治哲学にたいする、アレントの根本的な反対の一つの現れである。彼女においては、公的なるものである権力は、公的人間たらんと決意した人々によってのみ産み出せるのである。アレントにおける公的人間のメルクマール、その唯一の資格要件は、公的生活への「決意」である。このことは、今紹介した彼女のアメリカでの権力の成立についての叙述にも明らかである。すなわち、彼らに権力を可能にしたのは、「旧世界をあとにして、完全に自分たち自身のものである企てへと乗り出そうという彼らの決意」である（OR173　二六七）。そして、この決意は、古代ギリシアのポリスにおいて人々が家を出て公的領域すなわちポリスの政治に参加するときに必要であったと彼女がいう、あの決意と正確に対応しているのである。

ところで、アレント自身も認めているように、この権力概念は、任意の政治体制と両立するものではない。それは必然的に共和政を要求する。そして、その共和政が存続するためには、それを担う人々の公的精神が要求されるのである。したがって次なる問題は、この権力概念がどのようにして機構化されるのかということになる。

革命精神の制度化

活動はその本質からして、それが現に今なされている間だけしか存在せず、そのあとには何も残さない。したがって権力は、たしかに活動によって産み出されるのではあるが、持続するためには約束という一種の「世界建設能力」(OR175　二七〇)が必要だったのである。しかし、約束は、人間の未来を拘束する世界建設能力であるがゆえに、新しい何事かを始める能力としての活動とは本質的に対立するのではないのか。約束によって規則が作られ、人間のおこなうことがある範囲で予測可能になっては、活動は、消滅はしないまでも、ある程度「行動」化されてしまうのではないか。そうだとすれば、活動は権力の創始者たちだけの特権なのか。

もし活動と約束が対立するものだとすれば、その結果は両者にとって自滅的なものである。すなわち約束は、活動のエネルギーを失うならば、権力を保持し続けることはできない。他方、活動は、約束によって制度化されることがなければ、それはグロテスクな形で文字通りに実現される「永続革命」であり、シジフォスの苦役のような空しい作業になるだろう。活動と約束、新しさと制度化は、活動が恣意ではなく、約束が公的精神にもとづく約束であるかぎりは、矛盾するものであってはならない。そして、アレントにおける統治機構への関心は、この活動の制度化という困難な課題への回答の模索なのである。

アレントは、この問題を「革命精神の制度化」の問題として論じている。彼女によれば、これまでの革命で革命精神の制度化に成功したものはない。アメリカ革命でさえ、革命精神、公的業務への熱意はまたたく間に失われていったのである。彼女によれば、アメリカ革命の人々の中でこの問題を自覚していたのは、ジェファーソン一人であった。そのことは、彼が「アメリカ革命のコースに伴って展開された活動の過程全体の正確なくり返し」としての「反復革命（recurring revolutions）」（OR234-235　三七九）という奇怪な計画をあえて提起したことに示されている。アレントによれば、革命精神の制度化は、人民が形式的な意味でなく、実際に「統治参加者」であることができるような統治機構の確立によってのみ達成することができるのである。

このような観点から見るとき、彼女の目には政党制は全く不適切に見える。ただし、彼女はそう述べる際に、大陸ヨーロッパの多党制と、イギリスやアメリカ合衆国の二党制とを区別している。彼女によれば、二十世紀のただ中において、ヨーロッパの多党制民主政は「国家の基礎そのものと体制《レジーム》の本質が問題となる」までに衰退している。そして、「一党独裁は一般的には国民国家の発展の最終段階であり、特殊には多党制の発展の最終段階であるにすぎない」（OR266　四二二、傍点川崎）。

これにたいして、アメリカ合衆国とイギリスの二党制は、「政治体全体を充たしている権力概念」が、ヨーロッパの多党制とは根本的に異なっている。彼女によれば、「今日の諸体制《レジーム》を、それが依拠している権力の原理に従って分類すれば、一党独裁と多党制の差は、この二つの制度と二党制との差に比べたら、それほど決定的ではないことが明らかになるであろう」（OR268　四二五）。

二党制の安定と権威は、それが「統治の様々な部門の間での権力の分割に基づく国制に合致していること」に、なかんずく「野党《オポジション》を統治の制度として承認していること」に由来する（OR267　四二五）。そして、そのことは「国民は唯一不可分ではなく、権力の分散は無能力をもたらすどころか、権力を産み出し安定させるものであるという仮定」（OR267-268　四二五）を前提としているのである。このような権力概念ゆえに、イギリスやアメリカ合衆国の政党は、彼女があげる近代的政党の特徴（「独裁的・寡頭制的な構造、内部における民主主義と自由の欠如、『全体主義的になる』傾向、無謬性の主張」）を免れているというのである（OR267-268　四二五）。

しかし、この二党制でさえも「被支配者による支配者にたいするある程度のコントロール」が達成できただけで、「市民が公的業務への『参加者』になること」を可能にすることはできなかった（OR268　四二五－四二六）。結局、アレントは一九五〇年代後半以降、参加という観点から政党制全般にたいして否定的な評価を下し、それに評議会制（council system）を対置するようになる。

評議会制

アレントにとって一九五六年は、マルクスの一八七一年、レーニンの一九〇五年と同じ意味を持っている。すなわち、ハンガリー革命におけるさまざまな場での評議会の自発的な成立は、アレントをして、これこそ彼女の権力概念が要求する共和政と連邦制の原理を具現し、市民の参加を保証し、革命精神を制度化しうる統治機構であるという確信へと導いた。

アレントが、政党制でなく評議会制を共和政のあるべき政治体制として選んだことは、彼女にとっては、政治を活動として捉えたことの必然的な帰結であったといえるだろう。なぜなら、政党制および議会制は代表によって成立するのであるが、しかるに、「利益」や「福祉」は代表できるが「活動」や「意見」は代表できないからである（OR268-269　四二六）。

彼女によれば、評議会制も一種のエリート主義という側面を有している。この評議会を支える政治活動への情熱は、政治はその本質においては全市民にかかわるものであるにもかかわらず、「多数者」が有するものではなく、「普通のものではない」からである。それは、「普通選挙」にはもはやもとづかない。彼女は、この統治を「貴族政的」とさえ呼んでいる。しかし、この「貴族政」は「政治的に最良の人々」の統治を意味するのであって、この政治的エリートは、社会的・文化的・専門職業的エリートとは関係がないし、そもそも、その選抜方法からして違うのである。アレントにおいては政治的エリートとは「みずからを選抜した人々」にほかならない（OR275-280　四三五―四四二）。

先に、アレントの政治概念における「決意」ということのもつ重要性についてふれたが、ここでも、決意が政治的エリートのメルクマールである。そして基本的には、評議会とは決意せる人々の評議会なのである。しかし、ここで議論は一回転することになる。

アレントの機構論は、革命精神＝公的精神の保存という観点から論じられてきた。しかし、この機構――評議会制――にできることは、まさにこの「保存」だけであって、この精神を産み出すことはできないのである。アレントにとって、この精神を教化することは問題外である。彼女自身、政治に参加しない自由という意味での「政治からの自由」を高く評価している（OR280　四四一）。このことは、彼女における公的精神が自発性と決意とをその中核とする以上、当然のことである。では、この決意を促すパトスはどこから生まれるのか。

アレントにおいては、このパトスをもたらすのは、人間の「生まれてくるものであるということ（natality）」と「死すべきものであるということ（mortality）」に由来する、一種の実存的不安にほかならない。革命精神＝公的精神は、古代のポリスのような共同体の実体的な「徳」を前提できないがゆえに、ここで再び個人へと投げ返されることとなる。

前章で見たように、アレントによれば、ジェファーソンの晩年のウォード構想もまた、評議会制の企てにほかならない。彼においてはウォード制が「反復革命」という不可能な企てにたいする代案だったというのである（OR250　四〇一）。同様に、アレントにおける評議会制とは、彼女の活動の理論が有する「永続革命」の含意への代案であった。しかし、ジェファーソンがウォードの機能に関して口を閉ざしたように（OR254　四〇六）、アレントもまた評議会の機能に口を閉ざしている。

たった一つの目的のためにでいいからそれを始めたまえ。そうすれば、すぐにそれがその他の目的にも最良の道具であることがわかるだろう（OR255,279　四〇六、四四〇）。

ところで、この「一つの目的」とは、人民が公的精神を示すための空間、すなわち活動の場を与えることで、革命精神を、つまりは共和国そのものを守ることであった。しかし、たとえ仮にこの目的のためにはこの制度が「最良の道具」であるとしても、それは「その他の目的にも最良」なのであろうか。

アレント自身によれば、管理（administration）と経営（management）という目的のためには評議会は的はずれな制度である。評議会は「公的業務への参加」には有効であるが、「公共の利益にかかわる物事の管理あるいは経営」には無力である。後者はあくまでも専門家と経営者、官僚の仕事だとされる（OR273-274　四三二―四三四）。したがって、アレントの共和国には評議会政府の下に相当程度の官僚機構が確固として存在することになる。しかし、その場合には、官僚機構そのものの力学が、実際上、かなりの程度まで政治のあり方を決することになりはしないのだろうか。はたして「参加」と「管理」は彼女が考えているように、それほど明確に区別できるのだろうか（もちろん、このことが問題になるのは評議会制のみならず、政党制においても同じことである。しかし、そうだからといってこの問題が評議会制にたいして持つ重要性が減るわけではない）。

アレントが明確な区別を引けたのは、政治問題は政治によってしか、経済・社会問題は経済と社会の内部においてしか解決できないという彼女の強固な二元論のためである。しかしこのことは、社会がその利害の対立を政治の場に持ち込まないかぎりにおいてのみ成立することなのである。

政治のための政治

もし政治が、アレントのいうように、社会領域にたいする管理と経営から一切解放されるとすれば、政治が果たすべき役割は何であろうか。外交や防衛の問題は当面は残るかもしれない。しかし注意すべきは、主権的な国民国家の並存という国際関係はアレントにとってなんらの積極的存在理由を持っていないということである。たしかに彼女は、世界大の単一の主権国家としての世界政府という考えにたいしては、その画一主義を理由に、厳しく反対している。しかし他方で、主権国家の存在は戦争の可能性を論理的には不可避にしているともいっているのである。

そこで、彼女が求める唯一の平和への構想は、主権という観念を全く排除した国家体制、すなわち評議会制による連邦制が世界大へと拡大することによってのみ可能だとされるのである（CR229-233　二二九―二三四〔この構想はカントの『永遠平和のために』を強く想起させるものである〕）。そして、この構想に従うかぎり、伝統的な意味における外交や防衛の問題は、アレントの政治概念の中で究極的には積極的な位置づけを持っているとはいいがたい。というのも、主権国家間の関係の存在自体が乗り越えられるべき対象だからである。

そもそも、アレントによれば、政治はなにかの目的のためにあるのではない。したがって、その政治＝活動の機関たる評議会になにか「機能」を求めること自体が、実は筋ちがいだということになる。活動すること、公的自由・公的幸福を求めること、つきつめればこれ以外に政治の存在意義はない。それは、あたかも「芸術のための芸術」のごとき「政治のための政治」なのである。

だが、「政治のための政治」は「芸術のための芸術」以上に理解しがたい概念である。なぜなら、政治の中心としての活動と言論は、常になにかをめざす活動であり、なにかを語る言論であるはずだからである。その内容を一切欠いた活動や言論などは存在しない。そして、これらの活動や言論がたんなる演技やおしゃべりと区別される条件とは、活動者自身がその「内容」を真剣に信じ、真剣に実現しようとしているということなのではなかろうか。

たしかに、革命や創設においては、その来《きた》るべき共和国の実現が活動の内容たりえるだろう。しかし、ひとたびその共和国が実現されたならば、その共和国の維持が、それだけが活動の唯一の内容となる。政治体＝共和国＝公的領域＝世界の保存、これこそがアレントの政治の内容なのである。評議会制の「その他の目的」は、ここであの「一つの目的」に収斂《しゅうれん》してしまった。そして、それはなんら不思議なことではない。政治が、権力が、自己目的であるならば、「その他の目的」は所詮この「一つの目的」に従属するものにすぎないはずだからである。

3　個・公共性・共同性

Ⅰ　三類型論の政治的意義

政治の仕事化、政治の労働化

アレントの三類型論の政治的意義を考える場合、なによりも注目すべきは活動という行為類型を政治的行為の本来的なあり方として提示したことである。

アレントは、人対人の関係における行為を、人対物の関係における行為をモデルにして理解することを批判する。彼女によれば、人対人の関係における行為は本来あくまでも相互行為であって、人対物関係の行為のような一方向的な主体―客体関係は成り立たないし、成り立たせるべきでもない。また、前者が言語、象徴を媒介とした行為であるのにたいして、後者は物に直接働きかける、あるいはまた物を媒介とした行為である。そして前者が人対人関係の本質からして複数の人間の間でのみなされうるのにたいして、後者は孤立した人、あるいは人間一般を主体とする行為形態である。しかし、こうした対比を前提として複数の人対人関係においてなされる、言語を媒介とした相互行為を概念的に分化しようというアレントの企て自体は、今日の読者にとっては、必ずしもそれほど目新しいものには映らないかもしれない。

なぜなら、なかばその意義を忘れられていた、アリストテレスの学問体系内の実践学における「実践《プラクシス》」と「制作《ポイエーシス》」の対比は、今日では、ハーバーマスやドイツの解釈学派の哲学者たちの労作によって、いわゆる「実践哲学の復権」として、広く知られるようになっているからである。そして、アレントの『人間の条件』は、こうした動きに少なからぬ影響を与えたともいわれている。活動を政治的行為の本来的なカテゴリーとし、労働や仕事のモデルが政治に適用されることを拒否するアレントの政治観が、アリストテレス的実践哲学の現代的再生という側面を持っていることは疑いない。

しかし、アレントにおいては、アリストテレス的実践哲学における「制作」のかわりに、労働と仕事という二つの行為類型が提示されている。もちろん、すでに述べたように、彼女はこの二つの類型にそれぞれ固有の意味と機能を割り当てている。だが、それと同時に、この区別は、政治的行為の逸脱のあり方として、政治に労働の論理が侵入することと、仕事の論理によって支配されることという、二つの異なったあり方があることにも対応しているといえるのではあるまいか。つまり、逸脱形態の政治にたいするアレントの批判が、二つの焦点を持っているということも、少なからず関係していると思われるのである。

第一の逸脱は、政治を仕事の行為形態によって理解し、実践しようとすることである。いいかえれば、政治を、あらかじめ準備された青写真、「モデル」に従って物を製作するのと同様のやり方でおこなおうとすることであり、政治を手段と目的の関係で理解しようとすることである。彼女によれば、政治にたいするこの「製作」的理解は、後述するように、プラトンに始まる哲学と政治との対立に端を発しているという。

　第二の逸脱は、政治が労働の論理によって動かされること、すなわち政治が「生命の必要」を充足することに専心すべきものとされ、また、その観点から政治が理解されることである。彼女によれば、マルクス主義はその典型であるが、古典派経済学的な人間観を前提とする自由主義の政治理解も、基本的には同様の政治観を持っていることは、すでに述べたとおりである。

哲学と政治の対立

　アレントによれば、プラトンの政治哲学の出発点は、ソクラテス裁判に現れたポリスと哲学者との対立である。その際、プラトンは、この対立の中で哲学者にとっての最良の政治体制を求めたというのである。プラトンは、政治を、人々が持つ意見、「ドクサ」によって左右されるようなものではなく、強制力を持った真理によって決せられるものとすることによって、政治から不可測性、偶然性を排除しようとした。すなわち、イデアという尺度にもとづいて、哲人王は、あたかも「工作人」や芸術家が物を作るのと同じように、ユートピアを製作するのである（BPF107-115　一四五―一五六）。

　だが、その結果、政治はイデアという「真理」（正確には事実の真理に対置される意味での理性の真理）にかかわる技術《テクネー》の問題とされてしまった（BPF112　一五一―一五二）。そして、すでに仕事の概念の説明において見たように、「製作」（アレントはこの語を「仕事」と同義で使っている）には暴力の要素が不可避である以上、「製作」的思考の政治への転用は、政治の中に暴力の要素を持ち込むこととなってしまったというのである（BPF111-112 一五一―一五二）。プラトンが「製作」の政治哲学者だとするならば、そのことはマルクスにもあてはまるとアレントは考える。

活動と製作との古くからある同一化は、いうならば、歴史家の観照的な凝視と、あらゆる製作に先行して職人を導くモデル（エイドスすなわちプラトンが彼の「イデア」を導き出した「形相」）の観照との同一化によって補完され、完成された（BPF78 一〇四）。

マルクスにおいては、プラトンにおける善のイデアという尺度が、「歴史全体のヘーゲル的な意味すなわち自由の理念の漸進的な展開と実現」という「目的」に置き換えられてはいるが、政治にたいする技術主義的なアプローチはそのまま引き継がれているというのである（BPF78 一〇四）。

いいかえれば、マルクスにおいて真理は、プラトンのように、実現すべきユートピアの設計図そのものにあるのではなく、むしろ実現すべきユートピアへの歴史的展開、道筋を示した「過程」の定式化、つまり歴史法則の中にこそあるとアレントはいうのである。そして、こうした一種の歴史法則主義への批判は『全体主義の起原』の中でもすでに明らかに見られるということは、先に述べたとおりである。

「オムレツを作るためには卵を割らねばならない」という、全体主義イデオロギーの常套句《じょうとうく》は、プラトンの中にも、またマルクスの中にも、明らかに存在する。それにたいする、アレントの皮肉な返答はこうだ。

〔卵を割ることの〕結果は、その活動《アクティヴィティ》そのものと同一である。それは卵を割ることでありオムレツではない（EU397　Ⅱ二三六、補注川崎）。

仕事の論理と労働の論理

しかしすでに述べたように、マルクスにおいては、政治を仕事の論理に従わせようとすることだけが問題なのではない。むしろアレントは、マルクスを先述の第二の逸脱の典型として、すなわち政治を「生命の必要」の論理に、いいかえれば労働の論理に従わせた思想家だといっていたのではないか。だとすれば、プラトンとマルクスでは当然、問題のあり方がちがうはずである。

アレントによれば、プラトンに始まる西洋の政治哲学の伝統、すなわち政治を仕事のモデルで理解するという伝統は、近代になっても、たとえばホッブズなどに典型的に見られるように、政治哲学の正統でありつづけた。

しかし、その背景には、真理の観念自体の変化があった。すなわち、近代においては、

「観照」によってもたらされる静的な真理観から、ガリレオらに始まる近代科学の勃興とデカルト哲学の登場に示されるような、人間が道具を使って自然から能動的にもぎ取ってくるものとしての、よりダイナミックな真理観へと変容した。アレントはこのことを、仕事の、「工作人」の世界観が勝利を収めたのだと述べている。そして、西洋の政治哲学の伝統は、まさに近代における「工作人」のつかの間の勝利に、うまく適合したのである。

だが、アレントによれば、西洋近代においては、「工作人」の短い勝利に続いて、「生命」の論理、いいかえれば労働の論理が思想の中心をしめるにいたる。そこでは、なによりも生命に最も高い価値がおかれるようになる。そしてその結果、政治や社会のあらゆる現象、人間事象の全領域が、この生命と労働の観点から理解され、その論理に従わせられるようになったというのである。その意味で第二の逸脱は近代特有の、そして近代において極めて一般的な現象だというのである。

こうしたアレントの歴史・思想史認識を理解するうえで忘れてはならないことは、近代においてはそもそも仕事自体が労働化してしまったということ、いいかえれば仕事と労働の区別自体が、労働の勝利のもとに失われていったとアレントが考えていたことである。プラトンとマルクスが連続性において理解されうるのは、マルクスにおいてこの融合が起きているから、いいかえれば第一の逸脱と第二の逸脱が重なりあって起きているからであるといえよう。

とはいえ、政治の仕事化と政治の労働化、第一の逸脱と第二の逸脱は本来別ものである。

プラトン

カール・マルクス

そしてその批判の対象は、前者においては手段―目的関係による技術主義的思考の政治への導入とそれにともなう暴力の要素であったのにたいして、後者においては「生命の必要」の支配という政治への必然性の侵入と、それにともなう「画一主義」である。

プラトンとマルクス、この二人の偉大な思想家こそ、アレントが西洋の「政治思想の伝統」の始めと終わりに据えた思想家である。しかし、その「伝統」は、「哲学者がいったんは政治に背を向けながらも、自らの尺度を人間事象に押しつけようと政治に立ち戻ったときに始ま」り、「その終焉は、哲学者が政治のうちに哲学を『実現』しようと哲学に背を向けたとき到来した」(BPF17-18　二〇)。

つまり、西洋の政治思想・政治哲学は、政治本来のあり方を歪曲《わいきょく》し、政治にたいして哲学の尺度を押しつけてきたというのである。この伝統にたいしてアレントは、まさに政治思想の伝統の解体によって本来の政治の復権を図ろうとする。政治哲学が目指してきた、「(理性の)

真理」による「意見」の制圧を反転して、もう一度政治から「(理性の)真理」の専制を排除して、「意見」の復権を求める。公的領域の保持と複数性の擁護は、まさにこのことの具体的現れだといえよう。

全体主義の影

ところで、アレントをして、プラトンからマルクスにいたる政治哲学の伝統にたいする根本的批判に向かわしめた重大な要因の一つが、全体主義の問題であったことは疑いない。実際、プラトンの中に哲学と専制との関係を見いだす着想自体は、すでに一九五〇年当時には持っていたようであるし(BW196 I一八四、一九五〇年十二月二十五日付のヤスパース夫妻宛て書簡)、彼女のマルクス研究は、『全体主義の起原』の続編としてのマルクス主義批判として、もともと着手されたものだったという。

興味深いのは、こうした全体主義批判の文脈で、プラトンとマルクスの批判に向かったのは、一人アレントだけではなかったことである。有名な例はカール・ポパーの『開かれた社会とその敵たち』だが、彼もまた、この二人の中に政治にたいする技術主義的アプローチ——「ユートピア的社会工学」——を見いだし、それに批判を加えている。政治への技術主義的アプローチと結びついたユートピア論批判は、ハイエクの「構成主義」批判からフランクフルト学派の「技術的理性」批判にいたるまで、二十世紀後半を代表する極めて多様な政治的・哲学的立場の思想家たちによって、奇妙なまでに広く共有されている。そして、この不思議な一致にはやはり全体主義が影を落としているのである。

もっとも、アレントにおいては、『全体主義の起原』をはじめとする一九五〇年代前半に書かれた論考の中では、政治を手段・目的関係で考えることがいかに政治に暴力を引き込んでしまうかという主題がしばしば登場するが、『革命について』では、フランス革命におけるテロルは、手段—目的関係の政治への侵入の帰結というよりも、「生命の必要」を克服することを政治が担おうとしたがゆえの悲劇として描かれている。いいかえれば、政治の仕事化から政治の労働化へと批判の力点が移動しているようにも思われる。

このことは、アレントの当面の「敵」が、独裁者の支配する「全体主義」から大衆社会の画一主義とそこにおける匿名の「無人支配」へと変化したこととも無関係ではないだろう。

断たれたポリス世界への「伝統の糸」

すでに述べたように、アレントの三類型論には、西洋の政治思想・政治哲学の伝統の批判的解体と、その伝統が見失っていた政治の本来のあり方の復権という意図があった。しかし、その際に彼女が依拠したのは、アリストテレスの実践哲学における「実践」と「制作」の対比であった。これはある意味で奇妙な話である。だが、少なくとも彼女の理解では、アリストテレスの倫理学や政治学の意義は、それがソクラテス学派の哲学者としてのアリストテレスの考えを示していることよりも、古典古代ギリシアのポリスの人々の共通了解と現実の実践を伝えていることにこそあるというのである。

だが、まさにそれゆえに、アレントは単純にアリストテレス的実践哲学の復権を唱えることはできない。アレントは、アリストテレスの政治学・倫理学が依拠できた二つの基盤、すなわちポリス国制に根ざした実体的倫理や慣習・伝統にも、彼の形而上学につながる自然主義的なメタ倫理学にも依拠することはできない。このことをアレント自身も明確に自覚していた。現代には、ポリス世界につながる「伝統の糸」はもう断たれているのだ（BPF14 一五）。そしてその自覚が彼女の一見極めて復古主義的な政治観、とりわけ活動の概念に、極めて近代的な、個人主義的・実存的モメントの要素を与えている。しかし、そのことは彼女の政治思想に、後述するような、さまざまな問題を残すことにもなったのである。

II　秩序としての政治

三つの秩序モデル

ところで、政治に関する多様なイメージの中で、このようなアレントの政治観は、どのような特色を持っているのだろうか。そこで、政治という事柄について、もう少し広い文脈で考えてみたい。

政治については実にさまざまな定義や見方が存在するが、それが複数の人間の間における共存、秩序形成の営みであることについては、アレントのみならず大方の合意がある。しかし、こうした複数の人間の間の秩序形成にかかわるものは必ずしも政治だけではない。たとえば、道徳、宗教、文化などが、古来からそうした秩序形成の機構として考えられてきたし、経済もまた同様である。他方で、政治とは、偽装された暴力や軍事力、「強者の支配」の別称であるという考え方も、古今東西を問わず存在する。そうしたなかで政治という秩序をどう考えればよいのだろうか。

もとよりこうした問いには、唯一の「正解」があるわけではない。しかし、人間の秩序形成において（軍事力に象徴される）「強制力」、（経済に象徴される）「利益」、（道徳や宗教に象徴される）「信条」のいずれを重視するかは、個としての人間がどこまで内発的に秩序を形成しうると考えるか、に対応していると見ることができよう。いいかえれば、それらのうちのどの立場をとるかは、個としての人間がどこまで公共性・共同性を担いうると考えるかにかかっているのである。

「強制力」重視の秩序観は、いうまでもなく、人間のこうした能力にもっとも悲観的であって、公共性・共同性は力によって外から押しつけるほかないと考える。「利益」重視の秩序観とは、それが利益の供与による誘導という「強制力」型のたんなる裏返しでない場合には、公共性・共同性が、人々の自己利益追求の予期せざる結果として、いわばメカニカルに導出されるという秩序像である。つまり、特定の利益の貫徹としてではなく、諸利益の均衡として、秩序が生み出されるというわけである。しかし、この均衡は、別に個々の利益の自制によって生み出されるのではない。むしろ、個々の利益を純粋に貫徹しようとすること自体が均衡を生み出す。すなわち、「見えざる手」が存在するというのが、この秩序観の存立根拠といえよう。この場合も、個としての人間が内発的に秩序を形成したり、公共性・共同性を担いうるということは基本的に想定されていない。

それにたいして、「信条」重視型の秩序観は、安定した秩序が成り立つためには、集団の構成メンバーが自発的にその秩序にコミットしていることが不可欠だと考える。このような視点からは、宗教や道徳、さらには「国民」のような集合表象を、個人の自己利益を超えた公共性・共同性を個人が内面化する際の有力な手段として考えることができる。

政治秩序のパターン

それでは、こうした秩序形成のさまざまなモデルとの関係において、政治秩序とはどのようなものとして考えられるのか。その関係を、ここでは便宜的に三つのパターンに分けて考えてみたい。

第一のパターンは、これらの秩序モデルのどれかを、政治秩序の本質と見る見方である。すなわち政治秩序とは、強者の支配や、利害の均衡や、共同体への信従等であるということになる。これらのモデルの複合体として政治秩序を解釈する、今日の社会科学においてもっとも一般的なアプローチも、このパターンの変種といえよう。

第二のパターンは、「政治的」ということを、秩序原理の属性としてではなく、先に列挙したようなさまざまな秩序原理の現実化の際の様相と見る見方である。いいかえれば、いかなる種類の秩序であろうとも、それが自他を区別する集団の形成にかかわるときには常に政治化するというわけである。いうまでもなく、こうした政治像を理論化したのはカール・シユミットであるが、それは基本的には、必ずしも彼独特の考えではない。というのも、複数の人間がつくる集団において営まれるあらゆる営為に、政治的要素を見いだすこと自体は、現代においてはむしろ普通である。その場合の政治とは集団形成にかかわる闘争の総称となる。

第三のパターンは、政治を、他の秩序に還元・翻訳できない独特の秩序形成作用と見る見方である。「政治的（political）」とはもともと「ポリス的」という古典古代のギリシア語に由来する言葉である。そして、古典古代ギリシアにおいて「ポリス的」秩序とは、社会秩序一般などという茫漠とした意味では全くなく、家の秩序やギリシア以外の国の秩序やその他の集団の秩序とは本質的に異なった、極めて特殊な秩序として考えられていた。こうした、質的に限定的な意味での政治秩序という用法は、現代においては必ずしも一般的ではないが、にもかかわらず、それが全く忘れ去られたわけではない。

いうまでもなく、アレントの政治観は、この第三のパターンである。すなわち、政治秩序形成という営みを、固有の論理と価値を有するものとして、他の秩序原理から論争的分別することが、その狙いであるといえよう。したがってアレントの政治観は、今日、政治や政治的と呼ばれている現象一般の解明をめざした理論では全くない。それは極めて特殊な意味での政治の概念の復興をめざした、その意味で規範的な議論なのである。

しかし、こうした「ポリス的」秩序への言及は、先に述べた「信条」モデルとどう違うのだろうか。ポリス的な政治秩序もまた、集団の構成メンバーが個人の自己利益を超えた公共性・共同性をみずから担って、自発的にその秩序にコミットすることによってのみ可能な秩序なのではないか。だとすれば、それは「信条」型モデルの亜種にすぎないのではないか。さらに、このような政治秩序観は、結局、内面性の動員、教化、規律を要求することになるのではないか。そしてその意味で、力や利益を手段とした外面的な政治秩序観以上に、不寛容なものになりはしないのか。

また、こうした政治の外に放逐された、しかし今日使われている別の意味では政治的であるような事柄は一体どうなるのだろうか。

Ⅲ　アゴーンとコンセンサス

一枚岩でない共同体

政治秩序が、強制力や利害といった外面的な紐帯《ちゅうたい》のみでは安定的なものとなりえず、そこに内面的・自発的なコミットメントがあってはじめて安定化しうるというのは、政治学の歴史においてはどちらかといえば正統的な考え方である。しかし、政治秩序の存立要件から外面的要素を排除し、後者のみに局限できるとする考えは、必ずしも一般的ではない。というのも、それは完全な自己統治、個と集団との一体化によってのみ可能であって、もしその一体化の限界、個と集団との対立の存在が不可避だと見るならば、そこに強制と利害による秩序づけが不可欠になると考えるのが通常だからである。

したがって、政治秩序における強制や利益供与による誘導という側面を否定しようとするものは、ルソーなどに典型的に見られるように、内発的なコミットメントを求めて、個と集団の徹底的な同一化を要求することになりがちである。そしてその結果、逆説的ながら、外面的支配の不可避性を受け入れるほうが、かえって寛容な秩序を構成しうることにもなる。

ではアレントの場合はどうだろうか。たしかに彼女は、政治秩序から強制と利益の要素を排除しようとし、政治体の個々の構成員の自発的参加にその存立の基礎を求めたという意味では、基本的に「信条」型秩序モデルといえよう。しかし、だからといって、それは少なくとも彼女の意図としては、ルソー型の人民主権としての自己統治の共同体なのではない。というのも、アレントの場合、政治共同体の意志の一体性を求めないからである。

アレントは、ルソーの「一般意志」概念への批判を、政治における意志概念への批判、さらには主権概念への批判として展開する。彼女によれば、主権とは「他者から独立し、しかも最終的には他者を圧倒する自由意志の理想」（BPF163　二二一）が政治的領域に適用されたものにほかならない。ところが、「政治的には、こうした自由と主権の同一視は、自由と自由意志との哲学的な同一視のおそらく最も有害で危険な帰結である」（BPF164　二二二）という。なぜなら、

この同一視が、人間の自由の否定に導くか――すなわちいかなる人びともけっして主権的ではないということがもし理解された場合にはそういうことになる――、さもなければ、一人の人間、一つの集団、一つの政治体の自由は、他のすべての人間、集団、政治体

の自由すなわち主権、を犠牲にしてのみ購《あがな》うことができるという洞察に導くからである(同)。

そして、そうである以上、

一人の人間でなく複数の人間が地上に生きているという事実によって規定されている人間の条件のもとでは、自由と主権はほとんど同一性を持っておらず、同時に存在することさえできない(BPF164 一二三)。

いいかえれば、アレントにとっての政治共同体は、一枚岩の意志を共有した人民主権という意味での自己統治の共同体ではない。この政治体の公共性は、あくまでも個々のメンバー同士の相互行為、活動を通してのみ存在するものである以上、この「共同体」は一枚岩ではありえないし、正確には共同体でさえありえない。活動が成り立つためには、メンバーの間の差異の存在が不可欠であり、それゆえこの政治体を成立させる公共性は全面的な「一体性」ではありえず、活動という相互行為の場としての世界の共有にとどまるのだ。したがって、内面における動員は、当然、そこに限界があることになる。そして、それこそが、宗教や道徳や文化等に還元しえない、政治秩序の「政治的」である所以《ゆえん》だということになろう。

公共性

それでは、アレントにおける公共性とは何なのか。

すでに詳しく見てきたように、アレントいうところの活動は、労働や仕事との対比において、非常に特殊な行為類型として考えられている。それは、言語を媒介とした相互的な行為であり、さらにそうした活動《アクティヴィティ》がその個人の「誰か」、つまり個性を最も表出するものであるとされる。

だが、それが表出されるには、すなわち活動が可能となるためには、公的な空間がなければならず、また公的な空間にみずから姿を現さねばならない。つまり活動には、活動を可能にする公的空間が存在していること、つまり政治的＝ポリス的な秩序が存在することが必要なのである。したがって、その公的空間における平等性、相互性を壊すような「活動」は許されない。そこでは暴力はもとより他者への一方向的支配への関心もまた、そもそも排除されるということになろう。さらに、この公的空間における相互行為としての活動は、あくまでも公的な関心によって動機づけられていなければならない以上、私的な利益にもとづく行為もまた、カテゴリカルに排除されることになる。その意味で、活動には、そもそも概念的に少なからぬ制約がかかっているのである。

しかし他方で、活動は、予測を超えた、日常的な道徳規範をも超えうる、その意味での「偶然性」をともなった非定型的な行為類型である。活動はその本質において、新しいことを始めることであるとアレントはいう。さらに彼女によれば、活動を判断できるのは、ただ偉大さという基準だけである。なぜなら、一般に受けいれられていることを打ち破り、異常なるものに到達するのは、活動の本性によるからである（HC205　三三〇）。

このことの弁証として、彼女は、トゥキュディデスから有名なペリクレスの戦没者追悼演説の一節を彼女流の解釈のもとに引用したうえで、次のように論評している。

トゥキュディデス、もしくはペリクレスは、アテナイの栄光はアテナイが「彼らの善い行為と悪い行為（their good and their evil deeds）の不滅の記憶を至るところに」残したことにあると見たときに、自分が日常行動の正常な基準を断ち切っていることを十分に知っていた（HC205-206　三三〇）。

つまり、活動の判断基準としての「偉大さ」は、「日常行動の正常な基準」の彼岸、文字通り善悪の彼岸に存するのである。

では、活動が、公共性すなわち公的空間および公的関心と不可分であることに由来する内在的な制約と、活動が、自己の実存の表出としての側面を持つことに由来する不可測性、非定型性やある種の没規範性とはどういう関係にあるのだろうか。その間に矛盾はないのだろうか。

先述のようにアレントは、活動にたいする制約原理として、「許し」や「約束」を示している。さらに「権威」もまた、ある意味で活動の枠組みや、模範となる範例を示しているともいえる。しかし、実は彼女は、もう一つの重要な制約の原理を示唆している。それは「判断力」である。

判断力と共通感覚

アレント自身は、必ずしも判断力の概念についてまとまった記述を残しているわけではない。しかし、もろもろのテクスト中の断片的な叙述や、死後に出版された講義ノート『カント政治哲学講義録』などからうかがえるところによると、彼女はカントの『判断力批判』の「趣味判断論」を政治的判断力の理論として読みかえることによって、自身の判断力論を展開する予定であったと思われる。

アレントは、趣味判断論を、カントの政治哲学の最も重要なテクストとして位置づける。通常、カントの政治哲学を論じる場合は、『実践理性批判』や『人倫の形而上学』といったテクストが重視されることが多いが、アレントはあえて、それ自体政治や倫理について論じてはいない『判断力批判』の趣味判断論を、政治哲学的テクストとして重視するのである。その理由は、趣味判断論が、複数の人間の間での判断の一致という問題を扱うからであり、彼女はこの点を重視するのである。

カントの趣味判断論は、いかにして美的判断が主観的なものでありつつ、普遍性を持つことができるのかをテーマに論じられている。カントによると、美の判断はあくまでも感覚的・主観的なものであって、善の判断とは異なり、「概念によって」客観的・必然的な妥当性を保証されたものではない。にもかかわらず、それはある普遍性を有しているというのである。そして、この主観的な普遍性、感覚の伝達可能性をもたらすのが、「共通感覚」、センスス・コンムニス（*sensus communis*）である。

共通感覚《センスス・コンムニス》の下に、我々は万人に共通した感覚〔*gemeinschaftlicher* Sinn, アレントは sense *common to all* と英訳している〕という理念を含めなければならない。それは、言わば自分の判断を人類の集合的理性と比較するために、反省において他のあらゆる人々の表象の仕方を思想のうちで（ア・プリオリに）顧慮するような判断能力である。……このことは、自分の判断を他者の現実的判断とよりは、むしろ可能的判断と比較することによってなされ、あるいは、自分自身の判定に偶然に付随する種々の制限を捨象しながら、あらゆる他者の立場に身を置くことによって、なされる。……ところで、この反省の作用は、恐らくあまりにも人為的すぎるので、共通感覚と呼ばれる能力に帰するわけにはいかないと思われるかもしれない。しかしそう思われるのは、この作用が抽象的な定式で表現される場合だけのことである。本来、一般的規則として役立ちうる判断を求めようとするならば、魅力や情動を度外視することほど自然なことはないのである（KPP71　一〇八

〔一三一―一三二〕、『判断力批判』第四〇節。強調カント。引用はアレントの英訳からの重訳による。なお、〔　〕内は川崎補注）。

つまり、一言で要約すれば、「あらゆる他の人々」の意見を考えの中に入れること、「一つの普遍的見地へと身を置くこと」、「他の人々の見地へと身を置き移すこと」という「視野の広い考え方」をすること、それがカントにおける共通感覚の理念である。

たしかに、カントのこの共通感覚は、必ずしも他者の判断との現実の一致を保証するものではない。それは、あくまでも「一つのたんなる理想的規範」であって、目に見える形で存在する共同体に基礎を置くものではないからである。（ガダマーも指摘しているように）カントの共通感覚の「共通」性は、それがなにかある共同体によって積極的に基礎づけられているのではなく、主観的・個人的条件を離れているという意味で否定的にもたらされたものだと読むことが、カントの共通感覚論に関するかぎりでは、正確であろう。

だがアレントの判断力論は、この点に関していささか微妙である。すなわち、「万人に共通した感覚」とアレントが英訳している *gemeinschaftlicher* Sinn を、彼女自身、「共同体的感覚（*community* sense）」と改めて解釈していることにも示されるように、アレントにおいては、共通感覚はより実体的な共同体への準拠のイメージを強く含意しているように思われるからである。そのことは、アレントが、ギリシア的・アリストテレス的な「思慮（*phronēsis*）」とカントのセンスス・コンムニスを連続的に理解していることにも示されている（BPF221　二九九）。

けれども、そのことは、実定的に存在する共同体の閉ざされた空間の枠内でのみ共通感覚は作用しうると、アレントがいわんとしていたわけでは必ずしもないようである。というのも、彼女はカントの共通感覚の理念から、

〔快あるいは没利害的満足感の〕普遍的な伝達に対するこうした顧慮を、〔もしも〕万人が万人に対して期待し、かつ要求するならば、〔我々は〕人類そのものによって命ぜられた一つの根源的契約が〔存在するかのような地点に達したことになる〕（KPP74　一一五〔一三八〕、『判断力批判』第四一節。補足はアレントによる）。

というテーゼを引き出しているからである。ここで「根源的契約」とよばれているものは、「あらゆる個人の中に現前する人類の理念」（KPP75　一一五〔一三八〕）にほかならない。そして、この根源的契約の理念、つまり「人類」の理念は、判断力の原則であるだけでなく、活動の原則ともされるべきものだと、彼女は述べている（KPP74-75　一一五〔一三八―一三九〕）。かくして、アレントは、以下のような「活動の定言命法」を提示する。

その格率によって、この根源的契約が普遍的法則へと現実化されうるような、そのような格率にもとづいて、常に活動せよ（KPP75　一一五〔一三八―一三九〕）。

つまり、「人は常に自分の共同体的感覚、自分の共通感覚《センスス・コンムニス》に導かれながら、共同体の一員として判断する。しかしまた最終的な分析では、人は人間であるという単なる事実によって、世界共同体の一員である、すなわちこれが『世界市民的なあり方』である」というのである（KPP75　一一七〔一四〇〕）。

判断力論の射程

以上が『カント政治哲学講義録』におけるアレントの判断力論・共通感覚論の概要である。しかし、彼女のこの判断力論・共通感覚論の理論的・政治的射程を正確に測ることは、実はきわめて難しいといわざるをえない。その困難は、大別して二つの次元におよんでいる。

第一の次元は、この共通感覚の「政治性」についてである。ここで紹介した彼女の判断力論・共通感覚論は、それがギリシア的な「思慮」ともつなげられていることからわかるように、それ自体が政治的な判断力である。しかし、アレントの共通感覚論には、これとは異なるもう一つの概念があるように思われる。それは、他者とこの世界を共有することによって、世界のリアリティの確実さを人々に保証する感覚、事実としての現実の現実性を担う能力である。こうした共通感覚の役割については、全体主義およびその前提としての大衆社会化についてのアレントの叙述においてすでに言及したが、いいかえればそれは、政治や活動そのものにかかわるというよりも、政治や活動がなされる地盤としての世界の存立にかかわるものであり、その意味で、それ自体は「思慮」としての判断力と同じ意味で政治的な能力とはいいがたい。むしろ非政治的であることによってはじめて政治的な役割を果たしうる能力というべきであろう。

たしかに、両者ともそれぞれの仕方で活動にたいする制約原理として機能する。しかし、そのあり方は全く違うものであり、そもそも同じ「共通感覚」として一括可能なのか、両者の関係はどうなのかについては、議論のあるところである。

第二の次元は、すでに触れたように、共通感覚＝共同体的感覚の基盤となるべき「共同体」をどこまで「閉じた」、具体的なものと考えるのか、どこまで「開かれた」、普遍的なものと考えるのかという問題である。すなわち、それは「人類」まで拡がるのか、それともより小規模な政治体なのかという問題である。少なくとも政治的な意味での共通感覚の基盤となりうるのは、なんらかの政治体であると考えられる。だとすると、この問題は、アレントの政治体制像とも深く関係することとなろう。すでに述べたように、アレントにおいては小共和国を単位とした連邦制が政治秩序構想の基本である。そして、こうした構想においては、たしかに、小さな共和国という単位が「人類」大まで連邦化していくということは理論的には可能である。そのためか、アレントは、この特殊性と普遍性の対立を必ずしも深刻な問題として捉えていないふしがある。だが、こうした連邦制を前提とするとしても、何をどの単位の権限とするかという問題として、この対立はやはり深刻なものであり続けるはずである。

アゴーン的精神

結局、アレントの判断力論の性格については、なかなか確定的なことはいいがたい。しかし、問題はそれだけではない。より重大な問題は、アレントの政治理論を、活動を枠づけて、コンセンサスを可能にするような、規制原理の探究へと還元してしまっていいのかということである。

活動は、その判断基準として「偉大さ」といった基準をも持つような、自己の実存の表出としての側面を持ち、そこから不可測性、非定型性やある種の没規範性が生じてくるということはすでに述べた。さらに、より根本的な事実として、アレントが「複数性」という人間の条件に与えた決定的な重みを忘れるわけにはいかない。くり返すまでもなく、活動と「複数性」は不可分である。すなわち、「複数性」とは、それぞれに個性を持った個々の人間の個体性の徹底的な肯定であって、活動はこの個体の唯一性を示す活動《アクティヴィティ》なのだ。そうであればこそ、この強固な個体性の自己主張が、相互主体的なコンセンサスへと必然的に「克服」、回収されることはありえないのではあるまいか。

アレントは、活動のこうしたコンセンサスに収まらない性格、相互葛藤の側面を「アゴーン的精神（agonal spirit）」（HC41　六五、HC194　三一三）すなわち競技精神と呼んでいる。そして、公共性を維持するための活動の枠づけと、アゴーン、「複数性」の擁護とはどう関係するのかという問題は、アレントの政治理論を解釈するうえで、今日なお、大きく議論のわかれるところである。

しかし、相互の活動における葛藤、異議が結局対立したままコンセンサスにいたらないとすると、政治体は解体してしまわないのか。そもそも、そこで政治的決定は可能なのか。そのとき一方向的な強制は必要にならないのか。そこに「主権」への要請は起きないのか。

ハーバーマスのアレント批判

政治における対立の要素、そしてその対立を含む争点についての決定に不可避的につきまとう強制の要素を、アレントは十分定式化できていないのではないかという批判は、しばしば提起されている。

たとえば、スティーヴン・ルークスは、アレントの権力論を、政治学における通常の権力の定義とは異なる特色あるものとして言及しつつも、彼女のような権力の定義においては「権力の紛争的アスペクト——権力は人民に対して行使されるのだという事実——が完全に消えてしまう」と批判している（Lukes, S., *Power : A Radical View*, London, 1974, pp.30-31.〔『現代権力論批判』中島吉弘訳、未來社、一九九五年、五二—五三〕）。

同様の主旨の批判は、アレントに好意的な評者にも見られる。シェルドン・ウォーリンは、アレントの政治像を、「人々を分裂させるような紛争のない政治」と性格づけ、批判を展開している。彼の批判は、アレントが、⑴社会のレベルにおける権力《パワー》の問題、⑵正義の問題、⑶国家《ステート》——republic や polis や commonwealth とは区別された、統治機構としての——の問題、を視野に入れなかったことに向けられている（Wolin, S., Democracy and The Political, *Salmagundi*, No.60, Spring-Summer 1983, pp.3-19 とくに pp.7-10）。

　このような問題を、最も明確かつ理論的に明らかにしたのがハーバーマスであった。ハーバーマスは、一方では、アレントの権力論を、目的論的な行為型でなく、コミュニケーション的な行為型にもとづく権力概念の定式化——それは「政治学がそれに対して久しく無感覚になっていた現代的な限界現象を解明する」——として高く評価する（ハーバーマス自身、この点に関してアレントの影響をうけたと述べている〔Habermas, J., On the German-Jewish Heritage, *Telos*, No.44, Summer 1980, p.128〕）。

　しかしながら、その同じ権力概念が、アレントを「諸社会問題を行政的に処理することから免れた国家、社会政策の諸問題から純化された政治、福祉の組織化から独立した公的自由の制度化、社会的抑圧の前では立ち止まるラディカル・デモクラシー的意志形成」という、いかなる現代社会にも適用不能なパースペクティヴ、政治観へと導いたのだとハーバーマスは批判する。いいかえれば、アレントは、「⑴全ての戦略的要素を『暴力（Gewalt, ただし英訳版では force〔強制力〕）』として政治から消しさるのであり、⑵政治が行政システムを介して深く組み込まれている経済的・社会的な環境への関連から、政治を引き離すのであり、そして彼女は、⑶構造的暴力の諸現象を捉えることができないのである」。

　ハーバーマスによれば、こうした問題点は、彼女が政治権力をもっぱらコミュニケーション的なものとして捉え、その目的合理的な側面を見落としたことに由来する。彼によれば、「政治的なるものの概念は、政治権力をめぐる戦略的競争および政治システムにおける権力の行使にまで、拡げられねばならない。政治は、ハンナ・アレントにおけるように、共同で活動するために互いに語り合う人々の実践（Praxis）と同一ではありえない」。

そこで彼は、まず政治権力を、その「獲得や維持」、「行使」、「創出」の三つの側面に区別し、そしてアレントの権力概念の妥当範囲を「創出」の側面に限定する。さらに彼は、「権力のコミュニケーション的な創出」の基礎となる確信が幻想的な歪《ゆが》められたものであるか否かを判定する「批判の基準」の必要を説くのである（Habermas, J., Hannah Arendts Begriff der Macht, *Philosophisch-politische Profile*, Dritte, erweiterte Auflage, Frankfurt am Main, 1981, S.228-248〔『哲学的・政治的プロフィール（上）』小牧治・村上隆夫訳、未來社、一九八四年、三二四―三五一〕、英訳 *Hannah Arendt's Communications Concept of Power*, Social Research, Vol.44, No.1, Spring 1977, pp.3-24.）。

ウォーリンやハーバーマスが指摘しているように、アレントの「政治」には、そもそも和解不可能な対立的契機は稀薄であり、その意味でかなりの程度のコンセンサスがあらかじめ存在していることが前提にされているという印象は拭えない。というのも、そもそも経済的利害の対立や文化的伝統の間の対立など、通常の意味での重要な政治的争点が、それ自体として直接、政治の争点となることを、あらかじめ政治の外側の問題として排除されていると思われるからである。その結果、和解不可能な争点の決定という問題、そしてその最後の決定を誰がどうおこなうのかという、まさに主権にかかわる問題が、前面に出てこなくてすんだのだといえよう。

たしかに、このことは「統治」としての政治という事柄を考えるうえでは、重大な欠落といわざるをえない。「活動」によって生み出された権力も、結局は自分たちや仲間の市民たちに強制として行使されるということ、これがまさに「統治」に不可避な側面だからである。したがって論者の中には、アレントの政治観は「統治」ではなく、むしろ「運動」の場において、いいかえれば、統治の権力にたいする異議申し立ての場、対抗権力の創設の場においてこそ、より大きな説得力を持つという人々もいる（たとえば、J. L. Cohen and A. Arato, *Civil Society and Political Theory*, Cambridge, Mass., 1992)。

Ⅳ　「覚醒」のシナリオ

アレントの政治理論にまつわるもう一つの重要な問題は、政治、すなわち活動への動機づけの問題である。物質的利害が動機づけとなることが拒まれるとすると、何がその動機づけになるとアレントは考えているのだろうか。そこで注目すべきは、ハイデガー的な「覚醒のシナリオ」とでも呼ぶべきものの存在である。

ハイデガーは『存在と時間』第七四節における「共存在」についての議論の中で、共同体の「運命（Geschick）」――これはアレント流にいえばある種の「組織された記憶」である――を引き受けて、つまり偶然的に自分に与えられた共同体の経歴をみずから選びとったものとして解釈しなおして、みずからそれを未来へと投企するという論理を、「共存在」――ハイデガーの場合には具体的には「民族（Volk）」――の存立の論理として述べている。そこには、いわば、個としての人間が共同性へと参与する際に、ある種の覚醒が求められるというシナリオが存在しているといえよう。

実は、アレントにも、同様のシナリオが存在していると思われる。アレントのポリス・公的空間も、ハイデガー的な決意性を、つまりは日常的な世界内存在からの離脱を前提としているではないか。すなわち、アレントの場合も、私的領域の日常性に埋没している人間、すなわち平均的日常的な自己、あるいは社会的役割に埋没している自己が、本来的な自己へと立ち上がり、わざわざリスクを冒して公的空間にみずからをさらすという論理を使っていると思われる。

不死への努力とパーリア性

では、こうした「覚醒」への動機づけは何なのか。それは、第一義的には「不死への願望」、いいかえれば実存的な不安であるとアレントはいう。

アレントによれば、ギリシア人たちにおいて「活動的生活」の源泉であったのは、「不死」への努力であった（HC21 三七。彼女は「不死」を「時間の内における持続性」、「所与のものとしてのこの地球とこの世界における死ぬことなき生」として、「永遠」――それはこの世界とこの世界の時間の外部においてのみ経験される――との対比において定義している〔HC18　三三二、傍点川崎〕)。自然とオリュンポスの神々の不死、「自然の絶えず循環する生命と神々の不死不老の生命」(HC18　三三三)の只中で、人間だけが「死すべきもの」――誕生から死へといたる直線的な時間を持つもの――なのである。

しかし、その人間には「不死の行為(deed)にたいする能力」、「不朽の痕跡を残しうる能力」がある(HC19　三四)。そして、人々が政治体をつくり、「活動的生活」へと赴いたのは、この不死への熱烈な関心のためであったというのである(HC314　四九〇)。

いいかえれば、生の無意味性、無根拠性が「活動的生活」の根源的な動機づけなのである。人間――個人としてのこの「私」――は、理由も目的もわからないままに、ある日突然どこからかこの世界へと投げ出され、そしてまた、ある日突然どこかへと消えてしまう。そして、この事実を自覚的に受けとめ、それを不安として捉える者、誕生と死の向こう側からの「呼び声」を聞く者、彼こそが「活動的生活」の担い手となるのである。

他方でアレントは、「覚醒」のもう一つの契機を示唆している。それは、アレントがいうところの「パーリア(賤民)」性、あるいは社会からの疎外である。それはユダヤ人をめぐる議論の中でしばしば言及され(たとえば、「パーリアとしてのユダヤ人――隠れた伝統」〔JW所収〕、また『全体主義の起原』第一部第三章第一節など)、また『人間の条件』の中では、労働運動がなぜ革命的でありえたのかの説明として論じられている。アレントから見れば「労働」は、人間をむしろ平均的日常的な存在に埋没させる営為である。にもかかわらず労働運動が、少なくとも一時は、革命的でありえたのは、労働者がアレントのいう「社会」にいまだ組み入れられていなかったからだというのである。

しかし、この場合も、彼らのおかれている社会的な状況やスティグマから自動的になんらかのメンタリティや社会的動機づけが生まれるわけではない。アレントは、ユダヤ人の非ユダヤ人社会への対応のパターンに関して論じるなかで、非ユダヤ人社会からの疎外を「同化」――みずからのアイデンティティの放棄――と個人的な例外性によって「解決」しようとした人々を「成り上がり者」と呼び、その一方で、みずからこのユダヤ人全体にたいするスティグマを引き受けて、自覚的に「パーリア」として生きた人々に敬意と共感を示している（「パーリアとしてのユダヤ人――隠れた伝統」〔JW275-297　II五三―八五〕）。ここでも一種の「覚醒」が求められているのである。

自己の二重化

注意すべきなのは、実存的不安を契機としてであれ、「パーリア」性あるいは社会における周辺性を契機としてであれ、こうした「覚醒」の背景には、社会が押しつけてくる役割やスティグマと、みずからがおこなう自己についての解釈との間の対立のダイナミクスが前提とされていることである。そしてその場合、後者が優位に立つべきものと考えられていることである。

そうだとすると、こうした役割と自己あるいはアイデンティティの間の葛藤を整序するために、経験的自己と「本来的」自己への自己の二重化の論理が使われていると思われる。こうした二重化の論理は、ロマン主義以来、あるいは西洋哲学が始まって以来、よく知られている。アレントは、一方で『精神の生活』などでこうした論理を批判しているが、他方、自分自身の政治理論の中では、必ずしもその論理を払拭できているとはいいがたいのではあるまいか。

いうまでもなく、「共同性」の創出と自己の二重化の論理とが結びつくところには、アイザイア・バーリンが「二つの自由概念」(『自由論』〔みすず書房〕所収)の中で論じた「積極的自由」にまつわる諸問題が出てくる。主権的意志の問題、共同体との同一化の問題などにおいて、アレントの自由観にはバーリンのいう「積極的自由」の観念への批判が必ずしもすべてあてはまるとはいえないが、他方では、アレントもまたこの問題と無縁ではないといえよう。

エピローグ

1　全体主義の世紀

政治形態の終末形式

これまで、アレントの政治思想を、『全体主義の起原』、『人間の条件』、『革命について』、『過去と未来の間』、『共和国の危機（暴力について）』といった主要著作を中心に、十九世紀秩序解体論および全体主義論、アメリカ論、そして政治の再定義のための理論と、順を追って見てきた。それでは、これら相互の関係をどう考えればいいのだろうか。政治理論家としてのアレントの誕生にとって、「全体主義」の体験、そしてそれとの理論的対決が決定的な意味を持っているということはいまさら繰り返すまでもないだろう。では、アレントにとっての全体主義とは、究極的には何だったのだろうか。

すでに第二章で見たように、彼女自身の要約によると、全体主義とは「イデオロギーとテロル」の支配によって特徴づけられる「新しい政体」である。藤田省三氏はそれを、「『難民』(displaced persons) の生産と拡大再生産を政治体制の根本方針とする」体制と、その本質を端的に言い当てている（「全体主義の時代経験」『全体主義の時代経験』〔みすず書房〕に収録。この論文は、『全体主義の起原』についてのおそらく最良の解説でもある）。

「難民」を生産するとは如何なることか。そもそも「難民」とは何か。それは、「市民としてのすべての法的保護を剥奪《はくだつ》されたかもしくは喪失した者」であるから、「生産された難民」は勿論「剥奪された者」であり、かれらが、もし少しでも「法的保護」の切れ端しでも得たいと思うなら、「犯罪者となる以外に方法はない」。……そういう、一切の社会の内に居場所を持つことを許されない存在が「難民」であった。

　そうした難民を作り出すためには、今まで市民権（住民権）を得て居た者を法体系の中からあらためて追放しなければならない。その追放を政治体制の軸とするということは、その政治体制の中心を追放行動の運動体とすることを意味する（『全体主義の時代経験　藤田省三著作集6』〔みすず書房、一九九七年〕四六）。


　通常の政治体制は、「一定地域の住民の公的側面を一つの政治的共同体へ組織」することを主要な役割としているが、全体主義においては「追放」がその存在理由となる。また同様に、政治体制は国家のように、「安定性の附与を特徴とする」ところの「制度」であったが、全体主義においては安定性の剥奪をめざす「運動体」となった。「政治体制は制度から運動体へ、特に追放の運動体へと逆転した、と言えるであろう。本質的規定に及ぶ劇的な変化である」（同　四六—四七）。

　そして、「難民へと追放される者は誰か」を決する「運動行動の綱領」が「イデオロギー」（藤田氏によれば、より正確には「形骸化したイデオロギー」〔同六九—七六〕）であり、さらに追放運動の「無限拡大」によって無限に増え続ける「追放された者」を収容するために必要となった拘留施設が、「強制収容所」なのである。かくして、政治体制全体が「追放と拘留の両極運動体」となった「政治形態の終末形式」としての全体主義が完成したのだと、藤田氏は要約している（同　四七―四八）。

全体主義への応答

たしかに、ここで紹介した藤田氏の叙述のように、全体主義は、意図的に「難民」を作り続け、またあらゆる政治的社会的な安定性を破壊し続けた。しかし、すでに第二章で見てきたように、「難民」の発生は、全体主義の運動や支配に先だって、二十世紀初頭のヨーロッパにおいて拡がりつつあった現象であった。こうした「難民」の増大については、第一次世界大戦とロシア革命、そしてそれに続く国民国家体制の全ヨーロッパへの普及とまさにそのことが引き起こした国民国家の解体が、大きな原因であった。

さらに、いわばその前史として、十九世紀の資本主義・産業化の進展と比例して生じた、政治的・社会的な安定的秩序の解体の過程があった。アレントは十九世紀を、国民国家と政党政治の成立の時代としてだけでなく、むしろそれ以上に解体の時代として見ていた。なるほど全体主義は意図的に、暴力的に人間を余計なものに変えていく。しかし全体主義は、余剰の人間や資本がそれに先だって生み出されたことへの、つまり大衆社会の成立や帝国主義として現れた現実への、一つの「解答」でもあったのである。

そうだとすれば、第二次世界大戦におけるドイツの敗北や、スターリンの死によるソ連の

「非全体主義化」（アレントはそう考えていた）の後にも、すなわち、テロルによる市民権剝奪や強制収容所やそれを正当化するイデオロギーの支配が姿を消しても、全体主義を引き起こした問題そのものがなくなったことをなんら意味するものではないことになる。

第三章で見たように、アレントは一九五〇年代半ばにおいて、現代の最重要の政治的課題を、「大衆社会の政治的組織化と技術の力の政治的統合」だと述べていた（EU427　Ⅱ二七七）。それでは共和主義の現代的復権は、全体主義を引き起こした一連の問題にたいする、そしてまた現代の政治的課題にたいする「解答」なのだろうか。

しかし、そもそもアレントはそれを「解答」として、「処方箋」として提示しようとしたのだろうか。その答えは、とりあえずは否である。アレントの提起したさまざまな政治的提案、活動の復権にしてもそのための評議会制にしても小共和国の連邦にしても、それは、そこに示されたプログラムに従って作られるべき「理想国家」やユートピアの設計図・青写真ではない。そもそも、そうしたものが存在するという発想自体が最大の批判の対象だったはずである。

だが、それにもかかわらず、やはりそれは全体主義とそれを生み出した世紀へのなんらかの「回答」、少なくとも応答ではある。ではそれはどういう種類の応答なのだろうか。

端的にいえば、それは起きてしまった現実の理解・解釈である。しかし、この「理解」は同時に批判でもある。というのもアレント自身、みずからの全体主義論について語っているように、歴史を、つまり人間が引き起こした出来事を、因果的必然性の相において語ることを厳しく戒《いまし》めているからだ。人間が引き起こした出来事は、別様でもありえること、これこそがアリストテレス以来、人間の自由と政治の存在証明なのだ。そして、アレントの提示した「回答」は、まさにその別様な何ものかが存在しうるということのイメージを、せめてその可能性だけでも、提示した「記念碑的歴史」（ニーチェ）なのである。

2　保守性と革命性

家郷への回帰

ところで、全体主義が「『難民』の生産と拡大再生産を政治体制の根本方針とする」体制であり、安定的な秩序の絶え間ない破壊を本質とするのなら、それにたいする応答は、とりあえずは、人々に最低限の「市民権」つまり法の保護のもとにその場所に住まうことのできるような、ある程度まで安定した世界を保証することのはずである。つまり安定した世界への回帰、いわば家郷への帰還が考えられる応答であろう。

いうまでもなくこうしたテーマは、従来、保守主義者の得意とするところであった。事実、第二次世界大戦後には、こうした安定的秩序を破壊したものへの批判とその再建を、さまざまな形で主張する保守主義的と呼びうる議論が登場する。たとえば、ある人々は、ナチズム、ファシズムやソヴィエト共産主義とその「革命的」イデオロギーにたいして、ちょうどエドマンド・バークが『フランス革命の省察』の中でフランスの革命家たちにたいしておこなったような、批判をあびせた。また、ある人々は全体主義を近代の科学技術と産業社会が生み出した病理と見て、それらへの一種のロマン主義的な批判をおこなった。さらにまたある人々はナショナルな伝統への再回帰を主張した。家郷への回帰は、一つの時代精神でさえあったといえよう。

アレントの場合にも、人々の安定した住まいを回復したいという意味での家郷への回帰願望が共有されていることは疑いない。その意味では、彼女はまがうかたなき保守主義者だ。けれども他方で、これまでもたびたび言及してきたように、彼女には、ヨーロッパの家郷の最終的な荒廃、伝統との決定的な断絶の明白な意識があった。家郷の再建は、もはや慣習や伝統にたよることはできない。かくして彼女は、帰るべき家郷を過去に持たない保守主義者、いわば「イギリスの国制」なきバークとなることになる。

ロマン化されうる過去がもはやヨーロッパに見いだせなくなったとき、彼女がもう一つの家郷として見いだしたのが、アメリカ共和国であった。彼女の目には、世界中でそこにのみ、ヨーロッパの最良の政治的伝統が生み出した制度と精神が生き残っていたのである。ヨーロッパの保守主義者たちにとってのロマン化された「中世」のアレントにおける等価物こそ、彼女がアメリカに見いだした「共和国」だったのである。

だが、この家郷、古代ギリシアのポリスに始まり、ローマの共和政解体後はマキアヴェッリやモンテスキューらにかろうじて受け継がれ、アメリカ革命へと連なる「共和主義」の伝統への帰還は、現代においては、革命の際に現れる「評議会」や「市民的不服従」としてのみ実現可能だとアレントは考える。家郷への回帰という保守的主題は、革命、新しい秩序への渇望へと逆説的に結びつく。そしてここに、「反動と革命のユニークな知的混合体」（クランストン）といわれるアレントの複雑な多面性が如実に現れることになる。

もちろんこのことには、アレント本人も述べているように、政治的な「右翼と左翼」の対立の無意味化、保守や反動と革命の対立の相対化といった現代における普遍的な現象が関係している。フランス革命の成果と精神にたいする政治的評価はもはや政治的な分水嶺にならないし、ロシア革命にたいする評価についても同様である。さらに今日では、何が重要な政治的争点かに関してコンセンサスが存在することはかえってまれであり、したがって多様化した個々の政治的争点にたいする態度によって、二つの陣営に単純に色分けできるということ自体が極めて疑わしくなっている。

突然の「始まり」を引き起こす人間の能力への信仰

しかし、アレントにおける保守性と革命性の逆説的な共存は、こうした政治的争点をめぐる立場の問題ではない。少なくともそれには尽くされない。むしろ、政治的な過去や未来にかかわっていくときの態度の問題なのである。そしてその彼女の態度こそ、帰るべき家郷を失った時代の保守主義者の、あるいは進歩を信じえない時代の革命的理論家の姿なのだ。

アレントにおいては、革命を予測もすれば正当化もするような「歴史法則」などはなく、革命を（事実的にも規範的にも）不可避のものとして示すような「進歩」への信頼、確信などは全く存在する余地がない。彼女において革命の可能性を根拠づけるものは、歴史的な範例の存在が示唆する、突然の「始まり」を引き起こすことができる人間の能力への「信仰」以外にはない。それは、人間の実存的自由以外には何の根拠もないメシアニズム――その場合のメシアは人間の「唯一性」と「複数性」である――だとさえいえよう。アレントの「革命」論は、ちょうど、中国での革命運動を題材としたアンドレ・マルローの小説に登場する革命家たちのいだく、深いペシミズムと賭けとしてのオプティミズムがほとんど同義であるような、そういう「革命」論なのである。

『過去と未来の間』というアレントの著書の題名は、まさに、帰るべき家郷を失った時代の保守主義者にして進歩を信じえない時代の革命的理論家としての彼女の立つ場所、そしてとるべき態度の見事な比喩である。その比喩を、アレントは、ベンヤミンの「歴史哲学テーゼ」第九節の一節に託して、我々に暗示的に解き明かしてみせている。

> 「新しい天使」と題されているクレーの絵がある。それにはひとりの天使が描かれており、天使は、かれが凝視している何ものかから、いまにも遠ざかろうとしているところのように見える。かれの眼は大きく見ひらかれていて、口はひらき、翼は拡げられている。歴史の天使はこのような様子であるに違いない。〔かれは顔を過去に向けている。ぼくらであれば出来事の連鎖を眺めるところに、かれはただ一つだけのカタストローフを見る。そのカタストローフは、やすみなく廃墟の上に廃墟を積みかさねて、それをかれの足の前

へ投げつけてくるのだ。たぶん、かれはそこに滞留して、死者たちを目覚めさせ、破壊されたものを寄せあつめて組みたてたいのだろう（アレントは、ここに、「おそらくこれは歴史の終末を意味するのであろう」とコメントを加えている）。しかし、楽園から吹いてくる強風〕がかれの翼にはらまれるばかりか、その風のいきおいがはげしいので、かれはもう翼を閉じることができない。〔強風は天使を、かれが背中を向けている未来のほうへ、不可抗的に運んでゆく。その一方ではかれの眼前の廃墟の山が、天に届くばかりに高くなる。ぼくらが進歩と呼ぶものは、この強風なのだ〕(Benjamin, W., *Illuminationen*, Frankfurt am Main, 1961, S.272-273〔『暴力批判論』野村修訳、晶文社、一九六九年、一一九―一二〇、補注川崎〕なお、〔　〕内の部分がアレントによって、MDT165　二五八―二五九に引用されている)。

3　政治の限界

アレントの政治構想

それでは、アレントが示した政治像は、彼女が提起した現代の課題にたいする適切な応答だったのだろうか。それは、真に重要な問題にたいして、「別様でもありえること」を示せたのだろうか。

これまで繰り返し述べてきたように、十九世紀のヨーロッパ世界に秩序を与えてきたものが国民国家と階級社会であり、したがって国民国家体制の解体と大衆社会化がその秩序の崩壊をもたらしたとするならば、そして、その「再建」は不可能でもあれば望ましくもないとするならば、アレントの政治像が漠然とではあれ示唆しているように、具体的な参加が可能な規模の小集団を基礎単位としてそれが積み重ねられた、相当程度まで普遍的な連邦制という秩序構想は、方向性としては彼女の二十世紀認識の論理的な帰結であったといえよう。

ナショナリズムと国民国家は、ヨーロッパの中でさえ普遍的に適用可能な秩序原理ではありえず、それがまさに多数の「難民」を作りだすことになったという歴史を踏まえて、アレントはナショナリズム・国民国家の限界を認識していた。そしてそのことが彼女に、パレスチナ地区における国民国家としてのイスラエルの建国が、アラブ世界との対立・紛争を解決不能にしてしまうことをイスラエル建国以前の時期において早くも認識させ、ユダヤ・アラブが共存する連邦制のパレスチナ国家建国の必要性を主張するにいたらしめたのである。このことは、彼女が二十世紀の世界の秩序原理として、国民国家体制がもはや普遍妥当的な正統性を失っていると確信していたことを如実に示している。

さらにまた、歴史的伝統的な社会的小集団の解体にともなう大衆社会化が不可逆的である以上、それに代替するものは自発的結社でしかありえず、それのみが人々に具体的に触知可能な関係、いいかえれば相互に意見を交換しうるようなサイズの小共和国の基盤を提供しうるとアレントが考えたとしても、その賛否はともかくとして、十分に理解可能であろう。

「政治」への執着の根底にあるもの

しかし、十九世紀そして二十世紀の秩序の解体の根本に存在した破壊のモーターとしての資本主義ないし産業社会の展開にたいして、政治はいかにかかわることができるのか、経済の問題にたいする政治の作用についてのアレントの見解は必ずしも明確なものではない。同様のことは技術と政治との関係についてもいえる。先述のように、アレントは、「技術の力の政治的統合」を現代の政治的重要課題として挙げているが、それが何を意味するのか、その課題に政治がどう対処できるのかは、『人間の条件』や『過去と未来の間』などにおける科学・技術に関する彼女の見解からは、その具体像が見えてこない。

さらに第三章で見たように、人種やエスニシティをめぐる問題にたいしては、アレントが考える政治の役割は極めて抑制的である。

ここにあげた批判は、アレントにたいしてしばしば向けられる典型的なものであるが、こうした批判は究極のところ、アレントがおこなった「公」と「私」の分離、すなわち政治の管轄すべき内容としての「公的なるもの」の該当事項についての、カテゴリカルな区別にたいして向けられている。そしてそのかぎりでは、こうした批判は妥当性を持っていると思われる。というのも、「政治的なるもの」が何であるのか、何であるべきなのかという問い自体が、実は今日における最大の政治的課題であり政治的争点だからだ。「公」と「私」に関する古典的な区別に依拠するだけでは、おそらく「政治」はますますマージナルな事柄になっていくばかりであろう。

先に述べたように、政治的な問題とは、人間の意識的な活動・相互行為によって「別様でもありえること」である。その意味で、政治的にものを考えるということは、宿命論や因果的決定論を排することである。アレントが政治理論を歴史哲学と峻別し、擁護するのもまさにこのゆえである。そしてこのことが彼女の全体主義論を、たとえばアドルノの『啓蒙の弁証法』に描かれたような現代社会像と決定的に区別しているのである。

だが、そのことはどこまで正当だったのか。アレントの直面した現代の苦境は、本当に政治的に解決可能なのか。その場合の政治は、アレントが考えるような政治でありうるのか。その判断は本書の限界をはるかに超えている。ただ、人間の自由がこの世界にたいしてなにがしかの意義を持っているという賭けのような確信、それが「政治」へのアレントの執着の根底にあるということは、なお絶大な重みを持っていると私には思われるのである。

ハンナ・アレント略年譜

一九〇五年――一月、ロシアで「血の日曜日」事件。十月、ペテルブルクで「ソヴィエト」第一回総会。
一九〇六年――十月十四日、ドイツ・ハノーファー郊外のリンデンに生まれる。家庭はユダヤ系ドイツ人の中産階級であり、技師の父パウルと母マルタは社会民主主義者であった。ハンナがまだ幼い頃、父の病気により一家はケーニヒスベルクに転居する。
一九一三年――父、パウル死去。
一九一七年――三月、ロシアで「二月革命」勃発、十一月の「十月革命」でソヴィエト政権樹立（二二年、ソヴィエト社会主義共和国連邦成立）。
一九一八年――十一月、ドイツ革命が勃発、各地にレーテ（評議会）が結成される。
一九一九年――一月、スパルタクス団の蜂起、ローザ・ルクセンブルク殺害される。八月、ワイマール憲法施行。
一九二四年――（17〜18歳）マールブルク、フライブルク、ハイデルベルクの各大学でヤスパース、ハイデガーらに哲学と神学を学ぶ（〜二八年）。
一九二五年――ソ連でスターリンが政権を掌握。
一九二六年――ブルーメンフェルトと知己を得る。
一九二七年――（20〜21歳）ハイデガー、『存在と時間』刊行。

一九二八年――ヤスパースの指導のもと、ハイデルベルク大学で『アウグスティヌスの愛の概念』により博士号を取得する（同書は翌年、出版される）。
一九二九年――このころから、後に『ラーエル・ファルンハーゲン』として結実するドイツ・ロマン主義の研究にとりかかる。マールブルクで知りあったギュンター・シュテルンと最初の結婚をする。
一九三三年――（26～27歳）二月の国会放火事件をきっかけに、ベルリンで反ナチ活動に協力する。七月に逮捕され一週間あまり勾留。ただちに母マルタとともに出国し、秋にはフランスに亡命する。
一月三十日、ヒトラーがドイツの政権を掌握する。二月二十七日、国会放火事件。四月、ハイデガーがフライブルク大学総長に就任。
一九三五年――ユダヤ人青少年のパレスチナ移住支援組織（青年アリヤー）で活動する。
九月、ドイツでニュルンベルク法公布。
一九三九年――ドイツのポーランド侵攻により、第二次世界大戦勃発。
一九四〇年――一月、ハインリッヒ・ブリュッヒャーと再婚する。五月、フランス政府により冬季競輪場を経てピレネー山麓のギュルスの収容所に送られる。六月のパリ陥落の混乱に乗じ解放されたのち南仏のモントーバンに逃れ、その地でブリュッヒャーと再会する。
九月、ベンヤミン自殺。
一九四一年――一月、ブリュッヒャーとともにフランスを出国、リスボンを経て五月にアメリカへ亡命する。翌月には母マルタも到着。

一九四二年――(35～36歳) 一月、ワンゼー会議でユダヤ人問題の「最終的解決」が話しあわれる。二月、アウシュビッツ収容所へのユダヤ人大量輸送開始。
一九四三年――ワルシャワ・ゲットーでユダヤ人が蜂起。
一九四四年――Conference on Jewish Relations の主任調査員となる(～四六年)。
一九四五年――「シオニズム再考」発表。五月、ヨーロッパ戦線終結。
一九四六年――ショッケン出版で編集長を務める(～四八年)。
一九四七年――(40～41歳) 十一月、国連総会でパレスチナ分割案を採択。
一九四八年――五月十四日、イスラエル建国。翌日、第一次中東戦争勃発。
一九四九年――ユダヤ文化再興委員会の理事となる(～五二年)。翌年にかけての半年にわたるヨーロッパ旅行で、ヤスパース夫妻、ハイデガーらと再会する。
一九五一年――アメリカの市民権を取得。『全体主義の起原』刊行。
一九五二年――(45～46歳) 二度目の訪欧。ハイデルベルク、チュービンゲン、マンチェスターで講義をおこなう。
一九五六年――十月、ハンガリー革命(動乱)勃発。
一九五七年――(50～51歳) 九月、アーカンソー州リトルロックの高校で、黒人生徒の入学をめぐる暴動発生。
一九五八年――『人間の条件』『ラーエル・ファルンハーゲン』刊行。
一九六〇年――五月、アメリカで公民権法が成立する。

一九六一年――イスラエルでおこなわれた、旧ナチ親衛隊中佐アドルフ・アイヒマンの裁判を傍聴、その報告を『ニューヨーカー』誌に連載する（六三年に単行本化）。『過去と未来の間』刊行。

一九六二年――（55～56歳）交通事故に遭う。療養期間を利用してアイヒマン裁判の記録文書や覚え書きを整理する。

一九六三年――シカゴ大学教授に就任する（～六八年）。『イェルサレムのアイヒマン』『革命について』刊行。

八月、人種差別反対のためのワシントン大行進。

一九六四年――八月、トンキン湾事件。ベトナム戦争勃発（～七五年）。

一九六七年――（60～61歳）六月、第三次中東戦争（六日戦争）勃発。

一九六八年――ニューヨークのニュースクール・フォア・ソーシャルリサーチの教授に就任する。『暗い時代の人々』刊行。

一九六九年――ヤスパース死去。

一九七〇年――ブリュッヒャー死去。

一九七一年――「政治における嘘」発表。

一九七二年――（65～66歳）『共和国の危機（暴力について）』刊行。ウォーターゲート事件発覚。

一九七三年――スコットランドのアバディーン大学のギフォード・レクチャーに招請され、（没後に『精神の生活』として刊行される）講義をおこなう。

一月、ベトナム休戦協定調印。十月、第四次中東戦争勃発。

一九七五年――(68～69歳) 十二月四日、心臓発作によりニューヨークの自宅で死去。八日、リバーサイド・メモリアル教会で「友人たちによる追想の儀式」がおこなわれる。

四月、サイゴン陥落によりベトナム戦争終結。

一九七六年――ハイデガー死去。

一九七八年――『精神の生活』刊行。

一九八二年――『カント政治哲学講義録』刊行。

主要著作ダイジェスト

アレントの主要著作はほとんどが邦訳されている。以下ではそれを原著初版の刊行年の順番にリスト化するとともに、本書の中で詳しく論じられたものを中心に、簡単な紹介を付す。

①『アウグスティヌスの愛の概念』（*Der Liebesbegriff bei Augustin*, Berlin, 1929. 千葉眞訳、みすず書房、二〇一二年）

この本については本書二八―二九頁を参照されたい。

②『パーリアとしてのユダヤ人』（*Die verborgene Tradition: Acht Essays*, Frankfurt am Main, 1976をもとに再編集。寺島俊穂・藤原隆裕宣訳、未來社、一九八九年）

この本は、「われら亡命者」、「隠れた伝統」、「フランツ・カフカ」、「昨日の世界のユダヤ人」、「シオニズム再考」、「帝国主義について」、「組織化された罪」という、一九四三年から四五年にかけてアメリカ亡命直後のアレントが著した七本の論文からなっている。これらの論文のテーマは、ユダヤ人の運命をめぐる問題とナチズムとに集中している。③へといたるアレントの関心の推移をうかがうことができる（なおこの本のもとになった原書は一九四八年に刊行されている。また「帝国主義について」以外の論文は、⑮および㉕に再録されている）。

③『全体主義の起原』（*The Origins of Totalitarianism*, New York, 1951, 1958, 1966-68, 1973, 2004. 邦題『全体主義の起原 1 反ユダヤ主義』大久保和郎訳、一九七二年、『全体主義の起原 2 帝国主義』大島通義・大島かおり訳、一九七二

年、『全体主義の起原 3 全体主義』大久保和郎・大島かおり訳、一九七四年、みすず書房。なお邦訳は、英語版を加筆・修正したドイツ語版〔*Elemente und Ursprünge totaler Herrschaft*, Frankfurt am Main, 1962〕を底本としている)

アレントの名声を決定的に高めた著作であり、またナチズムやスターリニズムを包括する「全体主義」研究の草創期の代表作の一つ。本書全体は、「反ユダヤ主義」、「帝国主義」、「全体主義」の三部から構成されている。

第一部では、十九世紀以降のヨーロッパにおける反ユダヤ主義が、それ以前の歴史的な反ユダヤ主義とは異なる性格を持つものであることを、ユダヤ人と国民国家や上流社会との間の特異な関係の叙述を通じて、描き出している。

第二部では、十九世紀後半以降の帝国主義の膨張の時代に生み出された、ヨーロッパの国民国家の国内統治の形態とは異質な体制、すなわち人種主義と結びついた官僚制支配という植民地支配のための体制がヨーロッパに逆輸入されたことが、全体主義の成立に大きな役割をはたしたと論じられている。

第三部では、ナチズムとスターリニズムが直接に論じられる。彼女は、この両者を、イデオロギーの支配と組織的なテロルによって特色づけられる、「全体主義」という共通の概念に包摂する。こうした政治体制が成立した背景には、大衆社会化等に象徴される社会の急激な変化のなかで、社会的に共有された現実感覚を人々に与えてきた共通感覚が失われたということがあり、その現実感覚喪失の空隙を埋めたのが、論理的構築物としてのイデオロギーであった。そして、強制収容所を頂点とする組織的テロルは、人間の多様性や自発性を根絶することをめざす全体主義的支配の究極の実験室だったというのである。

本書は、ナチズム論を超えて、二十世紀の経験を考えるうえでも、国民国家の相対化や民族・国籍といった今日的問題への洞察としても、新たな読み方に開かれており、その政治理論的意義は今なお失われていない。

④**『人間の条件』**(*The Human Condition*, Chicago, 1958, 1998. 志水速雄訳、中央公論社、一九七三年。文庫版：ちくま学芸文庫、一九九四年)

アレントの代表作の一つ。本書は、彼女が古典古代ギリシア人の自己理解の中から再構成したと称する「活動〔行為とも訳される〕(action)」・「仕事(work)」・「労働(labor)」という人間の活動《アクティヴィティ》、「活動的生活(*vita activa*)」(ちなみに本書のドイツ語版の題名はこれである)の三つの類型についての考察であり、別の見方をすれば、アリストテレス的実践哲学の実存哲学的再解釈という性格を有している。

この類型論の中でとりわけ重要なのが「活動」の概念である。「活動」とは、一言でいえば、複数の人間の間でなされる、主として言語的な相互行為のことである。つまり、「労働」や「仕事」が人と物との間の非言語的な関係における営みであるのにたいして、「活動」だけが、本質的に、人と人との間でのみ成立する、シンボルを媒介とした相互的な営みなのである。そしてそれゆえに「活動」は、各個人が自己のユニークさを表出するのにふさわしい活動《アクティヴィティ》だとされる。

彼女によれば、政治に本来ふさわしい行為形態は「労働」や「仕事」ではなく、「活動」である。つまり、政治は本来、なにかのための手段であるよりも、それ自身固有の意義を持つものだというのである。かくして彼女は、個人の利益の擁護・実現などといった外在的な目的のための手段という「近代的」な政治理解とは異質な、古典古代的共和主義的な政治観、すなわち、政治に参加することが人間にとって固有の重要な意義を持つという観念を展開する。

本書は、政治理論の世界において今なお大きな影響力を持ち続けている。

⑤『ラーエル・ファルンハーゲン』(*Rahel Varnhagen: Lebensgeschichte einer deutschen Jüdin aus der Romantik*, München, 1959. 大島かおり訳、みすず書房、一九九九年)

本書は、ハンナ・アレントが一九三〇年代に著した、ラーエル・ファルンハーゲンの伝記である。この伝記の主人公ラーエル・ファルンハーゲン(一七七一―一八三三)は、ベルリン生まれのユダヤ人女性で、十八世紀末から十九世紀の初めのベルリンのロマン派のサロンの中心人物の一人として知られている。彼女のサロンには、フンボルト兄弟、F・シュレーゲル、シュライエルマッハー、ジャン・パウル等から後にはハイネにいたるまでのロマン主義時代の代表的人物たちが集ったという。この本は、アレントとラーエルという、ユダヤ人の女性として生きる運命を共有した二つの精神の間に、百年の時間を越えて交わされた対話といえよう。実際、アレントはラーエルを「百年も前に死んだ最高の親友」と呼び、この本の意図は、「ラーエルの生涯をあたかも彼女自身が物語ったかのように物語る」ことだと述べている。アレントの伝記の作者はこの作品を「自伝的伝記」と呼んでいる。それはラーエルのユダヤ人としてのアイデンティティの自己形成の物語であるとともに、アレント自身のユダヤ人アイデンティティの自己形成の物語でもあるのである。

⑥『**過去と未来の間**』(*Between Past and Future*, New York, 1961, 1968. 引田隆也・齋藤純一訳、みすず書房、一九九四年)

本書は、「序 過去と未来の間の裂け目」に続く、「伝統と近代」、「歴史の概念――古代と近代」、「権威とは何か」、「自由とは何か」、「教育の危機」、「文化の危機――その社会的・政治的意義」の六本からなる論文集として一九六一年に刊行され、一九六八年に、「真理と政治」、「宇宙空間の征服と人間の身の丈」の二論文を追加して再刊された。

これらの論文は、一九五四年から六七年の間に書かれたもので、ほぼ④、⑧と同時期の作品である。

これらの論文の中で、彼女は、自由、権威、権力、不死性、意志と主権、理性、真理、判断力といった、政治哲学の基本概念についての彼女独特の見解を展開している。その意味で、④や⑧のための準備作業であるとともに、それらの著作を理解するうえでのキーワード集として並行して読むと有益である。

⑦『イェルサレムのアイヒマン』(*Eichmann in Jerusalem*, New York, 1963, 1965. 大久保和郎訳、みすず書房、一九六九年)

ユダヤ人絶滅計画の実行に深く関与した元ナチ親衛隊中佐アドルフ・アイヒマンは、一九六〇年に、イスラエル特務機関によってアルゼンチンで逮捕される。そして、翌年四月からイェルサレムでおこなわれた彼の裁判は世界中の注目を集めた。アレントは、この裁判を『ニューヨーカー』誌の特派員として傍聴し、その報告を同誌に連載した。本書はその単行本化である。

アレントの目に映ったユダヤ人大量虐殺の実行責任者の姿は、本書の副題にある「悪の陳腐さ」を具現する小人物のそれだった。アイヒマンは、生来の残虐性や人種差別感情に凝り固まった悪の化身などではなく、たんに実定法や権力者の命令に忠実なだけの小市民、平凡な小役人にすぎなかったのである。そしてアレントは、あれほどの残虐行為に関与していながら、権力への服従になんら疑問を抱かなかった彼の「良心」、思考能力、そして自律的判断力の欠落という問題を指摘する。この裁判の経験は、彼女が後年、思考や良心についての考察を展開するひとつの契機となった。この傍聴記は、ナチによるユダヤ人大虐殺に、ユダヤ人みずから(とりわけ特定のユダヤ人長老評議会)がその執行に「協力」したと論じる、あるいはそう受け取られかねない記述の存在によって、各国のユダヤ人組織や多くの知識人の間に苛烈な反発を引き起こし、アレントは大論争に巻き込まれることとなった。

⑧『**革命について**』(*On Revolution*, New York, 1963, 1965. 志水速雄訳、中央公論社、一九七五年。文庫版：ちくま学芸文庫、一九九五年)

アメリカ革命とフランス革命との比較研究を通じた、アレントによる革命概念の再定義であり、④で論じられた共和主義的な政治観は、本書でさらなる展開を見せる。アレントは、アメリカ革命が共和主義的な政治的自由の制度化への関心という動機づけを一貫して維持していたのにたいして、フランス革命では、「社会問題」の解決という経済的関心が革命の展開を強く規定していたと論じる。アレントは、マルクス主義的な「革命」イメージを逆転し、革命を新しい政治体の樹立、「自由の創設」として、もっぱら政治的な出来事として意味づける。そしてそのうえで彼女は、アメリカ革命をフランス革命に比して、相対的により成功したものと評価している。本書は、非–経済主義的なラディカリズムの理論的古典として、④とともに「参加民主主義」に強い影響を与えた一冊である。

⑨『**暗い時代の人々**』(*Men in Dark Times*, New York, 1968. 阿部齊訳、河出書房新社、一九七二年。文庫版：ちくま学芸文庫、二〇〇五年)

本書は、レッシング、ローザ・ルクセンブルク、アンジェロ・ジュゼッペ・ロンカーリ(ローマ法王ヨハネス二十三世)、カール・ヤスパース、アイザック・ディネセン、ヘルマン・ブロッホ、ヴァルター・ベンヤミン、ベルトルト・ブレヒト、ワルデマール・グリアン、ランダル・ジャレルといった人々についての、人物評伝集である。

⑩『**共和国の危機**』(*Crises of the Republic*, New York, 1972. 邦題『暴力について』山田正行訳、みすず書房、二〇〇〇年)

本書は、「政治における嘘——国防総省秘密報告書についての省察」、「市民的不服従」、「暴力について」、「政治と革命についての考察」という三本の論文と一本のインタビューから構成されている。これらはもともと一九六九年から七一年に発表されたものである。これらの論文は、それぞれ、ベトナム戦争や学生反乱など、一九六〇年代後半から一九七〇年代前半における、アメリカをはじめとする世界の激動の同時代的トピックを論じている。しかし、それらはたんに彼女の時代認識を示すにとどまらず、彼女の政治思想の実践的含意をかなりの程度率直に語ったものとしても読むことができる。

　以下は、アレントの死後、本人以外の手によって編集・刊行された遺稿集および書簡集である。

⑪**『精神の生活』**（*The Life of the Mind*, New York, 1978.『精神の生活』〔上・下〕、佐藤和夫訳、岩波書店、一九九四年）

　この本について、詳しくは本書四二―四四頁を参照されたい。

⑫**『カント政治哲学講義録』**（*Lectures on Kant's Political Philosophy*, edited by Ronald Beiner, Chicago, 1982.『カント政治哲学の講義』浜田義文監訳、法政大学出版局、一九八七年。仲正昌樹訳、明月堂書店、二〇〇九年）

　アレントが、一九七〇年にニュースクール・フォア・ソーシャルリサーチでおこなった講義の講義録を、彼女の没後、R・ベイナーが編集し、序文と解説をつけて刊行したものが本書である。ついに書かれることのなかった⑪の第三部「判断力」論の一端をうかがうことができる資料といえる。この本では、アレントは、カントの『判断力批判』における美的判断力の理論、とくに「共通感覚」の観念を政治哲学に適用すべきことを示しており、注目されている。

⑬**『アーレント＝ヤスパース往復書簡　1926-1969　1・2・3』**（*Hannah Arendt / Karl Jaspers Briefwechsel 1926-1969*, Herausgegeben von Lotte Köhler und Hans Saner, München, 1985. 大

島かおり訳、みすず書房、二〇〇四年）

⑭**『政治とは何か』**(*WAS IST POLITIK? Fragmente aus dem Nachlaß*, Herausgegeben von Ursula Ludz, Vorwort von Kurt Sontheimer, München, 1993. 佐藤和夫訳、岩波書店、二〇〇四年）

一九五〇年代の草稿を編集したもの。③から④にいたる思考の過程、とくに未完に終わった『政治入門』の一端を垣間見られる。

⑮**『アーレント政治思想集成１・２』**(*Essays in Understanding 1930-1954*, Jerome Kohn (ed.), New York, 1994. 齋藤純一・山田正行・矢野久美子訳、みすず書房、二〇〇二年）

一九三〇―五四年のアレントの雑誌論文や講演原稿、草稿などを集めたもの。同時代の政治、社会、思想、文学などへの彼女の見方が現れた貴重な資料である。

⑯**『アーレント＝マッカーシー往復書簡』**(*Between Friends: The Correspondence of Hannah Arendt and Mary MaCarthy 1949-1975*, Carol Brightman (ed.), New York, 1995. 佐藤佐智子訳、法政大学出版局、一九九九年）

アメリカでの最も親しい友人であった、作家のメアリー・マッカーシーとの往復書簡集。

⑰**『アーレント＝ブリュッヒャー往復書簡　1936-1968』**(*Hannah Arendt/Heinrich Blücher BRIEFE 1936-1968*, herausgegeben und mit einer Einführung. von Lotte Köhler, München, 1996. 大島かおり・初見基訳、みすず書房、二〇一四年）

夫であるハインリッヒ・ブリュッヒャーとの往復書簡集。

⑱**『アーレント＝ハイデガー往復書簡 1925-1975』**(*Hannah Arendt / Martin Heidegger*,

BRIEFE 1925 bis 1975 und andere Zeugnisse aus den Nachlässen, Herausgegeben von Ursula Ludz, Frankfurt am Main, 1998. 大島かおり・木田元訳、みすず書房、二〇〇三年）

⑲**『思索日記　I 一九五〇―一九五三・II 一九五三―一九七三』**（*Denktagebuch 1950-1973*, I, II, hrsg. von Ursula Ludz und Ingeborg Nordmann, Munchen, 2002. 青木隆嘉訳、法政大学出版局、二〇〇六年）

一九五〇年から一九七三年の間のアレントの研究ノート。彼女の思想の形成過程や他の思想家などへの本音の評価などをみることができて興味深い。

⑳**『アーレントとティリッヒ』**（*Hannah Arendt-Paul Tillich. Briefwechsel.* アルフ・クリストファーセン、クラウディア・シュルゼ編著、深井智朗・佐藤貴史・兼松誠訳、法政大学出版局、二〇〇八年）

神学者のパウル・ティリッヒとアレントとの間の一九四二年から一九六五年の間の往復書簡と、両者の関係についての解説が収められている。

㉑**『カール・マルクスと西欧政治思想の伝統』**（佐藤和夫編、アーレント研究会訳、大月書店、二〇〇二年）

アレントの未公刊の講義ノートから、日本人の研究者が編集、翻訳、刊行したもの。内容的には、⑭と同様、③から④への過程に関連する。

㉒**『責任と判断』**（*Responsibility and Judgment*, edited by Jerome Kohn, New York,2003. 中山元訳、筑摩書房、二〇〇七年）

道徳と責任の問題を中心に、遺された講義ノートや関連する講演原稿、雑誌論文などを集めて編集したもの。本書で詳しく論じた「リトルロック事件についての考察」も収められている。

㉓**『政治の約束』**（*The Promise of Politics*, edited by Jerome Kohn, New York,2005. 高橋勇夫訳、筑摩書房、二〇〇八年）

⑭の英語訳と㉑のもととなった遺稿を中心に編集されたもの。

㉔**『反ユダヤ主義——ユダヤ論集1』**（*The Jewish Writings*, edited by Jerome Kohn and Ron Feldman, New York, 2007. 山田正行・大島かおり・佐藤紀子・矢野久美子訳、みすず書房、二〇一三年）

原書は㉔と㉕が一冊になっている。アレントとシオニズムとの関係をはじめとして、彼女のユダヤ論が体系的に集められた画期的な論文集である。㉔の巻は、一九三〇年代、四〇年代に書かれたユダヤ人、反ユダヤ主義、シオニズムに関連する論考が収められている。

㉕**『アイヒマン論争——ユダヤ論集2』**（齋藤純一・山田正行・金慧・矢野久美子・大島かおり訳、みすず書房、二〇一三年）

この巻には、一九四〇年代から一九六〇年代に書かれた論考が収められており、イスラエルの建国をめぐる緊迫した論考や、『イェルサレムのアイヒマン』刊行後の大論争に関する論文などが中心となっている。

キーワード解説

労働（labor）

アレントの術語としての「労働」とは、「人間の肉体の生物学的過程に対応する活動《アクティヴィティ》である。人間の肉体の自然的成長、新陳代謝、そして最終的な腐朽は、労働によって産み出され、生命過程へと供給される生命の必要物に拘束されている。労働の人間の条件は生命それ自体である」（HC7　一九）。「労働」は、人対物の関係でなされる活動《アクティヴィティ》だという点で「活動」と区別され、そして同じ人対物関係の活動《アクティヴィティ》である「仕事」とはその生産物の違いによって区別される。すなわち、「生産物の世界的な性格――世界においてそれが占める場所・機能・滞在期間――」の相違によって区別されるのである。この「世界的な性格」の中核をなすのは永続性(permanence) と耐久性 (durability) であるから、「労働」と「仕事」を区別するものは、基本的には、その生産物の永続性と耐久性だということになる。つまり、「仕事」の生産物は永続性・耐久性を有するのにたいして、「労働」の生産物はそれを欠いているのである。

このような「労働」の生産物とは、「生命過程そのものに必要とされる物」すなわち消費財である。「労働」はおよそ生命を維持しようとするかぎり逃れられないものであり、したがって、なんら人間に特有なものではない。つまり、「労働」は、消費の準備という役割を果たしているのであって、「労働」と消費とは、生物学的生命のいつまでもくり返される循環の二つの段階にほかならない。

仕事（work）

アレントの術語としての「仕事」とは、「人間の実存の非自然性に対応する活動《アクティヴィティ》である。人間の実存は、種のいつまでもくり返される生命循環のうちに埋もれているものではないし、また、その死すべきものであるという性格（mortality）はその生命循環によっていやされるものでもない。仕事は、すべての自然環境とは際立って異なる、物の『人工的』世界を作り出す。この物の世界の境界内に、それぞれ個々の生命は住まうのであるが、この世界そのものは、それらの個々の生命を越えて存続するようにできている。仕事の人間の条件は世界性である」（HC7　一九―二〇）。

「仕事」も「労働」と同様に、人間が人間にたいしてでなく、自然にたいしておこなう活動《アクティヴィティ》である。しかし、「労働」が、生命過程という自然過程の中に組み込まれており、その生産物が消費財であったのにたいして、「仕事」の生産物は自然の過程を離脱した、耐久性を有する物である。彼女は仕事の生産物として、「使用対象物」と「芸術作品」をあげている。これらが、「世界」を構成する物なのである。

活動（action）

アレントの術語としての「活動」（「行為」とも訳される）とは、「物や物質の媒介なしに、直接、人々（men）の間でおこなわれる唯一の活動《アクティヴィティ》であり、複数性（plurality）という人間の条件、すなわち、地球上に生き世界に住むのが単数の人間（Man）ではなく、複数の人間（men）であるという事実に対応している」（HC7　二〇）。

「労働」や「仕事」と異なり、「活動」は人対人関係でなされる活動《アクティヴィティ》の類型である。したがって、それは対等な関係にある複数の人間の間でしか成り立たない。「活動」は典型的には「言論（speech）」というあり方で、すなわち言語を通じたコミュニケーションとしてなされる。そして、そこにおいて各個人は、みずからの正体、みずからが誰であるかをもっとも明確に暴露しうるというのである。アレントにとって、「活動」こそが、政治的行為がなされるべき本来の姿である。

複数性（plurality）

地球上に生き世界に住むのが単数の人間ではなく、複数の人間であるという事実を、アレントは「複数性」と呼び「人間の条件」の一つに数えている。この「複数性」こそが政治と「活動」を必要にもすれば可能にもするのである。その意味で、アレントの政治思想にとって、もっとも根源的な観念、そしてもっとも侵されてはならない規範にして事実がこの「複数性」である。

（ちなみに『政治とは何か』（主要著作ダイジェスト⑭、9　三―四）では、端的に次のように述べられている。「1．政治は人間の複数性という事実に基づいている。……2．政治は異なった者たちの間の共存と相互存在を取り扱う。」）

彼女によると「複数性」は、同等性（equality）と差異（distinction）という二重の性格を持っている。もし人間が相互に等しいものでないならば、そもそも相互の理解は不可能であるが、他方、もし彼らがなんら異なる者でないならば、活動は不必要である。人間はこの差異を自覚し、みずから表現し、自己を他から区別できる。この差異性の自覚によって、人間の差異性（distinctness）は唯一性（uniqueness）となる。したがって、人間の「複数性」は、唯一存在者たちの「複数性」なのである。

生まれてくるものであるということ（natality）

アレントによれば、人間は、その誕生においては、あくまで一人の個人として、唯一存在者として生まれてくる。それぞれの人間はこの誕生によって一つの新しい「始まり（beginning）」を世界に持ちこむ。彼女が、「生まれてくるものであるということ」という、一見あまりにもあたりまえな人間のあり方に特別な意味を見いだしているのはそのためである。

しかし、この生物としての誕生のみでは人間の唯一性は潜在的なままにとどまり現実化しない。人間の唯一存在者としての差異性は、言論（speech）

と活動とによってのみ明らかにされる。言論と活動は、人間が、自己の生物としての誕生という事実をみずからに引き受けたうえで、人間として、つまり唯一存在者として、世界に現れる様式なのである。その意味で、アレントはこれを「第二の誕生」と呼んでいる。

権力 (power)

「政治的に言えば、権力と暴力は同一でないというだけでは不十分である。権力と暴力は対立するのである。一方が絶対的に支配するところでは他方は存在しない」(CR155 一四五)。

アレントは、「権力(power)」を「力(strength)」、「強制力(force)」、「暴力(violence)」等とは異なるものとして捉えている。

彼女によれば、「権力」は、「単に活動するのでなく、〔他者と〕協力して活動するという人間の能力に対応している。権力は決して個人の性質ではない。それは、集団に属しており、その集団が集団として存続する限りにおいてのみ存続する」(CR143 一三三、補注川崎)という。

それにたいして、「力」は、「単数の、個体的実在の内にある何か」であり、「物または人に固有の性質であり、その特性に属するもの」である(CR143 一三四)。そして「強制力」や「暴力」も基本的に同様なものとして述べられている(HC202 三二五、CR143 一三四、CR145 一三五)。

つまり、アレントの権力と暴力等との区別は、根本的には、複数の主体の間における相互的な関係と、一方の絶対的主体性と他方の絶対的客体性とを前提とする一方的な支配服従関係との間の差異に由来する。そして、このような区別は、アレントの「活動」と「仕事」というカテゴリーの区別とも深く関係しているのである。

見捨てられていること (Verlassenheit, loneliness)

全体主義においては、政治的領域のみならず、私的領域や社会的領域においても、徹底的な孤立化が貫かれる。アレントは、人間のこうした完全な孤立無援状態を「見捨てられていること」と呼んでいる。

彼女によれば、「見捨てられていること」と孤独とは同じでない。孤独は「思考」の場面では正常な経験であり、「孤独の中では決して一人ではない」。というのも、思考とは私の中でなされる私と私自身との間の対話であり、そして実は、このもう一人の私とは、現実に存在している他者を内面化したものにほかならない。したがって、孤独における自己自身との対話において、人は、すでに他の人々と語りあっている。語りあいうる他者を経験も前提もせずには、そうした対話は成り立たないというのである。

それにたいして、「見捨てられていること」は、なんらかの個人的な理由によってある人がこの世界から追い出されたとき、もしくはなんらかの歴史的・政治的な理由によって人々が共有している世界が分裂し、たがいに結ばれあっていた人々が突然自分自身に押し返されたときに生じる。「見捨てられていること」のなかでは、人は他者や世界から見捨てられるとともに、私の存在を確証してくれていた他者を失うことで、自分自身からも見捨てられる。かくして、世界のリアリティと思考のパートナーを両方とも失ってしまい、人は経験と思考の両方の能力を喪失するのである。

諸権利を持つ権利（a right to have rights）

アレントは、政治的な追放などによって故国を追われ、亡命先でも法的保護を得られない無国籍者の大量の出現にたいして、普遍的であったはずの人権がなぜ彼らを保護しえなかったのかを分析し、その結果、通常人権として数えられる諸権利よりも、より基本的な権利、いわゆる人権が意味を持ちうるようになる大前提となる権利の必要を見いだした。彼女はそれを「諸権利を持つ権利」と名づけている。この権利の内実は、「人間がその行為（活動）と意見に基づいて人から判断されるという関係のシステム中で生きる権利」、いいかえれば、なんらかの政治体への帰属の権利、なんらかの政治体のメンバーである権利である。

この権利の「発見」は、人権を実際に保障してくれる政治権力の存在抜きには、人権は実効性を持たないということを意味しているとともに、したがって、人権がその名にふさわしい普遍妥当性を持つためには、その保障機関は国民国家では不十分だということをも意味している。

公的（public）・**私的**（private）・**社会的**（social）

アレントは、『人間の条件』の中で、「公的」領域と「私的」領域を、古典古代ギリシアのポリスと家の関係をモデルに、前者を共通世界にかかわる政治的領域、必然の支配から解放された自由の領域として、後者を生命の必要に対応する必然性の領域として対置している。

これにたいして「社会的」領域は近代の現象であり、それは「単一の超人間的な家族の複製へと経済的に組織された複数の家族の集合体」として定義されている。この「社会」の勃興によって、かつては家という私的領域の中に閉ざされていた経済的な諸問題が全共同体の関心事となり、経済的なるものが公的領域へと侵入し、「公的」「私的」という古典的な区別は失われてしまったのである。

あとがき

私が、ハンナ・アレントについての最初の論文を執筆し始めてから、十五年近くの歳月がたってしまった。これまでの、私のアレント研究は、どちらかといえば彼女の哲学的な側面に関心の重心を置いてきた。それにたいして、今回は、政治的・政治学的側面に意識的に重心を置くことにした。というのも、近々、これまでの研究をまとめた著書を発表する予定があるので、極力本書をそれとだぶらない内容のものにしたかったし、また、政治思想家アレントの入門書・概説書としては、このほうがとっつきやすいのではないかと思ったからである。

また、本書の叙述においては、アレントの思想にたいする私自身の主観的な意見、評価等は、かなりの程度意識的に差し控えるようにしたつもりである。実のところ、本文中で示唆しなかった点も含めて、私個人はアレントの考えに疑問や批判を少なからず持っている。しかし、まえがきでも述べたように、アレントの本をこれから読もうという読者をも念頭に置くべき本書のような性格の本の場合には、こうした禁欲がある程度は必要だと、私自身は考える。

しかし、今度は逆に、あまりこうした疑問や批判を控えすぎると、論じている思想家を無批判に肯定しているかのような印象を与え、その思想家の面白味がかえって伝わらないということも、往々にしてあることである。

思想史の論文を書くときには常に、その対象との距離をどうとるか、そしてその距離をどう表現するかという問題に悩まされるが、本書の場合もそれがうまくいったという自信はない。私自身の反省では、第一章・第二章はいささか「禁欲」しすぎたかもしれないし、逆に第三章・第四章やエピローグでは少し書きすぎたかもしれないという気がしている。

先にも述べたように、アレント論は長年来の私の研究テーマではあったが、今回は、いざ手をつけてみると、なかなか思うように進行せず、予想外に時間がかかってしまった。とりわけ、『全体主義の起原』の取り扱いにくさには、改めて当惑させられた。そしてその結果、結局締め切りに追われるような形で執筆することとなり、作品に十分な熟成期間を置くことができなかった。思わぬミスや全体の統一感の欠如など、いろいろ問題もあると思う。しかし、もはや私の手を離れた今となっては、読者の批判にゆだねるほかはない。

個人的なことで恐縮であるが、ハンナ・アレント研究は、私が研究者の道に進むべく初めて取り組んだテーマであった。それだけに、本書は、私の研究者としてのこれまでの人生で出会うことができたさまざまな方々の、有形無形のご助力やご好意のたまものでもある。そこで、この少ない紙数ではとうてい十分に意を尽くすことはできないが、この場を借りて感謝の気持ちを記しておきたい。

まず、第一に東京大学法学部助手時代にご指導を賜った先生方、とりわけ佐々木毅先生、福田歓一先生、有賀弘先生に、この場を借りてお礼を申し上げたいと思う。研究者としてのスタートの時期に、それぞれ個性の異なる日本を代表する三名の政治思想史研究者から手ほどきをさずかったことは、今考えても本当に幸運なことであった。なかでも、直接の指導教官をしていただいた佐々木先生は、古代から現代にまでわたる政治学・哲学・思想史についての恐るべき学識に裏打ちされた学問的な寛容とおおらかさによって、私を今日まで導いて下さっている。ハンナ・アレント研究といったテーマを私が見つけることができたのも、またそれを許して下さったのも、先生のお陰である。

また、アレント研究の分野において、つねに啓発的な研究をなさっている方々、とりわけ、寺島俊穂先生、小野紀明先生、千葉眞先生、齋藤純一先生、伊藤洋典先生には、その研究成果を通じて、本書の隅々にまで、極めて多大な恩恵に浴している。また杉田敦氏との議論は、つねに私を啓発してくれている。

ところで、ちょうど本書の校正の最終締め切りの時期は、私が、十四年弱の間お世話になった北海道大学から、立教大学へと転任する時期でもあった。

北海道大学法学部においては、小川晃一先生、松澤弘陽先生をはじめとして、同僚・諸先輩の方々から、さまざまなことを学ばせていただいた。なかでも、政治研究会や法理論研究会での率直な議論からは、たんに思想史や政治理論にとどまらず、本当に多くのことを得ることができた。本書には、そうした北大での経験が色濃く影響していると思う。とりわけ、中村研一先生からは第一・第二章に関しての、また古矢旬先生からは第三章に関しての、非常に貴重なアドヴァイスを頂戴した。また、田口晃先生には疑問に丁寧にお答えいただき、中野勝郎氏は草稿に目を通して重要な助言を与えてくださった。さらに、側面から研究をサポートしてくれた高田直子さんと小林しおりさんにもお礼を申し上げたい。そして、なによりも、これまでの私の研究者としてのすべての時代をともにしてくれた山口二郎氏の厚情に、心から感謝を申し上げたい。

また、新しい環境での研究・教育の機会を与えて下さった、高畠通敏先生、吉岡知哉先生をはじめとする立教大学法学部の先生方にも、この場を借りてお礼を申し上げたい。

そして、ゼミなどの場で、アレントの著作を読むことにつきあってくれた歴代の学生の皆さん、および、さまざまな誘惑によって短期的には本書の執筆を妨害し、かつ長期的には最大の支援をしてくれた友人たちにも、ありがとうと申し上げたい。

最後に、本書成立の最大の功労者、すなわち、講談社学術局の宇田川眞人氏、鈴木一守氏、そして稲吉稔氏の三氏に、心よりのお礼を申し上げたい。とりわけ、私の直接の担当者であった稲吉さんは、原稿の遅れやわがままな注文の数々にもかかわらず、誠実に忍耐強く、確実に仕事を進め、おつきあいをしてくださった。稲吉さんの活躍なくして本書の完成はありえなかったろう。もし本書が書かれるに足る内容をいくらかでも持っているならば、その功績のほとんどは三氏のものである。もとより、その欠陥や問題点が著者自身に帰せられるべきことは、いうまでもない。

一九九八年十月

川崎　修

文庫版あとがき

本書は、もともとシリーズ「現代思想の冒険者たち」の第十七巻として、『アレント　公共性の復権』というタイトルで一九九八年に講談社から刊行されたものである。おかげさまで、同書は順調に版を重ね、二〇〇五年には「セレクト版」としてペーパーバック化され、今回、講談社学術文庫の一冊として新たな形で刊行されることとなった。これもひとえに、『アレント　公共性の復権』を愛読していただいた読者諸兄姉のおかげである。何よりもまず、そのことに感謝申し上げたい。

『アレント　公共性の復権』の初版発行以来、すでに十五年以上の歳月が経過した。その間に、アレントをめぐる人々の関心や、資料状況、研究状況も大きく変化している。その中には、アレントを主人公にした映画が制作され、それが日本でヒットするといった思いがけない事態も含まれている。アレントの著作に関しては、巻末の主要著作ダイジェストからもわかるように、この間、多くの遺稿集や論文集、書簡集などが新たに編集・刊行されるとともに、それらのほとんどが速やかに日本語訳されている。また、研究書・研究論文も内外を問わず次々と著されている。

どのような書物といえども、それぞれの状況を背景に書かれたという意味で日付を持ったものであるが、本書についても、いま述べた資料状況、研究状況の変化などもあり、改めて読み返してみると、私自身の今日の問題関心や「気分」とは幾ばくかのズレを感じる部分もある。しかし、本書は、良くも悪くも基本的概説書として書かれたものであり、それ故、書くべきことにそれほど変更が必要だとも感じなかった。たしかに、もともとの一九九八年の『アレント　公共性の復権』は締め切りに追われる中で書かれたこともあり、正直なところ、内容において議論の密度や精度にばらつきがあることは否めない。そのため、可能であればそうした点を丹念に再検討したかったが、今回も諸般の事情で文庫化決定から刊行までの時間的余裕が無く、それは行えなかった。従って、この文庫化において、構成や基本的な内容に変更はしていない。

しかし、せっかくの見直しの機会であるため、可能な限りで若干の修正・訂正を行った。最大の変更点はタイトルである。本書のもともとのタイトルに付されていた副題「公共性の復権」については、あまり内容にフィットしていないのではないかというご指摘をしばしば頂戴してきた。そこで今回の文庫化に当たっては、この副題をタイトルからはずして『ハンナ・アレント』と変更した次第である。それ以外の修正点は以下の通りである。①明らかな誤りや誤解を招きそうな記述、不必要だと思われる記述の訂正・削除。②誤記・誤植の訂正、および、言い回しや言葉使いなど表現方法の改善。③引用文献データの補正（本書オリジナルの中で使用されていたテクストで雑誌論文等が単行本化された場合、および当時未邦訳の著作の邦訳が刊行されたり、既訳書の新訳が刊行された場合などは極力反映するようにした）。④引用部分の訳文・訳語の修正。

訳語に関して、本書における action（ドイツ語では Handeln）の訳語、および activity（ドイツ語では Tätigkeit）の訳語について簡単にふれておきたい。言うまでもなく action はアレントの最重要概念の一つであるが、『人間の条件』の志水速雄氏による翻訳以来、この語は「活動」と訳すのが一般的であり、筆者自身を含め、多くのアレント研究者もこの訳語を使っている。しかし、名訳として定評のある引田隆也・齋藤純一訳の『過去と未来の間』では action に「行為」という訳語が当てられており、現在ではこの訳語を使う翻訳や研究者も多くなっている。

結論から言うと、本書では、action という語が、明らかに『人間の条件』で示された「活動的生活」の三類型（labor, work, action）の一つとして使われている場合には、本書オリジナル同様に、「活動」という訳語を当てている。ただし、アレント自身、この action という語を上記の三類型の一つという意味よりも、より広い意味で使っていると思われる場合もあり、その場合は「行為」と訳している。さらに、内容的には「活動的生活」の三類型の一つと言えるが文脈上必ずしもそのことへの言及がない場合には、突然「活動」という語が現れるのは読者に唐突とも思われるので、必要に応じて「行為（活動）」という訳を付けた部分もある。

また、本書では「行為」は deed の訳語としても使用されている。これは現に行われている営為としての action ではなく、action の結果、成果をさす概念であり、「行為（deed）」

と、原語付きで訳すことにした。

最後に、activity/Tätigkeit であるが、これは、労働、仕事、活動、思考、意志すること、判断などの営為を示す概念であり、ルビを振って「活動《アクティヴィティ》」と訳している（なお、これらの訳語の選定に関しては、川崎修『ハンナ・アレントの政治理論——アレント論集I』、岩波書店、二〇一〇年のまえがきを参照されたい）。

先に述べたように、この文庫化では大きな修正はできなかったが、もしいま書き足すとすれば何であろうか。実は本書では、アレントの主要著作の中で『イェルサレムのアイヒマン』と『精神の生活』をほとんど取り扱っていない。『アレント　公共性の復権』のもともとの構想では、「思考」というテーマを中心に、この二著作を扱う章を書く予定であった。ただ、残念ながら、時間的制約と紙幅の関係から、そして何より私自身の考えが十分にまとまらなかったことから、その章を書くことはできなかった。結果的には、その章を落としたことが、分量的にも、また話のまとまりという点でも、この本にとってはとりあえず正解であった気もするが、今回、改めて、この欠落を感じた次第である。

冒頭でも述べたことだが、今回の文庫化は、誰よりも『アレント　公共性の復権』を愛読していただいた読者諸兄姉のおかげである。改めて感謝申し上げたい。

また、今回の修正・訂正作業においては、新たに刊行された著作、邦訳書、さらに研究書などの成果を活用させていただいた。これらの労作の著者、訳者、編者の皆様に感謝申し上げる次第である。それらに個別に言及しつくすことは到底不可能だが、とりわけ、本書校正中に刊行された矢野久美子氏の『ハンナ・アーレント』（中央公論新社、二〇一四年）は、本書冒頭の伝記部分や巻末の年表の修正において大変参考にさせていただいた。

さらに、いつもさまざまな学問的刺激を与えてくれる立教大学法学部の同僚の方々、歴代の学生・大学院生の皆さん、そしてこれまでさまざまな場でアレントを一緒に読んで下さった皆様にも、心からお礼申し上げたい。

最後に、今回の文庫化にあたって、企画から編集実務までを担当して下さった、講談社学術図書第一出版部の姜昌秀さんに、心よりのお礼を申し上げたい。

二〇一四年四月

川崎　修

〔ワ　行〕

〔ヤ 行〕

〔ラ 行〕

〔マ 行〕

〔ハ　行〕

〔ナ　行〕

〔タ　行〕

〔サ　行〕

〔カ　行〕

索　引

人名・書名・事項を一括して，五十音順に配列した。『　』は書名，「　」は論文名等を示す。

〔ア　行〕

KODANSHA

本書の原本は一九九八年一一月に「現代思想の冒険者たち」第17巻『アレント　公共性の復権』として小社より刊行されました。

川崎　修（かわさき　おさむ）

1958年生まれ。東京大学法学部卒業。北海道大学教授を経て，立教大学教授。専攻は政治学，政治学史。主な著作に『ハンナ・アレントの政治理論　アレント論集Ⅰ』『ハンナ・アレントと現代思想　アレント論集Ⅱ』『「政治的なるもの」の行方』などがある。

講談社学術文庫

定価はカバーに表示してあります。

ハンナ・アレント

川崎《かわさき》　修《おさむ》

2014年5月9日　第1刷発行
2021年9月22日　第7刷発行

発行者　鈴木章一
発行所　株式会社講談社
東京都文京区音羽2-12-21 〒112-8001
電話　編集（03）5395-3512
販売（03）5395-4415
業務（03）5395-3615

装　幀　蟹江征治
印　刷　豊国印刷株式会社
製　本　株式会社国宝社
本文データ制作　講談社デジタル製作

ISBN978-4-06-292236-4

「講談社学術文庫」の刊行に当たって

これは、学術をポケットに入れることをモットーとして生まれた文庫である。学術は少年の心を養い、成年の心を満たす。その学術がポケットにはいる形で、万人のものになることは、生涯教育をうたう現代の理想である。

こうした考え方は、学術を巨大な城のように見る世間の常識に反するかもしれない。また、一部の人たちからは、学術の権威をおとすものと非難されるかもしれない。しかし、それはいずれも学術の新しい在り方を解しないものといわざるをえない。

学術は、まず魔術への挑戦から始まった。やがて、いわゆる常識をつぎつぎに改めていった。学術の権威は、幾百年、幾千年にわたる、苦しい戦いの成果である。こうしてきずきあげられた城が、一見して近づきがたいものにうつるのは、そのためである。しかし、学術の権威を、その形の上だけで判断してはならない。その生成のあとをかえりみれば、その根は常に人々の生活の中にあった。学術が大きな力たりうるのはそのためであって、生活をはなれた学術は、どこにもない。

開かれた社会といわれる現代にとって、これはまったく自明である。生活と学術との間に、もし距離があるとすれば、何をおいてもこれを埋めねばならない。もしこの距離が形の上の迷信からきているとすれば、その迷信をうち破らねばならぬ。

学術文庫は、内外の迷信を打破し、学術のために新しい天地をひらく意図をもって生まれた。文庫という小さい形と、学術という壮大な城とが、完全に両立するためには、なおいくらかの時を必要とするであろう。しかし、学術をポケットにした社会が、人間の生活にとってより豊かな社会であることは、たしかである。そうした社会の実現のために、文庫の世界に新しいジャンルを加えることができれば幸いである。

一九七六年六月

野間省一